本丛书受南京大学人文研究基金资助。特此感谢！

中国经济抗战研究
(1931—1945)

马俊亚 主编

近代东北地区商号的发展与时局应对

王福华 著

中国社会科学出版社

图书在版编目（CIP）数据

近代东北地区商号的发展与时局应对 / 王福华著. —北京：中国社会科学出版社，2023.11

（中国经济抗战研究：1931—1945）

ISBN 978-7-5227-2431-7

Ⅰ.①近… Ⅱ.①王… Ⅲ.①商业企业—商业史—东北地区—1931-1945 Ⅳ.①F729

中国国家版本馆 CIP 数据核字（2023）第 153026 号

出 版 人	赵剑英
责任编辑	刘 芳
责任校对	郝阳洋
责任印制	李寡寡

出　　版	中国社会科学出版社
社　　址	北京鼓楼西大街甲 158 号
邮　　编	100720
网　　址	http://www.csspw.cn
发 行 部	010-84083685
门 市 部	010-84029450
经　　销	新华书店及其他书店
印刷装订	三河市华骏印务包装有限公司
版　　次	2023 年 11 月第 1 版
印　　次	2023 年 11 月第 1 次印刷
开　　本	710×1000　1/16
印　　张	16.5
插　　页	2
字　　数	246 千字
定　　价	85.00 元

凡购买中国社会科学出版社图书，如有质量问题请与本社营销中心联系调换

电话：010-84083683

版权所有　侵权必究

总　　序

　　2015 年前后，教育部人文社会科学重点研究基地南京大学中华民国史中心确立了"亚太抗战与民族复兴"为"十三五"重大项目总体规划的主攻方向。中国学界公认，1931 年到 1945 年的 15 年间，日本侵略造成中国伤亡 3500 多万人员，直接经济损失约 1000 亿美元，间接经济损失约 5000 亿美元。基于这一历史事实，本课题"中国经济抗战研究"被列为五个子课题之一。因此，本课题的设计是南京大学中华民国史中心集体智慧的结晶。2017 年，本课题获得立项，成为教育部人文社会科学重点研究基地重大项目（项目批准号：17JJD770009）。本丛书即这一课题的最终成果。

　　1931 年 9 月 18 日，日本侵略者开启对中国东北的侵略，1937 年开始全面侵华。从抗战开始迄今，中国抗战的研究成果斐然，但对这场战争的许多经济问题仍有进一步深入探究的必要。

　　日本无疑是亚洲在工业、军事方面（"器物"层面）近代化最成功的国家，加之武士道传统，使得近代日本军人的地位急剧提高。与此同时，日本没有进行与"器物"层面相对应的精神层面的近代化，日本各阶层，尤其是底层民众没有真正吸收近代启蒙以来的人文意识、人道思想以及核心的文明价值；没有确立国家的发展在于提高本国民众的福祉，进而惠及全人类的宗旨。

　　"器物"层面的畸形近代化极大地增强了日本国家的战争力量，但并没有升华整个日本民族的精神境界，反而拉低了其民族认知，兽化了其民族性格。20 世纪二三十年代，面对畸形发展的军人势力、社会极端狂热分子和片面的媒体煽动，日本并没有行之有效的程序化体制和厚实的理性力量加以制约，少数理性政治家和知识分子被污名化为全民公敌，愚昧无知、投机欺诈被视为真诚爱国，全社会处于民族主义偏执狂之中。

近代日本上下把岛国忧患意识演化为野蛮时代的丛林思维，把国家间的经济竞争等同于动物界的弱肉强食，时时以战争思维来解决中日之间的分歧。

对于不同的国家而言，军事力量永远是参差不齐、强弱不一的。那些抱着"弱则挨打，强则打人"的观念者，是全人类之公敌，与现代文明谬以千里。当少数野心政客和无良知识分子灌输战争思维和启动不义战争时，一个最基本的常识就是：本国所有民众都成为被这帮伤天害理之徒所绑架的人质。可惜的是，严重缺乏常识的民众往往视这类伤天害理之徒为英雄或圣徒。

日本侵略战争无疑是痛深创巨的历史教训，是日本民族的巨大悲剧，也是其他亚洲国家应该千万引以为戒的。

日军侵占中国土地后，从工业、农业、矿业、牧业、渔业、金融、贸易、税收、交通、通讯等多方面进行掠夺和破坏，以壮大自己的经济势力，打击中国的抗战力量。中国沿海企业大多被破坏和劫占，少数中国内迁企业蒙受巨大的损失。战争的迫切性使这些民生企业不得不服从战时需要，改变企业的社会和自然属性，承担更大、更多的义务和成本。最终结果只能是中国民众遭受物资短缺的困难和质次价昂的各类工业品，国家的综合实力无形地消散，人民生活水平一落千丈。日军占据农村后，大肆烧杀、强征夫役、大量捕杀耕畜、破坏农具，造成农业生产耕作失时，许多县份主要农产品产量不及战前半数。农村副业经济，包括蚕业、林业、棉业、渔业和手工业等均惨遭破坏。这场侵略战争打断了中国不少农村地区的现代化进程，阻断了刚刚起步的乡村改良建设和社会发展。

抗战期间，中国人民的经济牺牲仅从通货膨胀方面可管窥一斑。诚然，抗战时期的通货膨胀与国民政府屡被诟病的执政能力有相当的关系，但主要是日军的劫掠、破坏以及战争本身的巨大消耗所致。1937年6月，南京国民政府在保有关内绝大部分国土和完整的经济体系的条件下，法币的发行额140720.2万元；1945年8月，在重庆国民政府仅保有西南一隅、经济体系残破不堪的情况下，法币发行达55691000万元。后者是前者的396倍，这就难怪中国民众手中的纸币以惊人速度贬值。极其严重的通货膨胀为全民抗战作了一个非常具体的注脚。可以说，抗战期间法币蒸发的价值，可视为被中国政府筹征用于抗战的全民奉献。那个时代的任何一个使用过法币的中国人、任何一个使用过法币的中国家庭，均为抗战做出过伟大的牺牲，为这个国家承受过巨大的重负。而这个牺牲和重负都是日本侵略所强加的。

历来好战分子从来不敢告诉本国民众的一个最基本而又铁一般的事实，就是一场现代战争的财政耗费，以及这些耗费的主要部分是由本国民众分担的；更不敢去计量本国民众分担这些耗费对其生活水平的影响。好战分子只会以一次次所谓的胜利，甚至是虚假的胜利来刺激民众的盲从心理，营造愚昧的狂欢。

即便日军在全面侵华战争初期取得了巨大的军事胜利，但在前33个月最具军事优势的时期，月均损失战机26架；在1940年前11个月中，月均被击沉战舰（艇）19艘。日本全面侵华三年花费的军费达230亿日元，超过甲午战争和日俄战争总和的10多倍。到1941年3底，日本预计发行赤字公债310亿日元。而1939年日本全部国民所得仅为210亿日元，该年公债总额达215亿日元。太平洋战争爆发后，1941年12月7日到1944年10月24日，日军在太平洋战场确证被击沉的战舰560艘，可能被击沉245艘，被击伤450艘；非战斗船舰被击沉1310艘，可能被击沉340艘，击伤1280艘。日军飞机被击毁5575架，可能被击毁787架。巨额的军费开销造成日本的通货膨胀，使日本百姓与中国民众同样承受沉重的负担。

研究中国的经济抗战是理解抗日战争史非常重要的一环，也可以对中国人民在抗战中所遭受的牺牲进行更准确的量化。

在本课题研究过程中，王荣华和许峰任劳任怨地承担了大量的组织、协调等各式各样的烦琐工作，课题的完成和出版凝聚了他们两位的心血。

近代东北地区商号的发展与时局应对

　　季静、王福华、张天政均是在已承担繁重的科研和教学任务的情况下，不辞辛劳地投入到本课题的研究中。

　　刘芳编辑很早就关注本课题的研究，从多方面提供了极大的帮助；对本丛书的出版，更是付出了莫大的辛劳。

　　我的首届博士生王春林虽然现在自己承担着指导博士生的重任，仍然为本课题的完成花费了无数的时间和精力。

　　不过，由于资料分散，时间紧迫，许多问题没有充分展开论述。而且多方原因导致集体讨论次数较少，各子课题之间的有机关联也较弱。总之，竭诚欢迎方家提出批评意见，以助我们完善和改进。

马俊亚

目　录

绪　论 …………………………………………………………（1）

第一章　清末民初东北地区商号的兴起与发展 ………………（9）
　第一节　东北地区商号兴起发展的历史背景 …………………（9）
　　一　外国资本主义的侵入 ………………………………（9）
　　二　东北地区的解禁与开放 ……………………………（13）
　　三　社会条件与环境因素 ………………………………（21）
　第二节　商号的发展状况 ………………………………………（25）
　　一　商号的分布地域 ……………………………………（25）
　　二　商号的经营行业及发展规模 ………………………（31）

第二章　民国时期东北地区商号的变革 ………………………（40）
　第一节　经营体制的变革 ………………………………………（40）
　　一　资本来源的变化 ……………………………………（40）
　　二　资本分割的变革 ……………………………………（42）
　　三　商业利润获取方式的演变 …………………………（43）
　第二节　管理机制的变革 ………………………………………（44）
　　一　组织机构和人员关系的变化 ………………………（44）
　　二　财会制度、劳资关系等革新 ………………………（46）

第三章　抗战时期东北地区商号的发展境遇及应对 …………（51）
　第一节　日本帝国主义对东北地区商号的摧残和压榨 ………（51）

· 1 ·

一　日本对东北地区经济的殖民统治政策 …………………（51）
　　　二　日商对东北地区商号的排挤和摧残 …………………（65）
　　　三　日本对东北地区商号团体和工人的控制和压榨 ……（72）
　第二节　日伪政权压榨下东北地区商号的应对 …………………（80）
　　　一　被日伪政权逼迫倒闭或被日商强占 …………………（80）
　　　二　在日伪政权压榨夹缝中生存发展下来 ………………（91）
　　　三　买办经济成为日伪政权的帮凶 ………………………（96）

第四章　东北地区商号的抗日活动 ………………………………（107）
　第一节　中国共产党对东北抗战的政策及商号参与的
　　　　　抗日活动 ……………………………………………（107）
　　　一　中国共产党对东北抗战的立场及政策 ………………（107）
　　　二　中国共产党在东北地区商号设立的地下联络点
　　　　　及抗日活动 …………………………………………（110）
　第二节　东北地区商号的抗日方式与活动 ………………………（121）
　　　一　苦心经营商号与日本侵略者对抗 ……………………（121）
　　　二　努力发展实业以抵制日货 ……………………………（135）
　　　三　全力支持和资助东北军民抗日活动 …………………（141）
　　　四　倾力投身抗日救国活动 ………………………………（146）
　第三节　商号团体组织及工人的抗日活动 ………………………（149）
　　　一　商号团体组织的抗日活动 ……………………………（149）
　　　二　商号工人罢工罢市的抗日活动 ………………………（155）

第五章　解放战争时期东北地区商号的发展境遇与应对 ………（166）
　第一节　商号在东北地区光复和新中国成立前后不同的
　　　　　发展境遇 ……………………………………………（166）
　　　一　东北光复后商号在国民党摧残下继续衰落 …………（166）
　　　二　新中国成立前中国共产党的经济复苏政策及东北
　　　　　商号的发展 …………………………………………（171）
　第二节　商号在解放战争时期表现的家国情怀 …………………（182）

一　积极援助东北地区的解放战争 …………………………（182）
　　二　同心同力参与战后东北地区城市建设 …………………（187）

第六章　东北地区商号的地域特色与社会价值 ………………（191）
　第一节　商号的地域特色 …………………………………………（191）
　　一　移民商帮建立的地缘商号 ……………………………………（191）
　　二　建立地域特色的团体组织 ……………………………………（197）
　　三　复杂社会关系与多重角色 ……………………………………（221）
　第二节　东北地区商号的社会价值 ………………………………（225）
　　一　提升商业经营发展的现代化 …………………………………（226）
　　二　推动区域城市空间的现代化 …………………………………（231）
　　三　促进商俗文化的传承与发展 …………………………………（237）

结　语 …………………………………………………………………（244）

参考文献 ………………………………………………………………（246）

绪　　论

一　研究价值

东北地区因是环东北亚地区的"核心",因而在近代国际地位极高,清朝视其为"龙兴之地",实行重点保护政策。清末"新政"后,制定了很多商业政策,支持东北地区开发经济,这使中国东北地区商号在清末民初发展速度很快,提升了整个东北地区的经济水平。因而研究东北地区的商号发展,有利于更加明确清末和民国时期政府的经济政策以及对东北地区经济的影响。商号作为中国近代特殊的经济形态,在中国东北地区的发展因其地理位置和环境因素,更具有特殊性,系统研究商号内部发展特点,可以更好地了解商号这一特殊经济产物。东北地区商号在历史发展中不断革新,它们继承和发展了传统商号的经营体制和经营策略,同时吸收了西方资本主义公司发展的经验策略,使得东北地区商号跨入现代化的门槛。同时,商号在近代社会中与政治、文化都有着不可分割的关系,揭示了这一社会产物的社会关系,并促进了商号文化,如城镇街区文化、慈善事业、红色文化等的发展与进步。近代时期,东北地区商号在列强夹缝中生存发展,新中国成立后,有的商号发展至今成为东北地区的百年老字号,成为中华传统文化的重要组成部分。因而,将东北地区商号作为一个研究专题,对其进行全方位、深入的研究,有利于了解东北地区经济发展的真实状态和发展规律,为当今东北地区社会经济,特别是商业发展提供借鉴作用。历史是现实的一面镜子,前事不忘,后事之师。东北地区商号自身发展有其规律和经验,总结发展规律和经验教训,为振兴东北地区工商业发展提供经验借鉴。同时,弘扬中华"老字号"的传统文化，为东北地区"老字号"产业提供更好的发展平台，使"老字号"能够走向世界，永葆活力。

二 "商号"概念的界定

中国东北原为游牧区域，地广人稀，文化、交通都不发达。东北地区商业的早期基本形式是商贩，实行集市制——所谓集市，即"任择一地以作市场，任择一日以为市，届期农产工品商货陈列买卖，而无一定之建筑物及商店也"[①]。而在交通便利的地区，商业发展有所进步，出现了行商、坐商、摊商、跑合的等商业角色。行商也称行贩、跑单帮、跑老客等，没有固定的店铺或摊铺营业场所，专门从事地区间、埠际间商品贩运，担担或推小车走街串巷叫卖做生意，农村称货郎担；坐商有固定的店铺经营生意，负责商品的零售或批发；摊商是在市场或庙市上有固定的摊位经营；跑合的是从一方拿货样子到另一方去推销，生意做成从中收取费用，这是不用本钱的买卖。店铺（即早期商号）是有固定门市经营购销商品的商业形式，是适应商品交换范围的扩大、交易频率加快的要求而产生的，它的出现标志着商业由古代异地贩运型向近代的城镇固定型商业的转化。

商号是中国经济的基本经营形态，也是一种重要的社会现象。东北地区商号为私营民族工商业（官营商号很少，因而为了研究的针对性，本书商号指的是私营企业）。然而商号的概念却一直模糊不清。"商号"一词原意指商店，旧时商店标牌皆称"字号"，开设商店即开设"字号"。清朝颁布的《商人通例》（1904年）记载："商号者，商人于其营业上所用，以表示自己之名称也。"[②] "商号"的"商"有"商业；生意；买卖；商人"之意，"号"与"字"的原意皆有名称之意。近代以来官方与学者给予商号定义也未能统一，民国时期颁布的《商人通例》（1914年3月2日公布）商号定义为："商人得以其

---

① 《东三省之商业》，《东方杂志》第21卷，第10号，1917年，第43页。
② 陶汇曾编述：《商人通例释义》，商务印书馆1925年版，第35页。

姓名或其它字样为商号。"① 但是多数学者认为商号即商店，而缩小了商号的概念范围。广义的商号应该是一个大概念，它既包括工商企业的名称，又包括个体工商业的字号；而从狭义上说商号仅指字号。英语里商号（trade name）即有商业、生意、买卖、商人之意。商号即字号、牌号或者店号。② 所有的商业民间统称为"号"，凡是商业就存在着商号。所谓商号是指这宗买卖的名字和内容。③ 从字面上讲，"商号"就是商业（商事）名称的意思，从事商业活动的行栈、店铺等都有名号，即"商号"俗称"字号"。有学者定义商号是指"经营商品批发和零销业务的店栈铺号"④。怀商对商号的概念界定为："是一个地区商品经济发展到一定阶段的产物，是社会需要和社会认知的综合信任体，并有一套规范的组织程序和管理制度。"⑤

关于商号的定义，不同工具书的定义是不同的。《新华汉语词典》定义"商号"为"旧时指商店"，"字号"词条的释义为"商店的招牌"⑥。《新编现代汉语词典》将"商号"词条的释义为"商店"，"字号"词条的释义为：商店的名称；商店。⑦《现代汉语大辞典》商号的定义是商店；⑧《现代汉语辞海》的定义为：旧时称商店；⑨《中国商业文化大辞典》的商号定义是：旧时商店、商行的别称。⑩《中

---

① 北京商学院商业经济系选编：《中国近代商业史教学参考资料》第1集，1981年，第216页。
② "满洲事情案内所"编：《满商招牌考》，"满洲日日新闻社"1940年版，第32页。
③ 长春市政协文史和学习委员会编，曹保明著：《长春文史资料》总第54辑《关东店铺》，2002年，第98页。
④ 薛麦喜主编：《黄河文化丛书·民俗卷》，陕西人民出版社2001年版，第490页。
⑤ 程峰、宋宝塘主编：《怀商文化》，河南人民出版社2007年版，第83页。
⑥ 《新华汉语词典》编委会编：《新华汉语词典》，商务印书馆2004年版，第1080、1608页。
⑦ 字词语辞书编研组编：《新编现代汉语词典》，湖南教育出版社2016年版，第1097、1704页。
⑧ 《现代汉语大词典》编委会：《现代汉语大词典》，上海辞书出版社2010年版，第473页。
⑨ 《现代汉语辞海》编委会编：《现代汉语辞海》，中国书籍出版社2011年版，第960页。
⑩ 傅立民、贺名仑主编：《中国商业文化大辞典》，中国发展出版社1994年版，第136页。

| 近代东北地区商号的发展与时局应对

国商业大辞典》定义商号为商业名称,"商人进行营业时所使用的名称,也是商事主体进行注册登记时用以表示自己商业名称,无论何种商业组织,包括独资、合伙或公司组织的商业,其名称在法律上均称为商号"[1]。其实这已经是现代商法学的商号概念了。现代商法中所用的"商号"是商事主体用以代表其营业的名称。自然人用姓名相互区别,而作为商事主体,为了使自己的营业与他人的营业区别开来,各国法律都要求商人必须有自己的商号,而"作为商事主体间营业相互区别的最重要标志"[2]。因而按照相关法律规定,商号又称商业名称、企业名称,是经营者(商人)所经营的企业的名称。国有企业、集体企业、私营企业等各类企业的名称及个体工商户的字号均为商号,其功能在于将某一经营主体与其他经营主体区别开来,主要是指自然人、法人等主体在工商业活动中所使用的区别不同经营主体的名称。"号者,名称也",该名称因是由文字组成,故也称字号。商号是商品生产者或经营者为了表明不同于他人的特征而在营业中使用的专属名称。这些商号概念的共同点是把商号等同于字号,认为商号是企业名称中不可或缺的组成部分。可见现实的商号概念添加了现代意义的理解(同"商标"概念相混),因而不能客观地反映这个词语出现时代的本身概念了。

根据东北地区的历史档案、民国方志以及其他文献等反映商号出现时代的史料,为商号重新考证定义,通过商号概念凸显东北地区商号文化的内涵与外延,从而更好地理解和认识东北地区的商号。

从经营方式定义商号概念:其是以前店后厂(场)形式出现的生产、交易场所。即商号包括生产和销售环节,不单指为商店。"近代商号在中国出现有时是从一个家庭商号建立起来的。"[3] 可见,商号一开始源于家族式产业,具有自产自销的组织形式,而这种"普通合

---

[1] 许彩国主编:《中国商业大辞典》,同济大学出版社1991年版,第13页。
[2] 陈本寒主编:《商法新论》,武汉大学出版社2009年版,第96页。
[3] [美]科大卫:《公司法与近代商号的出现》,陈春声译,《中国经济史研究》2002年第3期。

伙经营之店铺，则实居大多数"①，因而商号定义为既包括商店也包括工厂。一是根据档案史料记载，工厂也在商号列表中，工厂也进行商品销售。如双城县商号有烧锅万顺兴、粮栈双发合、油坊万发合、杂货铺福盛源等；② 桦川县商号有火磨东盛恒、粮业兴顺恒、烧锅德源湧、油坊同德福等。③ 二是当时东北地区的工厂也在商会管辖下，工商企业开业登记都要到商会登记。如黑龙江省瑷珲县在1911年成立商会，到1918年有48家商号加入商会，其中有3家属于工业方面的企业，如酿酒业的兴源烧锅、火磨（面粉）业的永济公司、粉坊业的合顺永等。④ 还有日本"满铁"（全称为"南满洲铁路株式会社"）调查资料也将工业称为商号，彰武县工业调查表的烧锅店铺名称为商号如义兴泉等。⑤ 东北地区因经济落后，农产品加工业和手工业发展迟缓，手工作坊不仅负责制作生产还销售商品。因而，东北地区的商号是工商一体的，"通货者，商；制货者，工。是商以济工之流通，而工实应商之贩鬻"⑥，可见二者既不能分开，又互为依靠，但商号多以商业为主。如益发合商号将商业资本与工业资本集合于一体，却是以商业资本的名义进行市场活动，但也不能忽略商号也是生产者的特性。

从经营行业定义商号概念：其是从事经营商品交易的场所及组织，商号不单单指商业、商店，而是包含多个行业。因而商号泛指商业、工业、金融业等其他诸多行业。如根据辽宁省档案馆藏档案《辽宁省各县实业事项调查表》列举各地商号涉及行业，有通化县的药店商号叶春堂、粮米商号永成泰、杂货商号三兴东等，长白县的烧锅（制酒）商号长兴东、旅店商号宋记、布商商号陈记等。⑦ 1914年奉

---

① 《东三省之商业》，《东方杂志》第21卷，第10号，1917年，第44页。
② 《双城县调查商号职工待遇人数一览表》，吉林省档案馆藏，全宗号：J111-03-0766。
③ 《桦川县县城各大商号资本数目表》，吉林省档案馆藏，全宗号：J111-03-2004。
④ 孙蓉图修，徐希廉纂：《瑷珲县志》卷2，1920年铅印本，第32页。
⑤ "满洲帝国地方事情大系刊行会"：《锦州省彰武县事情》第17号，1935年，第59页。
⑥ 徐世昌等编纂，李澍田等点校：《东三省政略》，吉林文史出版社1989年版，第1642页。
⑦ 《辽宁省各县实业事项调查表》，辽宁省档案馆藏，全宗号：JC010-01-03113。

· 5 ·

天《商业汇编》列举了上千个商号分属几十种行业,《营口总商会会务汇刊》也表明商号经营种类繁多,如经营油坊、杂货商号有兴茂福、日新昌等;经营油坊、棉纱、布锭商号有恒利德等。黑龙江地区1912年有15个商务总会,入会商号数为2792户,包括各行业的粮米商、芝麻商、首饰商、车店商、铜器商、木商、烧锅商、钱粮商、白皮商、当铺商、皮鞋商、豆油商、杂货商等。呼兰商号永和福杂货店兼营油坊、当铺等。日本"满铁"组织调查记录盖平县商号有聚源兴杂货、德原当当铺、洪兴隆绸庄、东祥顺油坊等。[①] 东北地区的商号还兼营钱庄、银炉等金融业,而且有的商号如益发合实际上同时经营工业、商业、金融业,实现了商号"三业并举"。并且从以上史料中发现,很多公司也列入其中,如肇新窑业公司、政记轮船公司等,因而公司名称只是企业名称的一种,进而也是商号的一种。

综上所述,商号,旧时指商人组建的店铺、企业等商品生产、交易的场所及组织。

三 "商号"概念的演进及"老字号"概念的提出

新中国成立后,经过党和国家对工商业的社会主义改造,多数商号实现了公私合营,商号成为国家的企业财产,而非私营工商业,因而"商号"这一概念也随着历史的演进和发展退出了历史舞台,成为历史的记忆。但是实行改革开放政策后,党和国家开始重视私营商号的历史地位和价值,并且重新鼓励具有重大历史价值和现实意义的商号重新独立经营。1981年10月,中共中央、国务院在《关于广开就业门路,搞活经济,解决城镇就业问题的若干决定》中提出:"在社会主义公有制占优势的根本前提下,实行多种经济形式和多种经营方式长期并存,是党的一项战略决策。"并具体规定:"对个体工商户,应当允许经营者请两个以内的帮手,有特殊技艺的可以带五个以内的学徒。"1988年,第七届全国人大通过的《中华人民共和国宪法

---

① "南满洲铁道株式会社兴业部商工课"编:《满洲商工概览》,"满洲日报社"1928年版,第261页。

修正案》明文规定："私营经济是社会主义公有制经济的补充。国家保护私营经济的合法权利和利益。"在党的政策下，很多具有历史传统的商号重新独立经营和发展起来，因其历史发展时间年久，我们称之为"老字号"，并且在国家的相应政策支持下，很多老字号成为"中华老字号"，成为国家财富和文化的重要组成部分。而商号的概念成为商法的概念，如商号主要是指从事生产或经营活动的经营者在进行登记注册时用以表示自己营业名称的一部分，是工厂、商店、公司、集团等企业的特定标志和名称，依法享有专有使用权。① 因为在一些企业中，某种文字、图形既是商号，又用来作为商标，所以现代社会商号与商标出现了混淆，但对于大多数企业来说，商号与商标是不同的。一般而言，商标必须与其所依附的特定商品相联系而存在，而商号则必须与生产或经营该商品的特定厂商相联系而存在。也有把商号同企业的"字号"相混淆的，《民法通则》对个体工商户和个人合伙的名称称为"字号"。两者的区分在于，字号是构成企业名称的核心部分，是区别不同企业名称的最显著标志，但是字号仅是企业名称的组成要素，不可以脱离企业名称独立存在，任何企业都不可以独占某一字号，字号不能代表企业，单凭字号也无法区别不同的企业。但是商号是可以独立存在并使用的商业标记，代表企业身份，能够区分不同企业。但明显可以看出，现代社会的"商号"已不是中国近代或者古代意义上的商号（私人经营个体企业）了。因而我们称那些经过社会主义改造和改革开放政策后，仍在独立经营的具有历史传统的商号为老字号或传统老字号。

四　商号在抗日及解放战争时期爱国行为的研究

近代东北地区商号发展不同于内地商业发展，不仅在于清朝时期东北地区被视为"龙兴之地"，采取了与内地不同的开发政策，而且民国以后，东北地区经济受到各国列强的觊觎，民族经济受到限制。

---

① 黄松涛主编：《加强社会主义民主法治建设理论探究》上，经济日报出版社2016年版，第733页。

近代东北地区商号的发展与时局应对

日本侵华以后，东北地区成为日本军事发展需要的经济大后方，无论是日伪政权统治下的殖民经济还是日商经营下的垄断经济，都给东北地区经济带来灾难。但是东北各地商号仍能依据自身经营策略发展自己，而且投身到抗击日本帝国主义侵略中，体现了商号的民族性。中国共产党在东北各地区建立了早期地下党组织，领导东北军民开展抗日活动，东北地区商号有的成为党组织秘密联络点，有的商号人员成为抗日一分子，有的商号同日商竞争，有的商号积极资助抗日活动等，总之，很多商号以不同方式参与到抗日斗争中。在解放战争中，东北地区商号不仅依靠自身力量捐资、捐物等支持中国共产党，而且在中国共产党领导下，积极投入到解放战争中。

第一章　清末民初东北地区商号的兴起与发展

第一节　东北地区商号兴起发展的历史背景

东北地区商号兴起较晚，发展也较为迟缓，特别是在东北地区开放之前，一直处于手工作坊、前店后厂（场）的状态。进入近代后，列强侵入中国东北地区，在对中国东北进行经济侵略的同时，也将资本主义经济形态传入，东北地区商号在列强洋行的刺激和压迫下艰难生存发展。清政府对东北的解禁政策及民国政府的商业政策也促进了东北地区的商号发展，而且东北地区地理条件和环境优势也利于商号的发展，如粮食作物的发达等。商号在东北地区经济营业中占有重要分量，[①]"凡是资本金额满五百元以上的店铺都可以开设商号"[②]，成为东北地区民族经济发展的基本形态。

一　外国资本主义的侵入

1858年，英国通过《天津条约》攫取了在东北地区牛庄等地开埠的权利，后转而在营口强行开埠，外国资本开始侵入中国东北地区。资本主义列强在此广设洋行，作为其掠夺资源和倾销商品的阵地。随同英国第一任驻营口领事密乐迪而来的"有官兵数人，洋行六

[①] ［日］米田祐太郎：《中国商店的商事习惯》，"教材社"1940年版，第54页。
[②] 民友社编印：《新商法　商人通例　公司条例释义》，1914年，第3页。

| 近代东北地区商号的发展与时局应对

家,英商数十人"①。英国商人在营口创办了东北地区第一批近代洋行,如老洋逊洋行、远东洋行、瑞林洋行等,使东北地区自给自足的自然经济受到冲击。1862年,英国资本家米尔在辽河西北岸创办了经营航运和保险代理业务的公司。1872年,英国普拉德公司在牛庄设立了豆饼厂,用机器榨油及制造豆饼。1882年,英美等国经由营口向东北内部地区输入的纺织品有棉纱、粗布、斜纹布和丝绸等。继英国商人打开东北地区市场后,其他资本主义国家也接踵而至,如1884年丹麦苏尔兹洋行在营口建立机器榨油厂等。

1896年,中俄政府签订《中俄合作东省铁路公司合同章程》。随着中东铁路的修建,俄国商业资本随之侵入中国东北地区,到此经商的俄国商人日益增多。1897年,俄国商人向吉林市场出售的纺织品有白漂布、粗布、未漂布、鼠皮布、细平布、百布、兰大布等。1898年7月,俄国商人在哈尔滨香坊田家烧锅院内开办了一家公用餐厅,8月,在哈尔滨香坊又开设了第一家化妆品商店和第一家俄国商店。1899年年初,俄国阿格耶夫洋行在哈尔滨开业,11月,又在哈尔滨道里开设了著名的阿格耶夫商店。在哈尔滨开设的秋林公司是俄国在中国东北最大的企业。1900年,秋林公司在哈尔滨香坊设立分公司,1902年迁到南岗,开设了自己的百货商店,同时在道里设立分店。②1907年年末,秋林公司还在奉天开设分店。齐齐哈尔的秋林公司分店在1913—1916年的交易额分别为58400卢布、95500卢布、209822卢布和246720卢布。③ 可见,俄国商业资本的侵入之深。1903年,俄商奇斯佳科夫在哈尔滨道里开设了其在远东的第一家茶叶商店。1907年年末,哈尔滨有外国各类商业及兼营商业的企业共

---

① 谷风:《营口开港和外国资本主义势力侵入东北》,载东北三省中国经济史学会编印《东北经济史论文集》下册,1984年,第113页。

② 孙玉九等口述,李今栓整理:《"秋林"独特经营和美味食品》,载政协黑龙江省哈尔滨市委员会文史资料委员会编《哈尔滨文史资料》第15辑,哈尔滨出版社1991年版,第76页。

③ [俄]中东铁路局商业部编:《黑龙江》,汤尔和译,上海商务印书馆1931年版,第631—632页。

1967家，其中比较主要的公司为84家，多数是俄资企业。① 日俄战后俄军撤离中国东北，俄商在此的企业受到严重影响。俄国政府采取了有力措施保护俄国商人在东北地区的贸易，设立的哈尔滨交易会"成为俄商在东北地区工商业利益和需要的表达者"②。1911年，俄国在东北地区经营面粉、酿酒、啤酒、皮革、肉类加工、肥皂、豆油、制糖等行业的企业达到63家。③ 至第一次世界大战前，哈尔滨的大商业都掌握在俄国商人手中，中国商人只能从他们那里批发货物，然后再零售给当地农民，中国本地商人被排挤在重要行业和重大利润交易之外。

"外人之至东三省营业者，俄人为盛，日人次之。"④ 1892年，日本的三井物产株式会社进入营口进行专营贸易。1894年，日本"粗布输至营口有三千二百匹，斜纹棉布有三千四百二十五匹"⑤。日本在大连地区时间最长，侵略最深。早在俄国统治大连时期，日本在旅顺地区的工商业就很兴盛，"商店共有二十二家，均以杂货名义贩卖日本之生产品"⑥。比较大的日本洋行（每年销货至二百万元以上者）有协信舍、吉田洋行、渡边洋行等，可见当时大连地区的日商势力之强大。日俄战争后，日本商社和商人更加疯狂地侵入东北地区，三井物产、共保生命、东亚烟草等会社及正隆银行等，⑦ 是当时东北地区最为兴盛的日本洋行。此外日本商人还经营日用杂货、粮食食品、旅馆等，侵染各

---

① "哈尔滨满铁事务所"编：《北满概观》，汤尔和译，上海商务印书馆1937年版，第57—63页。

② 《远东报》，哈尔滨，1910年9月25日。

③ 汪敬虞主编：《中国近代工业史资料》第2辑，科学出版社1957年版，第792—794页。

④ 徐世昌等编纂，李澍田等点校：《东三省政略》，吉林文史出版社1989年版，第598页。

⑤ "满铁调查部资料课"编：《营口开港前后·附录》，1941年，转引自孔经纬《新编中国东北地区经济史》，吉林教育出版社1994年版，第144页。

⑥ 《大连旅顺金州等处商务情形调查报告书》，载明志阁编印《满洲实业案》，1908年，转引自孔经纬《东北经济史》，四川人民出版社1986年版，第116页。

⑦ "满史会"编著，东北沦陷十四年史辽宁编写组翻译印刷：《满洲开发四十年史》下卷，1988年，第257—258页。

近代东北地区商号的发展与时局应对

行各业。

在东北地区的重要城市都有外国洋行的经营。1904年，法国在哈尔滨设立永胜面粉厂。1905年，哈尔滨秋林公司在宽城子（今长春市）设立支公司（俗称秋林洋行），以经营百货为主，兼营杂品及粮食贩卖业务。1909年，在黑龙江省呼兰县设有中德合办的福华制糖厂。[1] 1915年，美国在哈尔滨有两家洋行。1916年又在哈尔滨设商业会议所。1928年，在哈尔滨的美国洋行达37家，主要从事金融、保险、贸易方面的侵略活动，一方面从哈尔滨地区掠取豆饼及毛皮等物，另一方面大量倾销各种工业品。1928年前后，哈尔滨的德国洋行有20家，英国洋行有20家，法国洋行有17家，意大利洋行有6家；海拉尔的美国洋行有2家，英国洋行有1家；在满洲里，英国洋行2家，希腊洋行有2家；等等，[2] 外国洋行在黑龙江地区设立广泛可见一斑。1906年，日本"三井物产株式会社"在长春开设"出张所"（办事处），贩卖各类杂货、布匹、洋线等商品，收购粮豆等农副产品运回日本。1909年，英商怡德洋行、怡和洋行在长春经营大豆生意。1919年，英美烟公司在长春开设了18个经销店。吉林、珲春开为商埠后，1919年，长春秋林洋行在吉林城设立分店。日本商人在珲春西门外设立杉浦洋行，销售石油、糖酒、棉布、橡胶制品等，收购当地土特产。1920年，在长春经营纺织品的日本洋行共有18家。[3] 1931年，在长春、吉林、郑家屯等地以英国的亚细亚石油公司、怡和洋行、老晋隆洋行最为活跃。至"九一八"事变前，吉林省有14个国家在此设立洋行，其中以日、俄势力最大。1926年，奉天有各国洋行54家，主要有美国的美孚石油公司、万国储蓄会等，英国的亚细亚石油公司、英美烟公司、怡和洋行、老晋隆洋行

---

[1] "满洲国通信社政经部"编印：《满洲经济十年史》，1942年，第373页。
[2] ［日］野中时雄编：《关于满洲的外商势力》，"南满洲铁道株式会社"1929年版，第120—125页。
[3] 东北文化社年鉴编印处编纂：《东北年鉴》，1931年，第1021页。

等，德国的世昌洋行、西门子、德孚洋行等，法国的克利洋行等，丹麦的文德洋行等，挪威的福康公司，奥地利的百禄洋行，波兰的仁太洋行，土耳其的宝丰洋行等。① 1937 年，奉天洋行增至 63 家。外国商人在东北地区开设的商业组织，虽然一定程度上发展了当地的商业，但是从整体看，是打击和阻碍了中国东北商业发展的。

外国洋行在商品和资本侵略的同时，也将近代科学技术、生产设备和经营手段传入中国东北，给传统手工业带来了巨大冲击，刺激了东北地区商号的改革学习精神，促使它们采用新工艺和设备，客观上推动了东北地区工商业逐渐走向现代化。营口地区手工业作坊工业化发展速度最快，如旧式油坊到 20 世纪初出现蒸汽机械磨坊。中东铁路开通后，哈尔滨地区机器工业逐渐取代手工业而占据主要地位，但多为制粉、榨油、酿酒等传统工业。1918 年至 1919 年，吉林省工商业商号也积极引进日本的纺织设备，提高了纺织技术。总之，东北地区商号受到外国洋行经营发展的刺激和影响，逐渐改变了传统的经营模式，传统手工业作坊开始向现代工业化过渡，商业从手工业中分化出来，经济职能也日渐强化。当然，外国资本主义的侵入虽然客观上刺激了工商业的发展，但整体上还是如列强所愿，侵占了中国东北地区资源和资本，并遏制了中国东北地区经济的发展，外国洋行的大量涌入更使东北地区商号遭受愈益惨重的挤压和排斥。

二 东北地区的解禁与开放

（一）解禁开发，移民实边

清王朝前期统治者对其"祖宗肇迹兴王之所"的东北地区实行封禁政策，训诫"务守满洲本习"，把这一地区划为特殊地带，严禁其他各族尤其是汉人流民入内，以巩固其"根本"。为了严格执行"禁关令"，从顺治年间开始，清政府在东北境内分段修筑了一千多千米名为"柳条边"的篱笆墙，对东北地区实行"柳条边政策"，目的在

---

① ［日］野中时雄编：《关于满洲的外商势力》，"南满洲铁道株式会社"1929 年版，第 120—125 页。

近代东北地区商号的发展与时局应对

于禁止八旗以外的汉人或其他民族成员迁入柳条边内开垦土地或采参等。清政府还对东北的土地、山林、海面实行封禁、矿禁、海禁政策,造成了东北人口稀少以及农工商经济的落后。直至顺治时期颁布了《辽东招垦令》,奖励招佃垦荒。嘉庆、道光以后,封禁渐开,大批移民从关内各省涌入东北,或垦殖,或从商,他们带来了中原地区先进的技术和文化,推动了东北地区经济和文化的发展。1861 年,清朝对东北地区逐渐解除封禁,采取"移民实边"的政策。1861 年至 1880 年,陆续开放了吉林围场、阿勒楚喀围场、大凌河牧场等官地和旗地。1882 年,首先在吉林招垦,设立珲春招垦总局,此后又在黑龙江地区开始移民垦荒,"各处难民移边二十万户,赴北满沿边,拨地开垦"①,农业生产得以发展。1907 年,时任东三省总督徐世昌认为"东省以该处土旷民稀,以致利弃,故最要者实以移民为急务"②。1908 年他再次强调"今日根本之治理,莫若移民实边"③,认为移民实边政策不仅可以解决内地人们的生存之需,还可以节省筹边的费用,巩固边防。他议定移民之策,"以湖南湖北安徽等省灾荒,迁移东省,每一家族给地若干亩,开垦耕种"④。东北当地政府以奖励政策吸引商民移植,使各地商埠移民有增无减。黑龙江省绥化地区"拟移鲁民,赴绥开垦,拨出公田两千顷,作为创办之用"⑤。可见,政府对东北地区的移民政策力度很大。

  东北地区解禁开放后,关内移民大量涌入,其中包括农业移民和商业移民,农业移民的主体是难民、贫民;商业移民以河北、山东、河南为主,不仅因地理位置上河北、河南、山东有优势,还因为这一时期山东、河北地区多灾难,为了谋生,当地人民远赴东北地区建立了诸多商号,将他们原有的经营模式带到了东北地区,并充分利用他们擅长经商的优势发展了诸行业的商号。1890 年,清政府从山东诸

---

① 《移民实边计划》,《盛京时报》1931 年 6 月 7 日第 4 版。
② 《东三省首重移民》,《盛京时报》1907 年 3 月 28 日第 2 版。
③ 《论移民实边为筹边要策》,《盛京时报》1908 年 6 月 20 日第 2 版。
④ 《移民政策将见实行》,《盛京时报》1908 年 11 月 15 日第 5 版。
⑤ 《山东筹办移民政策》,《盛京时报》1924 年 3 月 6 日第 7 版。

城、昌邑、掖县等地招纳农民到延边地区，这一年仅迁入敦化境内的就有山东人9630人。① 民国时期，政府"以东三省荒地甚多，就移民实边之计划领东三省民政长等调查，筹款办法由东三省直隶山东河南湖北安徽等省分筹或设法借贷数千万，即以此项荒地将来之出产及课赋为偿还"，继续在东北地区推行兴垦实边方针，并颁布移民办法："所移之民由以前数省官家通知人民，有愿往者由公家给资并不收地价；切实调查内地人民移住于各地方能否融洽，有无窒碍即日呈报中央；设移民事务所筹划关于移民各项之手续，并先规定移民之章则。"② 可见政府对移民政策的重视力度。20世纪20年代，东北地区出现了移民浪潮，1923年进入东北的移民有30余万人。1923—1927年由山东"迁者约十二三万人"（见表1-1）。1927—1929年三年间，东北地区移民省别及所占比例分别是：山东省，87%、86%、71%；河北省，12%、13%、16%；河南省，1%、1%、11%③。黑龙江省1930年"移入内省垦民五十万"④。

表1-1　　　　　山东移民近五年间（1923—1927年）

由大连、营口两埠上陆者统计⑤　　　（单位：人）

年份	由大连进入人数	由营口进入人数	合计
1923	175737	43158	218895
1924	165004	47323	212327
1925	193802	45323	239125
1926	254863	69122	323985
1927	322467	39536	362003

---

① 房俐主编：《档案吉林系列文化丛书·延边州卷》，吉林出版集团有限责任公司2014年版，第76页。

② 《磋商开垦三省荒地之办法》，《盛京时报》1914年1月31日第4版。

③ ［日］石田七郎：《中国东北经济关系的考察》，"满洲文化协会"1918年版，第18—22页。

④ 《江省移民五十万人》，《盛京时报》1930年2月14日第4版。

⑤ 《鲁劳工移动状况》，《盛京时报》1927年8月21日第5版。

近代东北地区商号的发展与时局应对

由表1-1可见，移入东北地区的山东移民众多，东北经济的发展"赖于鲁籍劳动者，殊非鲜浅"。河北帮是东北地区移民第二大商帮。河北地区人多地少，自然灾害频繁，苛捐杂税繁多，人们生活窘困，一些有胆识的人走上闯关东的道路。"闯关东"河北帮以乐亭县人居多，乐亭县为沿海地区，人多为渔民，吃苦耐劳，见多识广，头脑灵活，加上乐亭县有着便利的交通条件，海运可直接抵达大连、营口等地，陆路东出山海关便是辽宁地区。乐亭人把由东北贩运粮食至乐亭看作解决温饱的出路。咸丰年后，东北地区继续开禁以及光绪年间放垦范围的扩大，为河北帮闯关东经商创造了条件。河北帮在东北地区建起了粮栈、杂货店、饭店等诸行业的商号。

移民实边对东北地区有很大好处。人口增加，一定程度上缓解东北地区土匪的泛滥，因为"商货之输出入者，年无数千万吨。其可容纳失业之民不少"[1]。而且边疆地区村屯的增加也可以在一定程度上抵制外来侵略，"沿边可省戍军无数，则利于军事之计划者也"。移民政策无疑也促进了东北地区的农业发展，农业的发展是工商业商号兴起的基础。随着关内移民迁入，大片土地被开垦，关内先进生产技术的推广，东北地区农业生产的基本轮廓大致形成。农作物品种增加，粮食产量提高，农产品加工业随之兴起，形成了具有东北区域特色的以农产品加工工业为中心的产业结构——以榨油业、面粉业和酿酒业为三大支柱产业。进入20世纪后，这三大支柱产业几乎遍布东北的城镇和乡村。[2] 东北居民原以渔猎为主，从事工商业人员不仅数量少，质量也不高，当社会上对工商业的需要增加时，现有的服务模式和质量无法满足新的需要，这就为移民从事工商业提供了机会。东北地区人口增长，使东北地区本身成了一个巨大的消费区域，为更多移民从事工商业活动提供了市场空间。移民按其从事行业类别分为十余种，其中占有分量分别为"农业25.4%，自由劳动者63.9%，商业2.8%，工业2.3%"[3]。关内的商业移民重操

---

[1] 《论移民实边确为东省今日应行政策》，《盛京时报》1912年11月7日第1版。
[2] 高乐才：《近代中国东北移民研究》，商务印书馆2010年版，第298页。
[3] 连濬：《东三省经济实况概要》，上海华侨实业社1931年版，第297页。

旧业，他们在生产技术、经营手段、管理理念上都承袭经济远较东北地区先进的关内地区，这使其在东北商业竞争中占据优势并打开了局面。大量的商业移民是东北地区商号发展的主体力量。移民涌入也促进了东北地区城市的发展，人口剧增，出现沈阳、吉林、锦州、长春、哈尔滨等经济中心。1907年，东北有城镇37处，其中人口在10万—20万人的有2座，5万—10万人的有4座。1925年，东北城镇发展到70处，其中人口在20万人以上的大城市有大连、沈阳、哈尔滨，10万—20万人的有长春等，移民在新兴城镇经济活动中所占比重分别是："农业劳动的占47%，商业劳动的占39%"[1]。移民还改变了东北地区的衣食习惯、生活传统等，特别是移民商号的发展改变了人们的生活方式。"以农产物为原料之工业，如豆油与粉之制造，以及酿酒业趋于兴盛。"[2] 所以说东北地区移民的增加，加速了土地的开发、农业的发展，粮食总产量和商品量迅速提高，为工商业发展提供了原料基础。劳动力和商品消费群体也大量增加，刺激了商品市场的消费，促进了东北地区商品交换和商品流通的进一步发展。东北大小城镇商号数量快速增加，对国内乃至国际贸易的发展也有很大的促进作用。

（二）政府的开放政策

1. 商业开放政策

1901年，光绪帝颁布谕令指出"通商惠工，为古今经国之要政，自积习相沿，视工商为末务，国计民生，日益贫弱，未始不因乎此"，所以"亟应变通尽利，加意讲求"[3]。清政府在全国民众呼吁维新和外商、洋货的冲击下，改变过去的"抑商政策"，实行"恤商政策"，鼓励发展实业，颁发《商人通例》《公司律》和《公司试办章程》《奖励华商公司章程》，以法规、法令形式，支持民族工商业的发展。对兴办实业的商人，根据出资多少给予爵赏。另外还采用奖牌、商勋、顶戴等形式，鼓励商人投资、发明和创造。清政府更加重视东三省工商业的发

---

[1] 党晶晶：《试论近代关内移民对东北经济发展的影响》，《现代商业》2010年第20期。
[2] 王慕宁：《东三省之实况》，上海中华书局1929年版，第20页。
[3] 朱寿朋编：《光绪朝东华录》第5册，中华书局1958年版，第5013页。

展，派官员到东三省考察商务，实行鼓励政策，促进了铁路沿线的长春、范家屯、公主岭、四平等地的商业发展，特别是一些产粮大县如呼兰、海伦、巴彦、拜泉等地，因农业发展而兴起的工商业渐趋繁荣。

民国时期，历届"中央政府"相继颁布了一系列有利于工商业发展的法令法规。如南京临时政府颁布《商业注册章程》，准许各商号自由注册；北洋政府颁布了《公司条例》《公司条例实施细则》《商人通则》《公司保息条例》《公司注册规则》《商业注册规则》《商标法》《会计法》等，确定了"公司"这一新兴经济组织形式的运行规范。南京国民政府也先后颁布了一系列奖励、提倡和扶助兴办企业的法规，如《公司法》《公司注册规则》《公司登记规则》《特种工业奖励法》《奖励实业规程》《工业奖励法》《华侨投资国内矿冶业奖励条例》《华侨回国兴办实业奖励法》等，并于1928年两次颁发"提倡国货"令，号召国人购买国货，以促进国内实业的发展。这些鼓励性政策，不仅刺激了东北地区的土地所有者同时兼营工商业，还为其他地区如山东、河北等外地商人来到东北各地经营商号提供了政策保护和便利。1919—1920年，津、沪等地的巨商也在哈尔滨等城镇开设了各行业商号。因而可见，政府的鼓励性政策激励了东北地区商号的快速发展。

2. 商埠开放政策

近代中国被列强侵略后，列强争先恐后地在各地开放商埠，以便于其掠夺资源和倾销商品。东北地区也不例外，1858年6月，中英《天津条约》开放牛庄为东北地区首个通商商埠；1903年，《中美条约》开放安东（今丹东市）、大东沟、奉天（今沈阳市）为商埠；1905年，《中日满洲善后条约》开放辽阳、新民、铁岭等地为商埠；1909年9月，又开放局子街、头道沟、百草沟等地。[①] 这些商埠的开放不仅客观上刺激了当地经济的发展，而且促使清政府和东北当地政府为自保利权，开始着手自开商埠。1901年，沙俄占据整个东北时，

[①] "南满洲铁道株式会社社长室调查课"：《满蒙全书》第5卷，"满洲日日新闻社"1922年版，第2页。

第一章 清末民初东北地区商号的兴起与发展

湖广总督张之洞与刘坤一、盛宣怀等人就联衔上奏,力主东三省"开放通商,辟为万国商埠,并藉各国商力力拒俄人势力",即主张将英、日、美、德等国势力引入东北地区,达到牵制俄国的目的。然而清政府认为东三省尚未交还,时机未到,拒绝了他们的请求。1904年,日俄交战期间,粤督岑春煊、鄂督端方等又联衔密奏,再度奏请东北开埠通商,"与其权利让与一国独占,必致妨碍自主,不若利益让各国公共,可以求保自主"①。1905年,日俄议和之时,张之洞再次上奏朝廷,认为只有开埠通商才能防止日俄对东北的觊觎。黑龙江将军程德全也奏请将东北开埠通商,目的在于"一以共保后日和平,一以兴中国自有利权"②。而当时的报刊舆论也赞成东北地区实行开放通商政策,"舍开放之说无从矣","非开放东三省之门户,隐藉列强以牵制俄人,使东北之患略纾"③。1905年9月15日,清政府谕示:"东三省地大物博,风气未开,亟应指定地界,多开场埠,推广通商,期于有济各国公共利益。并饬地方官举办各项实业,以兴商务。"命外务部、商务部与北洋大臣袁世凯、盛京将军赵尔巽筹议东三省开放通商及兴办实业章程。1907年,时任东三省总督徐世昌认为,"今东省开商埠十余处,则各国均有通商之利,宜相率偕来,有保护身家财产之念,而我正可联络友邦,以平均其势力"④。他建议自开商埠,实行真正开放。继任东三省总督的锡良也认为发展工商业是提高经济实力的前提,而商业的发展离不开商埠的建设与开发。在地方官员的要求下,清政府决定在东北逐步实施开放通商政策,"东三省行已开埠,允洋商来互市……通商以致富强者,今而开放商埠,则中国商民,目观其工艺之发达,耳闻其商务之兴隆……东三省商民勉施,有厚望焉"⑤。

1908年,徐世昌总督向清政府"奏开锦西厅南沿海之葫芦岛为商埠",认为葫芦岛"具此天然之形势,则诸凡人为之设备,皆可以

---

① (清)盛宣怀:《愚斋存稿》,文海出版社1975年影印版,第3—5页。
② 王彦威纂辑,王亮编:《清季外交史料》四,书目文献出版社1987年版,第1965页。
③ 《论东三省终宜开放》,《东方杂志》第2卷第8号,1905年9月23日,第160页。
④ (清)徐世昌:《退耕堂政书》卷9,文海出版社1968年影印版,第480—482页。
⑤ 《论满洲开放商埠》,《盛京时报》1907年5月27日第2版。

近代东北地区商号的发展与时局应对

人力致之,扩张我东省商战之根据地,因非难也"①。锡良继任总督后也表示赞同,他上奏朝廷称葫芦岛"为天然雄埠,不特胜于营口,且可突过大连,得此口岸则全局俱振,葫芦岛开埠之策,关系犹大"②,而且也"可作商场、军港之用,若实地经营,不但可夺外人已得之利权,并可为我国完全自辟之口岸"③。在他们的奏请下,1909年10月,清政府决定开辟葫芦岛为商埠。锡良又积极筹建吉林商埠。"吉林省城非日俄铁路必经之地,我有完全主权。"他不顾日俄反对,在"吉长铁路修建之处,勘定左右四旁地址,实测绘图,建标购地,以为开埠之手"。锡良还亲自"于其(长春)四围悉行圈购,免再侵越,并预备商埠成立后开关收税"④,准备对长春商埠的建设。但终因清政府的冷淡和列强的无理抗议,自建商埠计划收效不大。但东北地区商埠的建立仍取得了一些政绩(见表1-2)。

表1-2　　　　　清末东北地区自开商埠情况

年份＼地点＼省份	奉天	吉林	黑龙江
1907年	辽阳、凤凰城	长春、吉林	齐齐哈尔、瑷珲、满洲里
1908年	奉天、葫芦岛	绥芬河	
1909年		龙井村、三姓	
1910年		珲春、宁古塔	海拉尔

资料来源:根据辽宁省档案馆藏汇编:《奉天开埠总局》案卷号35、52、106等;徐世昌等编纂,李澍田等点校:《东三省政略》,吉林文史出版社1989年版,第546页;王铁崖:《中外旧约章汇编》第2册,读书·生活·新知三联书店1957年版,第156—159页;徐曦:《东三省纪略》,商务印书馆1916年版,第487页;费驰:《清代东北商埠和社会变迁研究》,《史学集刊》2007年第2期等资料统计制作。

---

① 徐世昌等编纂,李澍田等点校:《东三省政略》,吉林文史出版社1989年版,第1590页。
② 中国科学院历史研究所第三所主编:《锡良遗稿(奏稿)》第2册,中华书局1959年版,第1140页。
③ 《清实录》第60册,中华书局1987年影印本,第60页。
④ 刘锦藻撰:《清朝续文献通考》十通第十种,第四册,商务印书馆1955年版,第7861页。

东北地区商埠开放后,各商埠地商号发展更为迅速,如吉林市"巨商大贾,商业店铺之多,繁荣之度都属全省之首"①。哈尔滨开为商埠后商业急剧发展,1929年,哈尔滨市各城镇商号有7122家。②商埠地商号呈现出良好的发展态势,提升了东北地区的整体经济发展水平。

三 社会条件与环境因素

(一)东北地区资源的开发与建设

东北地区土地肥沃,盛产小麦、高粱、大豆等粮食。清末以后的农业移民使东北土地得到大面积开发和利用。从1924年到1931年,东北耕地面积净增592万公顷(1公顷等于10000平方米),其中大豆的种植面积扩大了200余万公顷,大豆、高粱、小麦、玉米等农作物的产量提高,因而以大豆为原料生产的豆油和豆饼,以小麦为原料生产的面粉,以高粱为原料的酿酒等深受当地民众和国内外市场的欢迎。同时,从事这些农产品加工业的商号也迅速发展起来。东北地区的工业商号"仰赖于土地所生产者独多豆类"③,如营口开埠前油坊业就相当发达,1897年有油坊商号30余家。④东北地区的大豆和小麦"由南满铁路运送而由大连出口者,年约四五百万吨,黄豆占一半,黄豆运至大连供制豆饼之原料占黄豆全部五分之一"⑤,因而大连油坊事业也很发达,被称为"油都"。近代以来,东北地区成为世界性的商品粮生产基地,农业生产蒸蒸日上,农业商品经济空前繁荣,促使各个行业的商号如农产品生产、加工、运输、销售乃至出口贸易等迅猛发展。可见,东北地区的自然环境决定了商号发展的基础和方向,因其行业原料基础牢固,故而东北地区商号发展能够长久不

---

① 徐世昌等编纂,李澍田等点校:《东三省政略》,吉林文史出版社1989年版,第1629页。
② 黑龙江省地方志编纂委员会:《黑龙江省志》第35卷《商业志》,黑龙江人民出版社1994年版,第5页。
③ 连濬:《东三省经济实况概要》,华侨实业社1931年版,第197页。
④ 杨晋源修,王庆云纂:《营口县志》,营口县公署1933年石印本,第183页。
⑤ 王宏经:《大连之油坊事业》,《申报》1924年6月22日第23版。

衰。但也正因此，东北地区商号过于拘泥商品粮食的加工、生产、销售，致使它们很难走出这一生存发展的依赖品，导致其整体发展水平不高，这与其成长环境密不可分。

东北地区的交通建设也为商号发展提供了条件。1896年，沙俄攫取了在中国东北境内修筑和经营铁路的权力，东北地区自"俄国创造铁路以来，经营商埠不遗余力，而我则毫无不知，悉听华商自为风气，以致华商一举一动，无不仰给于铁路，亦无不受制于俄人"。中东路通车后，客观上推动了沿线城镇经济的发展，"四境通而百货集"，"东清铁路左右其间，商业于途，工居于市，农作于野，骎骎乎有都邑之观，由是南而东京城，北而旧街乜河，东而穆棱，再东而三岔口，列肆而居多至二百余，少亦数十家"①。长春是中东铁路的枢纽，周围盛产粮豆、小麦等，从此成为东北地区的粮食集散地。乌苏里铁路开通后，长春、哈尔滨两个商埠成为东北商业的中心点。1910年沿江各行商号发展迅速，"粮行有二十家，杂货有一百三十七家，估衣铺有九家，粮米铺有三十家"② 等。中东铁路建设后，很多城镇发展成为商品中转地和集散地，带动了当地商号的发展。安达县是周围县镇粮食集中输出中心和输入工业品的重要中转地，1925—1927年有商号292家，主要有粮栈68家、杂货店58家等。双城县也发展成为黑龙江南部最大的货物集散地，1926年商号达到1583家。海林县也逐渐发展为木材粮谷集散地，1927年有各种商号49家。一面坡镇商号有500余家，其中较大的杂货、绸缎布匹和粮食商号有20多家。1909年阿城县商号发展到1103家。

20世纪初，清政府在东北地区自建了一些铁路，为商号发展提供了有利条件。1903年，中长铁路通车，为吉林商业发展提供了较好的交通条件。1909年，清政府自建齐昂铁路开通。随着交通的便利，铁路沿线逐渐形成若干城镇，也带动了沿线县镇商号的日渐繁

---

① 徐世昌等编纂，李澍田等点校：《东三省政略》，吉林文史出版社1989年版，第6441页。

② 《江船华商数目之调查》，《盛京时报》1910年3月13日第2版。

荣。齐齐哈尔商号达1084家，其中较有名气的商号有60多家，成为当时黑龙江西部地区的商品流通枢纽。1928年，呼海路通车，绥化县、海伦县由只有百余家商号发展到四五百家。1929年，齐克铁路宁嫩线通车，讷河县由原来10家商号发展到399家。绥化自呼绥铁路筑成，交通便利，商号也发展起来。其中绥化府城有较大商号100余家。[①] 所以，铁路交通的发展促进了东北地区商号的发展和兴盛。水陆交通的发达也为商号发展提供了便利的交通条件。如"营口开辟商港有年，为南北贸易之中心点，水陆交通轮轨错杂，不亚于津沪，故商号殷繁，他县罕与为匹"[②]。哈尔滨是东北地区最大的内河航运中心，沿松花江可以上至吉林、齐齐哈尔、嫩江，下达佳木斯、同江直至哈巴罗夫斯克，哈尔滨很快成为东北地区重要的商品集散地，各行业商号发展迅速，也带动了周边地区商号的发展。营口、大连、安东三大港口城市形成"辽南三港"，并很快发展成为后起之秀。

(二) 社会环境及实业救国思潮

近代东北地区备受日俄列强欺压，民国以后，中国关内地区由于军阀混战，社会动荡不安。而东北地区则出现了奉系军阀"一统天下"独霸东北三省的政治局面，使东北地区与内地相比战事较少。奉系军阀为了增强自身实力，开展了一系列经济建设工作，如招流民、修铁路、建工厂、开矿山等，使东北出现了相对安定而且利于经济发展的社会局面。而且第一次世界大战期间及战后几年间，帝国主义列强无暇东顾，洋货受阻，更有利于本地商号的发展。因而近代以后，东北地区相对稳定的社会环境使商号发展出现了"短暂的春天"。伪满时期，虽然日本的"七·二五"限价令给东北地区民族工商业以致命打击，但是没有战争的干扰，东北地区工商业商号凭借着自身的经营特色和策略仍能维持营业。

国内相对有利的政治环境也推动了东北地区的商号发展。清政府

---

① 《北满垦务农业志》，转引自石方《1912—1931年黑龙江区域社会史研究》，黑龙江人民出版社2009年版，第91页。

② 杨晋源修，王庆云纂：《营口县志·凡例》，营口县公署1933年石印本，第2页。

近代东北地区商号的发展与时局应对

在全国民众呼吁维新和外商、外货冲击下，改变过去的抑商政策，鼓励发展实业。辛亥革命后，资本主义经济发展理念渐入人心，并激发了国人投资兴办实业的热情。1920年，世界资本主义经济危机后经济复苏，为中国国内经济发展带来了机遇。民国政府于1928年两次颁发"提倡国货"令，号召国人购买国货，以促进国内实业的发展。东北地区自开放以来，早已成为列强商业竞争的"战场"，而东北地区中国人创办的商号并不多，日常生活用品如火柴、肥皂、手巾、布匹、纸张等都没有专门制作的商号，一切依赖于列强的"剥削品"。特别是在日伪政权统治期间，东北地区商品市场完全被日本垄断。因而兴办实业也有抵制外来侵略作用。"泰西各国之雄长宇内，非徒恃其兵力之强，而能操他国之生命者，实在商务，其商业之盛，商术之精，商力之膨胀，实足证明其为取人之国、掠人之地之唯一利器。"[①] 受国内爱国反帝运动以及实业救国等思潮的影响，东北地区爱国人士也开始兴办工商实业以图救国。东北地区兴办实业也有着自身的优势，"吾国而言实业，其必以东三省为巨擘，东三省为富于天产之国，外人之来游历者，遍地黄金，吾国人不能从而启发之兴，夫有地利而不知兴者，是弃其地利者也，有物产而不知殖者，是亦弃其物产者也"[②]。而且兴办实业也是促进东北地区商业发展的必由之路。因为"商业者，工艺之销售场也，欲精商战，必精工艺，工艺一精，物美价廉，商务由此畅旺"[③]，因而东北地区商人开始兴办实业商号，表达其爱国之情。"民国以来，洋糖、火磨、火柴等项机器公司先后开办，率皆利用天然产之丰富，以图与国际贸易相竞争，虽其经营成绩尚未能臻若何优胜，然已一新。"[④] 肇新窑业公司、八王寺汽水公司、同昌行等民族商号陆续兴办。

中国东北地区民族工商业虽有所发展，但资本和经营规模远不及外商。1927年，哈尔滨征收的商业税中，外商占70%以上，商品的

---

① 《商团私议》，《盛京时报》1910年6月16日第2版。
② 《东三省之实业谈》，《盛京时报》1913年11月28日第1版。
③ 《论满洲宜兴工艺》，《盛京时报》1906年9月28日第2版。
④ 廖飞鹏修，柯寅纂：《呼兰县志》卷5，哈尔滨新华印书馆1930年铅印本，第2页。

输出输入90%以上为外商控制。① 在外商不断低价倾销、官商恃强垄断以及金融混乱的环境中，东北地区民族工商业屡遭打击。受民族独立、民主联合思想影响，商号为争得生存发展的机会，通过商会、公会等商号团体组织，联合商民各界，多次掀起提倡国货、抵制洋货，特别是抵制日货的爱国行动。东北地方当局对实业商号也采取了保护措施，如哈尔滨政府降低运往哈尔滨小麦的运价等，为本地民族工商业发展创造了良好环境。然而在列强的侵略环境下，外国资本企业也受到保护，如出口中国"既免出口之税，又无内地之厘，即彼不贬价出售"，而中国实业商号却要"加捐增税，税捐益重"。因而，东北地区商号请求政府给予减税，如1922年吉林双合盛制皮公司向政府陈述："商人经营公司初意抵抗洋商发展国货，国家提倡实业推行国货之美意，许予免税俾得幸免亏累，稍有余力以与外人竞争，恳将制成熟皮，许免税厘八年，以纾商艰而维国货等，希望在国家本诸提倡实业之意许予免税，藉免亏累。"② 后得到当地政府许可与支持。事实证明，东北地区商号在国内实业救国的思潮带动下，在抵制外国资本入侵的同时，还带动了东北地区民族工商业的发展和进步。

第二节 商号的发展状况

一 商号的分布地域

东北地区商号不仅在大城市中发展迅速，在县城乃至乡镇中也很发达，分布地域非常广阔。奉天省沈阳市有老天合、天益堂、萃华金店、中和福茶庄、内金生鞋帽店、亨得利钟表眼镜商店、八王寺汽水公司、老久华洗染厂、同昌行牙粉、大德生药店等知名商号。1904年，锦州县烧锅商号有益隆泉、兴济隆、福泉汇等，民国初年增加了宝增泉、福厚泉、同盛金等，钱庄商号有大庆玉、大德号等达百余

---

① 黑龙江省地方志编纂委员会：《黑龙江省志》第35卷《商业志》，黑龙江人民出版社1994年版，第4页。

② 《吉林双合盛制熟皮免税》，吉林省档案馆藏，全宗号：J109-11-0825。

家,当铺商号有宝星当、德丰当、福裕合等十余家。① 1913年,抚顺市绸缎商号有19家,五金商号有8家,布庄商号有14家,旅馆商号有40家等;② 1914年,铁岭市有钱粮商号24家,当铺9家,烧锅3家,豆油商号16家。③ 1915年,东丰县有商号238家。1916年,营口市有商号2400家,营口田壮台镇有504家,大石桥有140家,盖平县有300家。海城县民国初年有公兴涌、永泰丰、凌记栈、华昌泰、增盛永、庆久等商号经营批发业务,湧成德、春发长商号经营油坊等。④ 民国初年,奉天省各县城商号数目如下:西安县(今吉林辽源市)518家,县城有8个镇,其中安仁镇58家,永昌、达河镇各40家,梨树、安福等五镇各一二十家,新民市900家,黑山县470家,磐山县1500家,义县500多家,兴城县210家,绥中县500家,锦西县200多家,台安县300多家,复县1988家,锦县商号有义发源、裕天隆、隆泰吉、福记、福厚长、福增长、福发源、万增永等十余家,安东县2700家,凤城县37家,宽甸县274家,桓仁县103家,辑安县207家,长白县115家,安图县145家,抚松县365家,抚顺县1170家,本溪县160家,庄河县1100家,清源县220家,金州县400家,洮南县920家,昌图县360家,辽源县1100家,开通县200家,梨树县1340家,安广县73家,洮安县20家,通辽县1035家等。⑤

奉天省各县镇商号也很发达。盘锦盘山县有天庆隆、同兴隆、永顺泉、双盛茂等商号经营粮谷、烧锅、杂货等,盘山县双台子镇开设双发祥商号;1875年,田庄台开设太和增商号;1877年,双台子镇开设经营百货、粮谷、木材、榨油等的双盛茂商号等;1879年,二界沟镇开设福昌隆商号。彰武县哈尔套镇1874年开设福顺长杂货店;1910年,哈尔套镇资本在两千元以上的商号有天增泉、公益当、公

---

① 王文藻修,陆善格、朱显廷纂:《锦县志》卷12,1920年铅印本,第6页。
② 张克湘修,周之桢纂:《抚顺县志》卷3,民国钞本,第22页。
③ 黄世芳等修:《铁岭县志·工艺志》,1917年铅印本,第172页。
④ 廷瑞修,张辅相纂:《海城县志》,海城大同书局1924年版,第106页。
⑤ 《辽宁省各县实业事项调查表》,辽宁省档案馆藏,全宗号:JC010-01-03113。

第一章　清末民初东北地区商号的兴起与发展

集钱号等19家；民国初年哈尔套镇商号发展达到鼎盛时期，商号有天增兴、公盛和、益丰和、德增阜、益增和、德发全、天丰源、同源达、利发和、涌泰增、景发魁、万聚增、德庆合、广裕成、增记、义顺成、世兴德、兴泰德、兴顺隆、永春和、福增盛、德兴合、瑞德成、公发成、永德公、魁聚永、福顺染、和发玉、广升彩、三成炉、福发和、玉顺彩、永兴成、信义和、陆记、同盛合、同益兴、德源泰、巨腾公、德记、三聚长、万春和、致中和、德盛发、玉隆泰、永和成、永兴和、永发和、和兴隆、和发太、玉顺德、成春堂、福长铧、福德铧、福和成、万来兴、宝源成、义增兴、福丰长等近百家。① 昌图同江口镇商号有巨盛会、信逢源、萃发合、人发合、天益大、广昌益、恒丰豫等，八面城有玉成合、万源发、福益合、源升益、裕太昌、益源长等，金家屯有振源栈、萃升恒、天玉栈、福升栈等。② 庄河县大孤山镇有杂货商号40家，当铺商号2家；青堆子镇有杂货商号44家，栈房商号4家。③ 可见，奉天各县镇都有经营各行业的商号。

吉林省长春市商号有裕升庆、益发合、东发店、万增栈等。④ 扶余县有油坊商号30余家，烧锅商号30余家，磨坊商号150余家等。⑤ 1846年，榆树县开设聚成发烧锅，黑林子镇有德新当商号等，黑林子镇太平川乡开设天字号商号9家，如天德盛等，深井子乡开设德字号烧锅，泗河城开设福字号商号。1910年榆树县烧锅发展到33家，如顺成涌、福源长、福骏昌、同聚兴、公兴降、德盛泉、天德和、宝源永、天裕厚、恒德益、恒丰豫、万升福、德盛永、德升公、福兴源、功全泰、福昌盛、德丰生、永亨福、永升发、庆发和、恒聚源、

---

① 顾瑞林、李万春：《古镇哈尔套》，载政协阜新市委员会文史资料委员会编《阜新文史资料》第8辑，1993年，第205—206页。
② 程道元修，续文金纂：《昌图县志》卷9，1916年铅印本，第77—78页。
③ 廖彭、李邵阳修，宋抡元纂：《庄河县志》，奉天作新印刷厂1921年铅印本，第10—11页。
④ 《长春国税征收局经收店商字号坐落课额一览表》，吉林省档案馆藏。全宗号：J101-03-0417。
⑤ 张其军编纂：《扶余县志》，1924年油印本，第93—95页。

近代东北地区商号的发展与时局应对

万和涌、万顺源、公兴长、功信泉、福泉涌、福升东、福源永、聚成发、德兴涌、福隆长、福聚永。榆树县典当业商号也很发达。1842年最早的典当商号是功成当。1913年还有闵家屯的恒德当、德济当,大岭的德源当,新立屯的永泰当,土桥子的福升当,黑林子的德新当,泗河城的福泰当,青山堡的福源当,五棵树的恒丰当、德泉当等。① 安图县有公济泉烧锅、合记油坊、文和盛刻字铺、瑞发祥、吉兴宫成衣铺、东兴顺木铺、洪顺昌酱园、德盛恒菜局、福胜泉澡塘等②。

黑龙江肇源市商号有义和永、天发盛、万兴盛、义和永、德昌发、裕昌源、义昌隆、同顺东、同兴号等。农安县有木铺商号同和发、聚发成、双发成、天兴顺等,鞋铺商号有聚盛永、同聚合、福聚长、独一齐等,饭馆商号有万顺庆、福合园、聚顺馆等③。桦甸县商号有源隆泉、大兴锅、大盛泉等,横道河有广兴锅、德裕深,八道河有裕和泉等。④ 1871年,阿城县各村屯商号有永源当、吉成当、永增当、永隆当、聚源当、永泰源、恒隆号、兴福昌、明万德、天发、成永、庆和、合永、成福、顺合成、恒盛广、永兴成、永发成、和发成、公兴隆、庆昌德、聚合庆、恒成炮铺、广祥成、同兴合、天益成、成永福、永成兴、德发炮铺、永源纸坊、金兴隆、万升店、双隆盛、公兴炉、万兴炮铺、万隆篓铺、永兴磨坊、边家油坊等几十家。⑤ 1934年,五常县山河屯商号有天顺源、福浚厚、永发长、天增庆、德源义、三裕昌、万泰公、公信德、益发和、会发公、荣昌源、公合玉、裕升长、益发兴、德源泰、永成玉、天成玉、源记、福顺东等。可见,黑龙江各县镇商号遍及各个行业。

---

① 《榆树国税征收局经征当商字号坐落课额一览表》,吉林省档案馆藏。全宗号:J101-03-0516。
② 陈国钧修,孔广泉纂:《安图县志·实业志》,1929年铅印本,第30页。
③ 郑士纯修,朱衣点纂:《农安县志》卷2,1927年铅印本,第37—38页。
④ 《桦甸国税征收局区内烧商字号坐落课税一览表》,吉林省档案馆藏。全宗号:J101-03-0115。
⑤ 郭长海:《阿城清朝时期的"老字号"》,载政协阿城市委员会文史资料委员会编《阿城文史资料》第6辑,1993年,第26页。

第一章 清末民初东北地区商号的兴起与发展

商号不仅遍及大中小城市、乡镇，而且在边疆地区及农村也有很大的发展。瑷珲县是清朝时期我国黑龙江沿岸最大的城镇，不仅是政治中心也是商业贸易中心。1907 年，瑷珲县主要商号有益盛公、东顺成、东发合、恒顺栈等 5 家。瑷珲县农村也有小商号，江右岸大五家屯有三四家小商号，江左岸六十四屯东北部补丁屯有酒铺商号 30 余家。江东黄山屯有义和兴等商号。民国初年，瑷珲县商号很是发达，1919 年发展到 50 余家，如杂货商号有益盛公（1909 年，括号内表示创建时间，下同）、信发合（1918 年）、义泰厚（1919 年）、裕顺祥（1912 年）、德聚公（1918 年）、义恒长（1918 年）、东来发（1913 年）、义源公（1915 年）、庆和成（1919 年）、玉丰栈（1913 年）、宝增益（1912 年）、玉丰恒（1918 年）、恒生成（1916 年）、源顺公（1916 年）、公合永（1918 年）、益发合（1918 年）、益生长（1919 年）、永和德（1919 年）、永源泰（1916 年）、东顺成（1912 年）、仁和号（1919 年）、东发和（1909 年）、福隆泰（1913 年）、恒顺栈（1908 年）、会发厚（1917 年）、益兴福（1916 年）、利发永（1917 年）、天合发（1918 年）、源茂东（1919 年）、品胜厚（1914 年）、永和升（1918 年）、天兴庆（1917 年）、同和泉（1912 年）、瑞兴隆（1919 年）、永发栈（1912 年）、长发高（1912 年）、公济成（1915 年），粮业商号有福德厚（1918 年），典当业商号有永益当（1915 年），酒铺商号有振发永（1918 年），药局商号有延益堂（1912 年）、复春堂（1917 年）、东亚生（1914 年），粉房商号有合顺永（1918 年）、福兴合（1918 年），银楼有万泉成（1909 年），制酒商号有兴源烧锅（1916 年）等。① 漠河县有杂货商号永太和（1913 年）、利盛永（1916 年）、义兴东（1929 年）、世昌太（1931 年）等。呼玛县有百货商号东永茂（1912 年）、三盛号（1914 年）、同聚盛（1924 年）、双合成（1931 年）、福太永（1928 年）等。呼玛县金山镇有百货商号东顺和（1913 年），药业商号同益堂（1914 年）、义和福（1918 年）、万太盛（1921 年）、东兴合（1922 年）、

---

① 孙蓉图修，徐希廉纂：《瑷珲县志》卷 2，1920 年铅印本，第 35 页。

近代东北地区商号的发展与时局应对

夏兴昌（1923年）、震昶号（1928年），糕点商号福顺斋（1931年）等，湖通镇有百货商号大兴号（1926年）、庆丰号（1927年）、同记号（1931年）等。

黑河市作为中俄通商口岸和黑龙江中上游交通要冲发展起来，1909年有烟酒商号东盛隆、杂货商号合泉福，1910年有杂货商号兴顺和，1911年有绸缎布匹商号和盛永、洋铁铺商号全兴和、药铺育生堂等。民国后期，瑷珲县的政治经济中心移至黑河市，1918年黑河市商号达到185家，1931年达到224家。如杂货商号有合义成、恒裕、福盛义、源聚兴、新盛东、庆合涌、玉丰恒、和义永、新庆发、合泉福、同义永、东顺利、福泰义、双和德、晋和长、永顺兴、德顺成、永泰祥、永盛兴、利成号、公兴隆、德聚盛、兴顺和、恒泰、永和义、晋泰公、庆慎号、德聚庆、福盛利、庆丰合、福来顺、义成庆、和顺公、义盛兴、万发和、和记、福和永、东发福、同成永、义生庆、同合盛、义顺恒、万泰恒、三义永、信义隆、东发隆、瑞兴祥、洪顺永、三义利、东兴成、双盛东、全兴瑞、广和成、同聚盛、和聚东、同合利、洪昌盛、东兴盛、德聚隆、德聚和、源茂恒、同兴顺、德聚昌、德盛魁、同发合、元生利、德兴永、同增利、永兴长、吉泰来、信兴成、泰恒公、复兴楼、双盛泰、福增隆、兴太永、复顺兴、源盛号、福隆祥、兴顺和、和聚永、和顺福、福顺兴、同合盛、志诚号、义增盛、祥聚永、成顺号、义兴德、万富和、万义丰、双合盛、祥聚永、益盛公、协盛和、福顺德、华盛泰、同增祥、庆兴和、福聚祥、裕兴东、瑞庆祥、福丰厚、宝兴永、双盛和、德生祥、益增长、东盛隆、同义涌、锦兴园、广兴顺、同盛源、全兴和、三兴福、福兴祥、长兴斋、同益斋、仙露居、鸿顺居、春芳居、同茂盛、万兴茂、永盛泉、裕兴源、德裕号、顺太居、福聚广、源增永、丰泰昌、聚英楼、东发成、双兴利、万庆恒、天增裕、公盛福、义盛昶、福顺庆、福顺祥、和顺永、义增永、天昌太、广太兴、源兴泰、东发恒、祥记、东和兴、恒祥利、万源和、德发增、庆德堂、育生堂、同春堂、保兴隆、福和堂、助寅堂、惠生祥、明德堂、永合成、福合东、恒顺涌、恒升庆、裕华楼、仁合公、裕兴楼、义合庆、永合盛、聚发

· 30 ·

第一章　清末民初东北地区商号的兴起与发展

号、广兴发、福庆和、胜记、通济当、内全胜、永顺彩、瑞盛太、和顺福、元生永等。① 由此可见，东北地区商号在城市、农村甚至边疆地区都有很好的发展。

二　商号的经营行业及发展规模

东北地区商号经营的行业广泛，是和人们的生产、生活密切相关的。如清末长春市商号经营行业有保险业（27家）、饮食店业（80家）、旅馆业（42家）、整妆业（48家）、钱庄业（30家）、典当业（27家）、银行业（8家）、广告业（1家）、杂材制品贩卖业（117家）、杂货业（210家）、教育用品贩卖业（14家）、交通用品贩卖业（5家）、饮食品贩卖（21家）、服装用品贩卖业（69家）、木草藤竹品贩卖业（46家）、农产品贩卖业（74家）、林业品贩卖业（45家）、畜产品贩卖业（24家）等。② 民国初期，长春市商号总计1200余家，③ 经营各行各业。银钱商号有长庆丰、益发合、东发合、发记钱，义昇盛、会成源、万发金、金发合等，绸缎布匹商号有天合庆、兴顺公、祥顺德、同和号、玉茗魁、兴隆号、涌巨号、兴长恒等，兼营绸缎、银钱、当铺商号有顺升合、公升合等，兼营银钱、粮食商号长升合、洪发合等，兼营粮店、油坊商号有会成栈、万发兴、广盛店等，京货店有和春福、万发源、同和堂、云升堂、宝和堂等，兼营布匹、烧锅、油坊商号有世巨涌等，铁店有兴发祥等，粮店商号有万兴栈、三盛栈、发记栈、裕昌源、公升长等，五金行业的商号有郑发炉、信义炉、新发炉、双合福、白盛福等。吉林市除打铁铺、制铜铺、鞋帽铺、木匠铺商号外，还开设钱铺、书铺、店行、杂货铺等，最大的"升"字号商号共有30余家，兼营烧锅、杂货、木器等行业。黑龙江省拜泉县商号经营的行业有粮栈、染房、木匠铺、篓铺、杂货店、书坊、车铺、罗圈铺、洋货店、山货店、磁铁铺、估衣店、银钱

---

① 孙蓉图修，徐希廉纂：《瑷珲县志》卷2，1920年铅印本，第43页。
② 《商号概况调查表》，吉林省档案馆藏。全宗号：J105-13-0625。
③ 中国银行总管理处编印：《东三省经济调查录》第1册，1919年，第210页。

· 31 ·

近代东北地区商号的发展与时局应对

行、药店、官盐店、糕点铺、茶庄、梨窖、黄酒馆、醋酱房、糖房、屠铺、锡匠铺、洋铁铺、首饰楼、钟表铺、石印局、成衣铺、绳麻铺、澡堂、旅馆、车店等44种行业，① 呼兰县商号涉及行业有货庄、粮行、盐行、煤行、铁行、磁行、绸缎行、洋货行、山行、鱼行、药行、木行、布行、染行、织行、席行、酒铺、漆行、皮行、油行、磨坊、书铺、肉行、糖行、棺箱嫁妆行等，② 双城县商号涉及种类繁多，有当铺、丝房、钱铺、药铺、粮栈、金店、烧锅、杂货铺、油坊、旅店、染坊等110种。③ 可以说，东北地区的各行各业都有商号的经营。

根据辽宁省同业公会（各行业商号形成的商业团体）统计，沈阳市商号经营行业及商号有：糕点（益源斋、颐香斋、新鼎丰、广昌合、大吉祥、新稻香村）、建筑（田先公司、合顺东）、面粉（天和祥、洪兴栈、裕成德、利汇栈、永和兴、永和庆、中兴盛、恒西栈）、钟表眼镜（惠发斋、吉盛斋、源顺东、庆云斋、增顺长）、中药业（天益堂、春和堂、同和堂、同益堂、宝和堂、延生堂、广生堂、万育堂）、帽业（庆丰润、同升合、福升元、聚兴厚、大有恒、同丰元、义和公）、皮革（广发德、春发钟、景兴和、义兴长、华兴、万志和、振华兴）、山货店（同昌泰、北达恒、豫德顺、顺兴鸿、永庆源、裕顺和、隆胜合、广玉公）、纸烟（天和福兴记、公益北祥记、至顺原、振兴隆、永盛兴、福庆长、福记栈）、牛羊业（常记锅房、成记锅坊、广记、文记、富永生、宝记酒坊）、粮业（东昌、天泰号、增元长、同义隆、汇泉长、同仁恒、天成隆、中和成）、货业（世成庆、裕元和、泰记、义泰长、万仁恒、锦泉福、永和久）、批发杂货（恒聚成、同顺合、永顺祥、春发长、恒发成、德顺成、永兴和）、白酒（东兴泉、万隆泉、永隆庆、义盛泉、永隆源、丰泉湧、永兴海、聚隆泉）、古玩（铭古斋、德瑞祥、墨古斋、振古斋）、茶叶（正隆号、俊大茶栈、中和福、中和祥、兴隆、同德泰、大隆祥、

---

① 张霖如修，胡乃新纂：《拜泉县志·经政志》卷3，1919年铅印本，第16—18页。
② 廖飞鹏修，柯寅纂：《呼兰县志·财政志》卷5，哈尔滨新华印书馆1930年铅印本，第12—14页。
③ 高文垣等修：《双城县志》卷9，1926年铅印本，第28—31页。

第一章 清末民初东北地区商号的兴起与发展

广源俊)、铁店（和盛长、久恒东、广聚源、福泰义、永盛公、裕盛和、广合源、德顺成）、芦盐（恒盛东、久盛号、益和胜、鸿胜兴、三义涌、义和公、同益长）、西药（文雅济、大盛晋、大德生、五洲大药房、文阁东院）、煎饼磨坊（兴饼铺、恒裕成、永盛泉、宝兴泉、同义成、德发、祥顺）等行业。

还有鲜货业（顺发盛、庆元合、益泰隆、顺发盛、同德新、同泰兴、天泰长）、钱业（德兴阁、义兴泰、同盛轩、东盛兴、东茂盛、龙兴、德增厚、聚合成、金元公、济东钱号、峻源隆）、山海杂货业（广德昌、富顺成、协顺东、聚隆和、德昌永、义顺成）、货业（正合、裕顺福、久盛号、增顺源、玉德成、义合顺、裕震东、东和成）、木业（合盛泰、吉隆庆、四兴号、原记、德兴家）、饭店业（明湖春、福庆园、永发园、四海居、天汇园、东海楼）、当业（世合公、德原当、永和当、广合当、同义当、东丰当）、皮业（永源昌、原记、东庆达、义合发、永隆发、协增德、福胜居、协盛发）、鞋业（大新成、大兴俊、大陆新、同发成、内宏升、内金生、广德全、鸿升玉）、杂业（仁义和、义顺和、宝聚成、成记、同盛和、长发祥、宝成家、合发隆）、绸缎业（增发钰、和发东、美伦新、亨利顺、成记、德庆云、和发家、发记、信丰）、铁工厂（福盛城、德兴家、华兴原、万盛、万顺、全义、永业）、文具印刷业（益顺兴、同大、福升堂、同仁山房）、书业（文盛堂、广益）、猪业（德恒春、普云楼、普云斋、普云东、德茂斋、公义合、峻兴长）、煤炭业（福记、人合久、馀和同、福振东、裕昌源）、铜锡业（兴顺东、玖泰房、诚炉、诚东方、双和兴、升生成）、香油坊（金生泉、永聚丰、永丰久、广发长、正泰恒、公和泉、久记）、金银首饰业（萃华、裕源公、广源长、世兴铭、顺和永、万顺堂、增盛和、恒泰、义兴泰）、纺织业（原生福、至诚永、瑞诗开、震泰东、聚成永、长顺合）、丝棉杂货业（同义合、天合东、兴顺号、吉顺昌、谦祥泰、吉顺丝房、天合利、裕泰盛）、照相业（泉真、天光、华兴、新华、华泰）、糖果业（泰山永、天利东、老茂生、春生茂、聚兴长、德茂盛、长发德、华威东）、服装业（天和、奉泰栈、汇丰栈、聚隆栈、大有栈、泰山、曾开栈)、石业(新发盛石铺、顺发和、双发石铺、裕发、祥发、万发)、香烛胰碱(晋华、永和记、真光、恒成泰、同福润、恒兴永、天庆鸿、瑞光、福泰长)、上杂货(北华、东来德、德兴东、东德昌、永顺成、裕庚德)、转运(福源昌、原德栈、天泰长、天泰栈、悦来长、恒庆永、永德厚)、果品(公益和、聚发合、祥泰恒、德泰合、万顺发、德盛发)、白铁(鸿庆长、双义和、大亨东、德盛福、同兴成、天兴德、双兴永)、酿造(永华星、泰和昌、大吉顺、裕泉)等,① 涉及行业五十余种。民国时期大连市商号经营当铺(泰发合)、烧锅(义顺合,鸿盛源)、粮店(万增福、公源达、广和成、双发永、永盛栈、广升栈、广聚永、聚合栈、恒升福)、洋杂货铺(广祥泰、广恒德、广发源、居安长、广盛兴、玩聚兴、万发合、恒兴成、兴发公、福兴顺)等达几十种行业。② 可见,东北地区的农产品加工业、百货业、服务业、金融业等服务于人类生产和生活需要的行业都有商号经营,足以证实商号涉猎行业广泛。

　　东北地区商号整体发展规模庞大,各地商号众多。如《奉天通志》列表商号共9077家,包括钱业、金店、丝房、京洋货、山海杂货等120多个行业。1907年辽中县有烧锅、油坊、杂货商、当铺、药房等商号1740家。③ 1919年,沈阳市有商号3000余家,1924年增至6000余家。营口、安东、大连、哈尔滨、长春等城市的商号都在千家以上,就是普通中小城镇也有数百家或几十家之多。清末锦州市杂货、丝房、油坊、药铺等商号达1500余家。《新京商工名录》记录了长春市已有商号3349家,经营百货店、洋杂货、靴鞋、帽子等80多个行业。民国初期,长春市商号总计1200余家,④ 其中银钱号30余家、当铺4家、烧锅4家、杂货行20余家、粮栈30余家、豆腐坊

---

① 《辽宁省城各商号设立同业公会及章程、会员册》,辽宁省档案馆藏,全宗号:JC010-01-003635。
② "泰东日报社"编印:《(关东州内)满人商工案内》,大连档案馆藏,全宗号:C1100。
③ 徐维淮修:《辽中县志》卷26,1930年铅印本,第28—32页。
④ 中国银行总管理处编印:《东三省经济调查录》第1册,1919年,第210页。

27家、金银首饰18家、理发业11家、浴池4家等。①

根据《哈尔滨指南》及《大哈尔滨》记录，哈尔滨市商号有1368家，涉及油业、火磨、银行、粮业、金店、杂货等60多个行业等。② 1910年，佳木斯有京杂、布匹、杂货、粮栈等商号共计26家，1913年增至40家，1928年达224家，1931年增至266家，可见商号发展规模日趋渐大。1914年，巴彦县商号达到316家。1920年，牡丹江商号发展到20余家，到1930年发展为190余家，③ 其中有三益隆、益成永、公济号、恒盛泰等。④ 1926年，拜泉县商号增加到729家，1929年，宾县商号发展到577家等，1930年，依兰县商号已发展到900余家，"九一八"事变前，宁安县商号发展到763家。1939年，大连共开设4409家商号。此外一些地处偏远的小县城商号发展规模也很大，如1919年方正县有100余家，⑤ 1913年木兰县有158家等⑥。

东北各地商号不仅整体规模越来越大，而且各行业商号发展规模也日趋壮大。黑龙江省棉纺业商号发展规模越来越大，1900年哈尔滨市有永兴斋棉布杂货店，1906年陆续开业的有义昌信、福丰号、广兴和、聚丰合、同义庆、同发隆等共38家，1922年增加到65家，1931年已达到155家，其中义顺和商号有70多台织布机。1917年，哈尔滨印染业商号有裕盛、振兴、洪利记等，1931年发展到60家。民国初年，讷河市各行业商号发展规模都很大，如杂货28家、油坊6家、粮米业12家、成衣铺8家、旅店12家、铁业9家、木器制作业8家、屠宰业10家、药业12家、剪发业9家等。⑦ 1930年，五常县

---

① ［日］河岛长作：《长春商工人名录》，1922年，第61—67页。
② 殷仙峰：《哈尔滨指南》，东陲商报馆1922年版，第27—36页。
③ 宋树清：《牡丹江市工商沿革简况》，载政协黑龙江省牡丹江市委员会文史资料研究委员会编《牡丹江文史资料》第5辑，1989年，第7页。
④ ［日］长永义正：《大连经济要览》，"大连商工会议所"刊行，1939年版，第121页。
⑤ 方正县志编纂委员会编，杨步墀纂：《吉林方正县志》，方正县政府1919年版，第36页。
⑥ 木兰县志编纂委员会编：《木兰县志》，黑龙江人民出版社1989年版，第172页。
⑦ 崔福坤修：《讷河县志》卷10，1931年油印本，第379—386页。

近代东北地区商号的发展与时局应对

烧锅、当铺、粮业、碱业、油业、布店、杂货铺、京货庄等行业商号共有347家，1934年烧锅商号资本额在两万元以上的有会增东、公兴和等，面粉商号资本额在一千元至一万元之间的有德成永、兴记、庆和粮栈、万发隆、洪发祥、福生、会增久、谦义信、同聚和、东兴德、同兴太、义圣源等。东北地区蚕丝业商号也有很大发展。安东市1928年有33家商号，总机数有12210台，每天可以柞丝5117斤，一年产丝总额为682200斤，值银2497815两。① 1921年至1929年间，安东市新设柞蚕商号有德记、政源号、恒发、泰昌、鸿聚永、东记、玉顺成、复昌茂、广聚永、泰昌盛等。长春市旅店业商号发展规模也日趋渐大。清末时有广顺店、广益栈、顺升合、永横升、天合店、涌巨栈、永恒德、同兴店"八大店"，资金雄厚，多者四五十万吊。1912年，长春市旅店业商号有了新发展，出现了有名的公开长、广顺太、广益栈、广运店、广盛店、益发和、庆升店、广隆栈、同义店、大通栈等"十大店"。"九一八"事变后，长春市旅店业商号达到160家，② 较大的有悦来栈、福顺栈、日升栈、裕长栈等。可见东北各地的不同行业商号都有很大程度的发展。

商号个体规模也在发展过程中越来越壮大。如佳木斯从业人员在10人以上的商号有27家，福顺泰从业人员为69人，资金达13万元。福顺泰与福增庆、义兴东、福祥泰、福顺兴、同兴合、公利源、同义合并称"八大家"。牡丹江益成永商号发展到拥有店员20余人，年经营额达到上万吊③。1904年前后营口的银炉商号众多，资本额在白银三万两以上的有鸿盛利、裕盛长等，在两万两以上的有世昌德、会通锦、永惠兴、协兴宏、庆丰号、志发合、恒有长等，资本额在白银一万两以上的有天合瀛、义盛德、裕盛源、天合益等。④ 可见，商号的

---

① 陈隽人：《安东灰丝之研究》，《中行月刊》，1930年第5号，第21—23页。
② 陈振庭：《长春市的旅店业》，载长春市政协文史委员会编《长春文史资料》第1辑，1986年，第138页。
③ 吊，又叫作"贯"，1吊钱一般指1000文。
④ "关东州民政署"编纂：《满洲产业调查资料（商业、制造业）》，"金港堂书籍株式会社"1906年版，第975—976页。

第一章 清末民初东北地区商号的兴起与发展

个体规模发展也很大。商号还根据规模大小进行分等，如长春市磨坊商号分为三等，一等磨坊（6盘机器）有公升合、涌发合、万德勇、万发合、万发兴、永顺长、增升栈等；二等磨坊（3盘机器）有庆升样、庆发长、同发油、富有成、日升合、德增长等；三等磨坊（2盘机器）有福源长、德盛东、顺发兴、永和发等。①

随着商号规模的发展，其个体盈利额也不断增加。民国以后哈尔滨商号大都获利丰厚，如"杂货商号义合成利润最大，获利二十五万卢布（当时在哈尔滨流通俄国纸币）；其次是顺和裕获利十八万卢布、阜升祥获利十六万卢布、公和利获利二十四万卢布、东兴恒获利三十万卢布、天丰源获利二万卢布、永德堂获利十七万卢布、双合盛火磨商号获利六十万卢布、丰顺获利五十万卢布、东亚火磨获利四十万卢布、成发祥获利四十五万卢布、远大油坊获利二十五万卢布、中和盛获利二十万卢布、广源盛获利十九万卢布、福裕和获利十五万卢布；钱行商号谦发合获利二十万卢布、益发合获利二十二万卢布、金发合获利十八万卢布等"②。1926年，绥化地区各商号获利丰厚，"粮业商号庆和长获利纹银四万两，庆昌店获利二万六千元，永发盛获利三万元，大成栈获利一万元，东兴合获利一万三千元；钱庄商号复发合获利四万元，极元亨获利三万元，永源隆获利二万五千元，大兴厚获利一万元，成发厚获利六千元，福德成获利六千元，福源隆获利一万四千元；洋货庄商号维发永获利二万元，福发永获利一万七千元，元兴合获利一万元，梨窖商号同义合获利四万元，天增永获利一万元；澡塘商号新江泉获利市钱一百五十万吊，德江泉获利二百五十万吊，义盛泉获利一百三十万吊；烧锅商号裕祥和获利二万二千元，永和太获利二万元；酱园商号兴隆久获利一百五十万吊，鼎和九获利十万吊，同义获利七千万吊"③ 等。孙家台（盘锦市盘山县）的东永茂代理中外巨商购买粮食，获利甚厚，1929年三年账期东伙分劈红利，

---

① ［日］渡部奉纲：《长春事情》，"南满洲铁道株式会社"1932年版，第176页。
② 《工商营业之状况》，《盛京时报》1917年2月9日第5版。
③ 《商业获利》，《盛京时报》1927年2月17日第5版。

近代东北地区商号的发展与时局应对

"每股分现大洋四万多元,赠送伙友等奖励不下四万元,每名褒奖最多达现洋千元"①,可见其盈利之丰厚。

1921年,营口各行业商号每年获利也很大,如"油坊商号日新昌、东永茂获利十二万两,杂货商号和泰昌获利十万两,银炉商号永惠兴获利八万两,大屋子商号永鉴兴获利八万两,东记、兴愁福等数家商号获利丰厚,其他各商号获利二、三万"②。大连普兰店油坊商号最兴盛时期有数十家,如锦元同、德兴泰、益昌公、顺盛德、源恒聚、宝生、天和利、广增福、和兴益、德兴东等,1921年,这些油坊商号生产"豆饼共计五十九万七千片,价值一百零八万九千元,豆油共计二十二万斤,价值为二十七万元"③。1927年,营口油坊有二十余家,其中"世昌德制饼四千片,日新昌制饼八千片,东永茂制饼八千片,西义顺制饼二千八百片,裕兴盛制饼五千片,厚发合制饼六千五百片,同兴永制饼二千五百片,兴懋长制饼四千五百片,兴源长制饼二千片,天生厚制饼六千片,振德制饼二千片,义昌慎制饼七千片,鸿兴长制饼二千五百片,同兴永制饼一千片,利丰德制饼三千片,宏昌厚制饼二千片,源成兴制饼二千片,玉庆油坊制饼五千片"④。可见此时期商号生产规模之大,获利丰厚。

有的商号在当时发展极为兴盛,成为当时人们的口碑商号。如同记就是哈尔滨地区家喻户晓的著名商号。1920年又开办了哈尔滨第一个新型商店——大罗新,装修洋门脸,大玻璃橱窗,竖立金字牌匾,室内有电梯、陈列橱和电动模特儿等。商品陈列按照外国百货布局,商品明码标价,首次使用带有大罗新商号的套色包装纸,吸引顾客。1928年,同记成为拥有同记商场、大罗新环球货店、同记工厂、巴彦同记分店、齐齐哈尔同记分店等十多个以商兼工的商号联合体。还有哈尔滨的天丰涌山海杂货商号在1921年经营规模和交易额都有所扩大,供货涉及十几个省市和地区,经营品种达300多种。1918

---

① 《东永茂分劈红利》,《盛京时报》1929年3月7日第5版。
② 《各巨商获利数目》,《盛京时报》1922年2月8日第5版。
③ 《普兰店油坊业》,《盛京时报》1922年3月30日第4版。
④ 《各油坊制饼详数》,《盛京时报》1927年5月12日第4版。

年，大连天兴福商号已在长春、哈尔滨、大连等地相继创建天兴福第一、第二、第三、第四制粉厂，成为拥有千万元资产的天兴福资本集团，堪称东北地区火磨、油坊的大亨。20世纪初，营口东永茂油坊依靠独特的运营策略使其"由原来五台机器扩充到二十台，营业人员增加到二百多人，每日出饼增加到两千二百块"①，成为东北地区首屈一指的大商号。

还有的商号发展规模壮大，实力增强，一直发展成为现在的"老字号"。如沈阳的萃华金店始建于1895年，以经营金银首饰为主，兼营金银条宝、珠石钻翠等。其产品工艺精美，买卖公平，坚守信誉，在金银成色上，一直保持着国际质量标准。而且通过在其他城市设立分号，扩大营业，影响扩大到整个东三省。"九一八"事变后，萃华金店营业状态良好，"每年获利都不下十万元现大洋"②。伪满时期被迫停业。1948年11月后，萃华金店重新开业，仍沿用和保持以往的经营策略，继续发扬技艺精湛、讲求信誉的传统，所制金银首饰达到国际标准，营业越来越景气，深受国内外人们欢迎。2006年被商务部授予"中华老字号"。类似这样的商号还有沈阳的内金生鞋店、中和福茶庄、天益堂药店等，长春的鼎丰真糕点等，吉林市的李连贵熏肉大饼等，哈尔滨的世一堂药店、正阳楼饭店等，其悠久的发展历程和经营特色成为东北地区商号的文化精粹。

---

① 宋奎武、白英林：《记东永茂油坊》，载政协辽宁省营口市委员会文史资料研究委员会编《营口文史资料》第4辑，1986年，第76页。
② 赵瑞馥：《闻名东北的萃华金店》，载政协沈阳市委员会文史资料研究委员会编《沈阳文史资料》第6辑，1984年，第70页。

第二章 民国时期东北地区商号的变革

近代以来,资本主义生产经营方式侵入中国,冲击了延续几千年的传统商号组织,封建传统商业开始向资本主义新型商业演变的过程中。"传统商业衰落有的源于国内近代资本主义生产方式兴起和旧式手工业衰落,有的与新产品出现、生活的变化和社会的进步有关。"[①]东北地区商号在从传统经营方式"东伙制"向现代化"公司制"演变的过程中,因纷繁复杂的社会环境,并未出现明显的界线,而是二者并存了一段时间。东北地区商号在发展变革中有坚守,有嬗变。所谓坚守是坚守独特的经营技术、经营理念等,传承旧式经营体制和管理方式,最大限度地保持传统经营风格;所谓嬗变是在保留自身的独特之处外,采用西方资本主义经营管理方式,根据市场变化进行制度、技术及产品、服务质量的革新,以适应社会的发展和变化。

第一节 经营体制的变革

一 资本来源的变化

考察东北地区商号的嬗变首要考察商业资本的变革。传统商号沿袭着中国几千年的家族式生产方式,实行的是封建家族、亲友、同乡关系基础之上的合伙制度、学徒制度以及伙计制度,我们称之为"东伙制"。这种体制下的商号一般都是以独资形式存在着,如宝清县的

[①] 吴慧主编:《中国商业通史》第 5 卷,中国财政经济出版社 2008 年版,第 369 页。

永盛东、公合昌①等。其资本来源于家族、戚友、同乡的集资，负有无限责任、破产连带责任等，所以常常会出现商号破产连累到父兄叔伯的现象。在向近代变革过程中，传统商号出现了不同程度的资本主义因素，开始出现合资商号，如绥化县的永和顺、天合泰等都是合资杂货商号。② 20 世纪初，商号组织形式出现了较大变化，虽然以家族血缘关系维系的商号仍占多数，但商业股份公司已在各地纷纷诞生。1903 年，清政府实行"新政"，仿照西方制度编订了《公司律》，对商号的组织资金、经营管理、盈亏责任进行了规定。1914 年，北洋政府农商部颁布了"公司条例和施行细则"，从而完全确立了近代企业制度，定义公司是"以商行为业而设立之团体"，明确了其法人地位，此后中国各地大型商号一般都实行了公司制。

东北地区商号分为旧式与新式两种形式，旧式商号是按传统经营方法组织，新式商号则按照公司条例组织。新旧商号一个重要区别是商业资本的来源不同。传统商号是依靠合伙人筹措资金，而新式商号在资本组织上采取股份有限公司形式，通过发行股票筹集资金，即分股集资方式，凡是想参加股份分红的人，只要出资购买一定的股份即可，这种股份制经营体制不仅降低了破产风险，而且更有利于商号把分散的单个资本集成巨额资本，筹集资金做大买卖。如哈尔滨同记建立股份有限公司后，"鼓励和吸纳自己的员工滚存入股"③，成为商号的股东，不仅使员工参与了商号管理，提高了他们工作积极性，而且也为商号发展吸纳了更多的资金，使商号的资本积累得到了保证。大连政记商号改组为政记轮船股份有限公司后，规定"股份总额定为银元一千万元，作为十万股，每股银元一百元"④，鼓励更多的人购买股份以达到集资经营商号的目的。长春商号益发合、玉茗魁等先后改组为股份

---

① ［日］寺岗健次郎：《三江省宝清县事情》D 第 3 号，"满洲帝国地方事情大系刊行会"1936 年版，第 65 页。
② "滨江省绥化县公署总务科"：《绥化县一般情况》，"滨江省绥化县公署"发行 1938 年版，第 335 页。
③ 《呔商之路》编写组编：《呔商之路》，中国社会科学出版社 2010 年版，第 62 页。
④ 王树楠、吴廷燮、金毓黻等纂：《奉天通志》三，东北文史丛书编辑委员会 1983 年版，第 3765 页。

有限公司，成立董事会发行股票、吸收资金、决定资金运用等重大问题，改变了传统商号领东掌柜①的独揽大权的局面。长春裕昌源商号"以其火磨全部财产折合现大洋二十五万元"，成立股份有限公司，实行股份制后规定"各股东共认五千股"②，这样使其更好、更快地筹集大额资本，加快资金运作速度，有利于商号扩大营业范围和经营规模。

二 资本分割的变革

传统商号在盈利后进行资本分割时仍采取封建式办法，将地租、商业资本、高利贷三者融在一起，仍把"以末起家，以本守之"作为经商理念，即先以地租为资本经营商业，所获利润购买房屋和土地，增加地租收入，实现地租和商业资本的辗转增值。如长春益发合商号除了兼营烧锅、油坊外，还有房屋500余间，土地50顷。可见，传统商号在积累了一定财富以后多是转为地主或高利贷者。长春益发合商号还通过农产品预购和商品赊销等手段，在结账后，商号东家（即出资人）、西家（即掌柜、伙计学徒等经营者）都提走所有红利，仅留下商号初设时的投资金额，资本积累并未增加，这种资本分割方式使得传统商号不能持久地发展。新式商号则不同，它们把商业资本部分变换为产业资本，即商业盈利资本分割由传统商号的单项资本转向新式商号的多项资本，从而将货币资本转化为产业资本、积累扩大再生产的资本以及职工福利资本。如奉天肇新窑业股份有限公司"每次结账除去营业费外，从净利中先提十分之一为公积金，余照九成分配"③。而且新式商号实行股份制后，将资本分股出售，作为吸收资本的经营

---

① 掌柜有两种：一种为领东掌柜，领取东家的资本，代表东家创办、经营企业，非因企业亏损，东家不能任意辞退；另一种是普通掌柜，由东家任用来管理店务，东家认为不合适，可以随时或在年终辞退。掌柜不拿工资，一般按"钱七人三"的比例参加分红。掌柜大多是从本店内年资较高的店员中提升起来的，与店员往往有师兄弟和师徒关系，双方在分配上又有某些共同的利害关系。因此，掌柜通常又被看成店员的代表，被统称为西家，与东家相对称。

② 《裕昌源制粉有限公司股东名簿，裕昌源改组报告书》，吉林省档案馆藏，全宗号：J101-20-0414。

③ 《奉天肇新窑业股份有限公司章程》，辽宁省档案馆藏，全宗号：JC010-01-003194。

手段。如长春裕昌源商号于 1924 年在哈尔滨设面粉厂，称为裕昌源哈尔滨分号。裕昌源原资本总额 150 万元，资本认定 15000 股，已缴足第一期股款 75 万元，后来与哈尔滨裕滨火磨合并，其股东认 5000 股，成为裕昌源第二制粉厂。1928 年，裕昌源改组为股份有限公司后，"股本现大洋 200 万元，作为 2 万股，每股 100 元，分两期缴纳，股息（即官利）周年 6 厘"①。还有的商号更倾向于把自己的盈利用于扩大经营规模或投资于其他产业，这也就使新式商号更加容易形成规模。如同记商号不仅有自己的同记工厂，还建立了同记商场以及大罗新百货商店，使自己的产业资本起到互相补助的作用。

三 商业利润获取方式的演变

新旧商号的不同点不仅体现在规模大小、雇佣人数多少不一等方面，如新式商号不再是小规模、家店不分、家人帮同经营的旧式作坊，而且更集中体现在其取得利润的来源不同方面。传统商号具有浓厚的封建人身依附关系，往往是凭借封建势力与高利贷资本，通过农产品预购和商品赊销等手段，通过不等价交换，以贱买贵卖为手段剥削农民、小生产者和消费者而获取利润，并把商业剥削和高利贷剥削结合在一起，以地租、商业资本、高利贷三者结合的商业利润获取方式，最终实现将财产平均分配给子孙后代的目的，这是"狭隘的小农经济观念遗留的体现"②。而且大多数旧时商号实行学徒制度以及伙计制度，用封建人身依附关系剥削商号职员。新式商号经营规模普遍较大，采取股份有限公司形式，而且是以股份生息的方式赚取利润，即以商品销售利润获取商号利润，而非依赖榨取劳动者的劳动力。如长春大通酱园于 1928 年改组为大通酱业股份有限公司后，公司章程中规定，"专以制造酱油及各种酱货为营业，资本总额定为现大洋 1 万元，共 200 股，每股 50 元，公司股本按年 1 分 5 厘生息"③，以此

---

① 《裕昌源制粉有限公司股东名簿、裕昌源改组报告书》，吉林省档案馆藏，全宗号：J101 - 20 - 0414。

② 李俊源等编：《中国商业史》，中央广播电视大学出版社 1985 年版，第 251 页。

③ 《长春大通酱业股份有限公司章程》，吉林省档案馆藏，全宗号：J101 - 76 - 1849。

为商号积累大量商业资本。新式商号是以商人雇工制的资本主义生产关系为基础，商号雇佣店员人数也大为增加，商业利润主要依靠产业资本赚取的工人生产的剩余价值的部分转让，也就是说商业利润不是来源于贱买贵卖，而是通过购销差价来实现的。新式商号的职工有了雇佣劳动者的地位，商号对职工的榨取主要依靠经济手段。新式商号利润最大获得者仍为资本家。如 1905 年，张本政、张本才二人创设政记轮船合资无限公司，① 1920 年，又改组为股份有限公司，并在财产清算书载明，"张本政股本大洋六万元，应分余利大洋二百五十万元，张本才股本大洋六万元，应分余利大洋二百五十万元，以十二万元之股本，而获余利达五百万元，超过股本四十余倍"②。其资本家获利丰厚。由此可知，新式商号在商业利润获取方式上具有丰厚性的特征，追求最大剩余价值。虽然新式商号在现代体制变革方面有了很大的进步，但也凸显了其资本本性，在社会发展潮流中仍扮演着追求最大利益者的角色。

第二节　管理机制的变革

一　组织机构和人员关系的变化

东北地区商号一直处于新旧两种经营形式并存的局面，始终没有整齐划一的经营管理方式。有些地区传统商号经营管理方式一直居于主导地位，传统商号内部等级森严，具有浓厚的宗族、乡土色彩以及封建性特征。商号内部组织管理大都是从属关系，具有简单灵活、统一指挥等特点。商号内成员一般按照身份和职责分为四类，即财东、掌柜的、伙计、学徒。财东即出资人，俗称东家；掌柜的又称经理人，是商号经营的核心人物，商号业务执行最重要的人物；③ 伙计从

---

① 交通、铁道部交通史编纂委员会编辑发行：《交通史航政篇》第 1 册，1931 年，第 321 页。
② 《答政记轮船公司》，《航海杂志》第 2 卷第 3 期，1936 年。
③ "满洲事情案内所"编：《满洲商业事情》，"满洲事情案内所"1936 年版，第 96 页。

事商号内的庶务,听从掌柜的指挥;学徒也叫学买卖的、年轻的,负责商号内杂役。他们多存在乡土、亲友、师徒的关系,如长春玉茗斋、玉茗魁、玉茗顺的学徒大多是河北昌黎、开滦、乐亭三县人,往往与掌柜的沾亲带故。长春泰发合商号内部强调从业人员之间的乡土、师徒关系,实行"身份子"(即"人股")制度,宣传传统的商业道德,下对上要"忠心耿耿",上对下要"推功揽过",绝对不能"坑东灭伙",对外则是"热情服务""信誉第一"。[①]掌柜的和伙计往往有师徒之谊,在收入分配上也有某些共同的利害关系,因而人们往往把掌柜的看成伙计的代表,通称为"西家",以与"东家"(财东)相区别。学徒在商号内部成员中处于最底层地位,进店时大都是十三四岁的孩子,商号招收学徒大都需要有熟人介绍甚至要有担保,还要签订合同。他们通过"带有封建等级色彩的职务分类、内外有别的任用方式、高级职员的含混称谓、师徒地位、人力股等方式,把这种对立的劳资阶级关系掩饰成为地域或亲戚关系、师徒关系、合作关系等"[②]。但他们将来可能成为该行业的继承人,所以,商号在经营过程中还肩负着培养本行业人才的责任。

随着新式商号的出现和资本主义经营观念、经营方式的渗透,传统商号内部关系开始发生较大的变化,在封建关系的基础上出现了资本主义企业的某些特点。商号实行公司制后,实行按股分息的策略。商号的员工按民国时期公布的《商人通例》称为商业使用人,其定义为"从属于商业主人""助其营业者"。新式商号里的普通雇员大都还是沿用传统的称呼,被称为伙友,也叫伙计。伙友由商业主人或经理选用,承担日常业务性工作。职责是管账、管钱、站柜台等。新旧商号在生产关系上的差异主要表现为投资者身份和店员数量上的变化,旧式商号多为地主经营,因其内部关系而多称为"父子班""夫妻店"等,商号内部包括学徒在内,一般只有两三人或三四人。新式

[①] 孔令仁、李德征主编:《中国老字号》第6卷,高等教育出版社1998年版,第166页。

[②] 齐大芝:《近代中国商号内部结构的等级系统问题初探》,《北京社会科学》1994年第2期。

商号的投资者则不同，大多为新式商人，采用公司制度，其雇佣人员一般有十多人，甚至更多，并且打破了原有的雇佣体制，建立起了资本和劳动的雇佣关系，彻底改变了商号内部人员的生产关系。

二 财会制度、劳资关系等革新

（一）财会制度的改革

传统商号往往家店不分，东家个人及家庭费用也在商店开支，只设有一般进销账册。传统商号合伙经营关系形式的确定有四个方面内容，即"一合同；二红账；三流水；四保证"。如果没有合同，银股股东的身份也可以就其他各项证据而得到认定。"东凭合同，号凭红账"是传统商号的一般习惯。到了近代，有些地方的商号在开业之初，仍然不需要订立书面合同，股东之间的合伙关系是以相互之间的口头商议确定的，这种方式称为口头契约，各方的权益通过商号的账簿加以记载，完善一点的要在红账中订立几条禁则（即内部章程）。20世纪初，西方新式会计制度传入，1914年，民国政府颁布了会计法，新式会计制度得到推广，一些新式商号实行新式的复式簿记法，设有商品分户账册，每笔进销都有记录，业务情况一目了然，并且可以随时编出各种决算书，能够及时反映商号经营管理和业务盈亏情况，逐渐被广大商号使用。1937年本溪张碗铺废除了多年来使用的流水账，"推行商业簿记帐，实行财务会计审核制度"[①]。哈尔滨同记商号的财会制度是"每年年终结算一次，董事长按照商业帐簿目录（财产目录、贷借对照表、营业报告书表、损益计算书、公积金及盈利分配案）递交董事会议通过，每年度所得纯益分配为公积金百分之十以上，特别公积金、股东红利、董事及监察人酬劳金、干部赏罚金、后期滚存金等若干"[②]。这种财会制度的变革和进步，更有利于商号管理规范化，适应市场变化的需求。

[①] 《张碗铺史话》，载孙诚主编《本溪史话》，中国戏剧出版社2004年版，第146页。
[②] 政协黑龙江省委员会文史资料研究委员会编：《黑龙江文史资料》第26辑《武百祥与同记》，黑龙江人民出版社1989年版，第276页。

(二) 劳资关系、盈利分配的变革

传统商号的"东伙制"一般的惯例是由出资人商定出资额，按个人的出资比例分配股份（股本），然后订立合伙议据（合同），每年按股本额分配利润。新式商号推行"钱股（银股）"与"人力股"相结合的分股合伙制度，人力入股、参与分红成为越来越普遍的现象，人力股又称为顶身股。顶身股制度是近代中国商号具有特色的一种分配制度，主要有两个方面：一是资本家在出资开设商号时，对其聘请的经理（掌柜的）事先说明享有顶身股若干，双方以合同的形式规定下来；二是对进号工龄满几年以上的且没有过失的普通职工，即可由经理向股东推荐，经众股东认可，就将其姓名登记在"万金账"上，写明从何时起顶身股若干，就算有了该商号的股份。[①] 身股分配率有一定比例，如"大掌柜的一股或一股二厘，二掌柜的八厘或一股，三掌柜的五厘或七厘等"[②]，以确定各身份的利害关系。

旧式商号的店员没有固定的工资标准，主要收入是年终分红利，俗称"吃份子"（又称"分红"），规定只要有"份子股"、身份股的人，不管是否上班、商号是否盈利都可以参与分红利，往往利润也被他们分光，而店员工资所剩无几。这种分配制度不仅使店员的收入没有任何保障，而且加强了商号对店员的封建性控制。伴随着资本主义管理制度在商业企业中的渗透，固定工资制度逐渐推广。新式商号改变了封建家长制管理模式，在分配制度上，大胆改革了"份子制"，建立起先进的公司薪金分配制。如本溪市张碗铺商号对职员实行年度评定工资制，按月预付薪金，内部实行通账方式（即注账方式）和年终结账评奖（普通店员按一般规律，可得两个月薪金的奖），[③] 这一改革在当时的本溪地区很先进。1936 年，哈尔滨市同记商号实行公司薪金分配制，将年工资改为月工资，同记商号经理武

[①] 吴慧主编：《中国商业通史》第 5 卷，中国财政经济出版社 2008 年版，第 436 页。
[②] 《南满洲经济调查资料》1，载辽宁省档案馆编《满铁调查报告》第 3 辑，广西师范大学出版社 2008 年版，第 41 页。
[③] 醒夫：《记本溪湖的张碗铺》，载孙邦主编《经济掠夺》，吉林人民出版社 1993 年版，第 151 页。

百祥认为"若店员的贡献多而报酬也必须丰",同记商号的职员、工人工资开始"以凭实绩随时按3元、5元、7元、10元的额度晋升"①,根据店员劳动情况给员工增加工资,平均增加两成,贡献大者,增加得更多,并且规定月薪15元的工人可晋升为职员,可有分红资格。② 这样将商号盈亏与每位员工的切身利益紧密地联系起来,使他们有一种与商号同在的归属感,极大地调动了员工的工作积极性。但学徒还是没有工资,店员工资则逐渐向年工资、月工资的形式发展,掌柜的工资不是其收入的主要来源,他们更多的是靠"吃股"和年节特别奖励。新式商号工资分配制度的共同特点是职工之间的固定工资差额不大,根据民国农商部统计,1918年奉天、吉林、黑龙江织染商号每日工资最高分别为0.31元、0.28元、0.26元。③ 但商号劳资双方收入差距较大,如哈尔滨双合盛改成股份制后,在1927—1929年,资方12人共分红利545400元,平均每人每月收入为1262.5元,相当于133个生产工人的工资。④ 而造成商号人员工资悬殊的是分红所得,分红在收入中占有很大比重,只有在商号赚钱以后,才给职工适量的分红。分红的多少,完全由资本家决定,数额悬殊。可见,商号虽然进行了现代化变革,但是其内部等级性仍然十分鲜明。

(三)职工管理与待遇的变化

传统商号的规章制度称为店规,对于商号管理起到很大作用。以至于到了近代,新式商号虽然进行了大量的改革,但是仍对其部分店规有所坚守。如长春市益发合商号在内部管理上实行的是封建家族式的经营模式和管理办法,对当时发展很有作用。传统商号雇用职工手续最重要的是担保问题,商号办理这种手续时,要求介绍人和担保人

---

① 哈尔滨市道外区地方志编纂委员会:《道外区志》,中国大百科全书出版社1995年版,第664页。
② 杨占国主编:《走近武百祥》,东亭县武百祥研究会2010年版,第268页。
③ 农商部总务厅统计科编:《中华民国四年第四次农商统计表》,中华书局1918年版。
④ 中国科学院经济研究所中央工商行政管理局资本主义经济改造研究室编:《旧中国机制面粉工业统计资料》,中华书局1966年版,第169页。

各出书据存查。如哈尔滨市双合盛商号在录用职员上要求要有大商号或有地位的人物担保，录用的人员还必须具有高小以上文化程度，没有恶习，自觉遵守店规，忠实为商号服务等。一般录用山东的家乡人，因家远而无牵挂，能好好干活，还能防止偷盗物品。商号人员管理非常严格，一律不准抽大烟，不准逛妓院，不准赌博，工作时间不准看书报、闲唠，服从经理、技师和主管人员的指挥和调动，不得任意缺勤，工作失职造成大小事故一律按责任处分。而且还有宿店的规矩，职工不论离家远近，都一律住在商号里，不准携带家眷。只有高级职员可以回家住宿。一般职员要记考勤账，不得离柜，更不准到同业的其他商号走动。长春市玉茗斋店规要求"从业人员必须稳准，不然即使有天大的能力也不用"。商号"份子"的大小按其贡献多少、职位高低、责任轻重和能力强弱而定。双城县商号职工待遇均以劳动力等级定薪金，年终对勤劳者给予奖金，对"老职工或者出类拔萃的职工，按照账期分给红利或提升为执事"[1]。旧式商号职员培训完全在商号内部由掌柜的或老店员进行教授，[2]青年子弟从事商业必须先入商号充当学徒、杂役，然后"抽空学习（商业）交易之道，业务熟悉后方可逐级进步"[3]。

近代以来，传统商号管理模式的陈旧落后已不能适应经济发展的需要了，新式商号雇佣和管理职工方面有所革新。如长春市益发合在人事任用方面打破了本土观念，改变了非昌黎、滦县、乐亭人不用的旧规矩，采取量才而用、因需设职的人才聘用办法，但是仍坚持严格管理制度，如规定不许抽大烟，不许逛妓院，不许带家眷，不许留分头，不许散裤腿，不许下饭馆，不许纳妾，不许私自设立商号等，无论何人违反店规立即出号（开除）。职工福利方面基本没有变，只是由过去的一天两顿饭改为三顿饭，却也解决了职员长期盼望解决的问题。哈尔滨市双合盛还实行了签到制度，从德国引进的"签到钟"

---

[1] 《双城县调查商号职工待遇人数一览表》，吉林省档案馆藏，全宗号：J111-03-0766。
[2] "满洲事情案内所"编：《满商招牌考》，"满洲日日新闻社"1940年版，第21页。
[3] 《东三省之商业》，《东方杂志》第21卷第10号，1917年，第45页。

近代东北地区商号的发展与时局应对

安置在守卫室，职工出入时把自己的"助卡片"插入钟内，即印上时间。新式商号也开始重视职工的福利待遇，如同记对待职工的厂训是"洁、诚、信、爱"[①]，每年抽出盈利的40%作为职工的红利，并设置工人教育班、书报室、教育研究会、常识讲演、常识预备会、工业讲演、工业研究等机构进行职工教育，愿意读书识字的工人都可以抽出时间参加听讲学习。同记的领导班子亲自带头上讲台为职员讲解讲义，《同记店员训练学校讲义》内容有"店章与营业政策、店务心得、货源学、批发论、广告及心理、商人道德等十几门课程"[②]。还配有医院、食堂、浴室、运动场等设备场所，一律免费。娱乐设施还有游戏室、电影室、歌咏会等。对职工德育教育方面则有德育讲演班、考道班、查经班（该商号主办人为耶稣信徒）。每星期日放假一天，并建有寄托子女的幼稚园。同记商号改革后职工福利待遇很可观，不仅教授工人手艺，更重要的是提高工人的文化、精神生活水平，就是"在吃穿住以外，一切举止、言论、行动、思想都要合乎近代的条件"[③]。职员中途退职还可以要求商号清算财产分取红利。此外新式商号还有了完备的人才培养策略，实行了学校培养制度。如大连市天兴福的邵尚俭于1939年创办金州商业学校，培养商业人才。也有一些商号专门组织训练班或夜校。如同记把学徒送到青年短期文化班学习六个月，或到河北帮在哈尔滨开办的东华商工学校学习。学徒见习一年或半年后参加考试，不合格的再学习一个学期，若再不合格就会被辞退。此外，商号对机密如商业配方等有完整周详的保密措施，如原料配方、操作工艺、产销渠道甚至客户、货源等信息按"密级"专人管理。所以说，商号在管理体制上的变革，适应了社会的发展变化，使商号管理更为科学有力，整体实力增强，更具有时代竞争能力。

---

① 《哈尔滨工业界之同记工厂》，《中东半月刊》第3卷第19期，1932年，第3—5页。

② 文史办汇集：《同记商场》，载政协黑龙江省哈尔滨市委员会文史资料研究委员会编《哈尔滨文史资料》第12辑《哈尔滨老字号》，哈尔滨船舶工程学院印刷厂1988年版，第92—93页。

③ 许涤新主编：《中国企业家列传》第5册，经济日报出版社1991年版，第42页。

第三章 抗战时期东北地区商号的发展境遇及应对

第一节 日本帝国主义对东北地区商号的摧残和压榨

一 日本对东北地区经济的殖民统治政策

（一）1931年至1937年日本对东北经济的殖民统治政策

自日本帝国主义侵略者1931年制造"九一八"事变到1937年发动"七七事变"期间，因其刚刚占领中国东北地区，忙于武装进攻和阴谋建立伪满洲国政权，企图将中国东北地区建设成为其军事侵略的战略基地，因而东北地区民族工商业发展还有一定的空隙，东北地区民族商号趁机扩大了自己的经营规模和发展实力。如长春市益发合商号建成了泰发合商场，是长春市当时规模较大的百货商场。但是日本侵略者在东北实行殖民政策的根本目的是打击中国民族经济，并且为其本国经济发展和侵略服务，因而必然要制定一系列经济殖民政策，限制和打压中国民族工商业的发展。日本帝国主义利用军事力量对东北地区经济疯狂掠夺和控制，企图早日实现中国东北地区的殖民化，将东北地区纳入其殖民地。因而东北地区民族工商业遭受了前所未有的困难和打击。

日本帝国主义不断根据侵略需要出台相关殖民经济侵略策略，对东北地区民族工商业实行了全方位、系统化的打击和摧残。1931年12月，日本帝国主义制定了一个全面的《满蒙开发方案》，提出要"从国防观点出发，当然首先要直接从军事上的观点建设满蒙的诸般

| 近代东北地区商号的发展与时局应对

设施,同时要使之适应帝国在平战两时的军需资源独立政策",并具体指出要"在计划经济下实行统制"①。可以看出日本帝国主义对东北地区制定了国防主义建设和经济统制的长远侵略策略,企图将东北地区建成军事后备基地。根据侵略方案,日本侵略者开始对东北地区各行各业实施全面的"经济统制"政策,并且还组建"经济警察"等各种军事保障系统,保证"经济统制"政策的实施效果。由此,东北地区民族工商业进入最黑暗的殖民统治时期,处处受到打压和排挤,导致大量工商业商号最终走向了衰败。

日本帝国主义为了集全部军力、人力、物力、财力来侵略中国,因而又出台了"以华制华,分治合作"的政策,即阴谋策划在东北地区建立和扶植伪政权,作为全面侵略和利用中国东北的工具。1932年3月,日本帝国主义侵略者一手包办策划在长春成立了伪满洲国,日本侵略者掌控着伪满洲国的所有统治机构的实权,因而伪满洲国实为日本侵略者控制下的伪政权。伪满洲国建立后很快实施了满足日本帝国主义侵略要求的《满洲国经济建设纲要》,成为日本帝国主义侵略东北地区经济的总方针,是日本帝国主义将东北地区经济沦为殖民地经济的根本举措。《满洲国经济建设纲要》中"经济统制"政策规定:"带有国防的或公共公益的性质之重要事业,以公营或令特殊会社经营为原则,对其他产业及资源等各种经济事项委诸民间自由经营,但对生产消费两方面要施以必要的调剂。"这就具体阐释了日本帝国主义对东北地区实行经济统制的基本侵略政策。《满洲国经济建设纲要》还指出,"满洲国的经济统制主要是采取特殊会社制度"②。"特殊会社"即指在东北地区实施"一个产业一家公司"的策略方针,"是日本国家垄断资本、私人资本、军部势力与伪满政权的经济结合体"③,这一策略目标是使东北地区经济完全附属于日本殖民者,根据日本帝国主义军事侵略和经济掠夺的需要压榨东北地区经济。除

---

① [日]《现代史资料(满洲事变)》,1972年,第291—292页。
② 佟冬主编:《中国东北史》第6卷,吉林文史出版社2006年版,第486页。
③ 中央档案馆等编:《日本帝国主义侵华档案资料选编》第14卷《东北经济掠夺》,中华书局1991年版,第31页。

此以外，日本统治者还强迫东北工商业商号加入"日满协会"，要求各商号必须信仰"天照大神"，企图从思想上奴化民族工商业者，为其侵略服务。

日本侵略者还全面控制了东北地区的粮食、布匹、棉花等物资原料市场，把一切重要物资都掌握在自己的手里，致使东北地区民族工商业因货源缺乏而备受打击。如沈阳很多商号处于"半荒铺状态"[1]。日本侵略者还根据侵略战争的需要，将许多中国东北民族工商业的机器设备强制征用，致使有的民族工商业丧失了基本的生产条件，或因原料断绝而破产倒闭，如沈阳兴奉铁工厂、大连顺兴铁工厂等。

1934年6月，日伪政权公布实施了《对一般企业的声明》，这一经济压榨政策主要提出日伪政府要以"国防建设"为中心，对东北地区重工业、军需工业和基础工业实行特别统制，这些产业包括交通、通信、航空、石油、钢铁、电业、轻金属、采金、煤炭、汽车、制碱、林业、银行等，而对其他无关国防的生产生活方面的产业，则进行各种行政而非经济上的统制，这些产业包括农牧、农产品加工、制糖、制粉、酿造、油脂、皮革、食品、纺织、造纸等。由此可以看出，日伪政权经济统制政策完全是为日本帝国主义军事侵略服务，严格限制重工业、军事工业的发展，而对关系民生的经济产业限制不大，以企图在东北地区建立稳定的军事基地和政治统治。1937年4月，日本关东军又制定并实施了《满洲产业开发五年计划要纲》，其要点是"按照《满洲国经济建设纲要》的根本方针，把经济建设的重点放在有利于所必需的资源开发上，同时谋求最大限度的自给自足和供给不足的资源，为了确立将来满洲国产业开发的根基，而大力开发各种产业，促进国力发展和国民生活的安定"[2]。因而，可以说，日本帝国主义对东北经济统制政策是纯粹的殖民侵略与掠夺，是为其扩张侵略和殖民统治服务的，这就必然导致东北地区民族工商业遭受

---

[1] 刘恩涛遗稿：《沈阳商会七十五年》，载政协沈阳市委员会文史资料委员会、辽宁社会科学院历史研究所合编《沈阳文史资料》第1辑，1981年，第179页。

[2] 王明伟：《东北抗战史》，长春出版社2016年版，第203页。

打击，东北地区各行业商号也只能在日本殖民经济统制打击下苟且生存，不少商号在日伪经济政策打击下直接歇业停工。如沈阳市工商行业的商号在"'九·一八'事变前约有一万四千余家，而到了1932年初，仅存了七千六百余家，比事变前减少近半"①。到1936年年底，日本侵略者在实施经济统制政策前提下，又出台了"日满经济一体化"侵略策略，使得东北地区民族工商业再次遭受重创，完全被日伪政权所控制，处于奄奄一息的状态。

（二）1937年至1945年日本对东北经济全面统制压榨

1937年7月7日，日本帝国主义悍然发动了对中国全面侵略的"七七事变"，将其侵略整个中国的野心和阴谋完全暴露于世。为了利用东北地区经济资源支撑不断扩大的侵略战争，日本侵略者加紧推进对东北生产的高度垄断和经济的殖民化，大力推行"工业日本，农业满洲"的殖民政策，企图加快使中国东北成为日本军国主义侵略战争物资供应基地，以及发展日本本国工业的原料基地。日本帝国主义以此政策高度榨取东北地区人力、物力、财力资源，满足其整个侵华战争的需要，大肆推行各种经济统制政策和法令。1938年实施的《暴利取缔令》、1940年实施的《物价物资统制法》、1941年又推行《物价停止令》（即"七·二五"限价令）等各种统制法令和配给制度，一步步地加深对东北经济的压榨和掠夺。日本侵略者在东北地区经济领域的统制政策涉及各个行业，统制法令涉及各个层面，实现了其以物资掠夺支援侵略战争的目的。日伪政权为保证法令实施的有效性，还特设了"经济警察"和各种配给、管理机构，以高压行政手段和力量压制东北市场和民族商号，以强制手段维持东北地区的社会秩序，进而达到倾销产品、经济掠夺的目的。东北地区各行各业商号都被这些经济统制政策法令禁锢起来，它们因为货源被日伪政权控制而无法进货，商品价格受到严格限定而无法进行销售，各行各业商号深受打击，生存危机加重。

---

① 赵焕林：《日伪统治时期沈阳民族工业的衰败》，载东北三省中国经济史学会编《东北经济史论文集》下，第302页。

1. 日伪政权对东北地区农业手工业的摧残

"七七事变"爆发后,日本侵略者在东北地区实行战时体制下的侵略战略,将工业、农业等重点产业纳入计划统制中,日本侵略者对中国东北地区农产品如高粱、大豆、小麦、米等实行专卖制度,规定农民必须按照他们限定的价格和数量把农产品上交给日伪政权。而且日本侵略者限定的农产品价格极低,规定农民的交售数量却很高,"如果出现当年农业歉收或农产品收获数量不足规定的上交量,农民则需要自己想办法补救"①,农民又能有什么补救办法呢?这无疑是对农民极端无耻的敲诈掠夺。1938年,日伪政权规定所有农产品都由日本垄断组织"满洲粮谷株式会社"进行买卖,东北地区其他个体商号不得买卖农民的农产品。随后日本侵略者又制定了《米谷管理制度纲要》《米谷管理法》《满洲粮谷股份公司法》等侵略方案,以此垄断东北地区农产品的买卖权,并命令强制低价收购东北各地油坊业和粮业商号库存的原料,这就霸占了东北市场的全部粮食资源,使依赖粮食产品而生存的商号陷入了发展的绝境。1940年秋,日本侵略者通过实施经济的统制组合和物资的配给制度,而"达到了物资掠夺的目的"②。如日本关东州厅颁布了"物资征用令"和调整手工业的命令,将辽宁大连地区手工业商号分类组成各种统制组合,如粮谷组合、棉布组合、小卖商组合、胶皮鞋组合等,每一个统制组合都由日本人掌握实权,还规定各商号的产品归统制组合所有,不得私自出售,这就无理霸占了东北地区商品物资,阻碍和打击了东北工商业商号的发展。

1941年12月,太平洋战争爆发后,日本侵略者为解决军事战争缺少粮食的严重问题,进一步加紧对中国东北的经济掠夺,提出要把中国东北地区建成东亚地区粮食产品和特殊农产品的供给基地。日本要求日伪政权加大对农产品的控制,保障对日本军队的物资供给。日

---

① 高秀清:《九一八后日本对东北经济侵略论析》,《社会科学战线》1993年第5期。
② 秦玉武:《日伪时期凤城的工商业》,载政协通化市文史学习委员会编《东边道经济开发史略》,通化师范学院印刷厂1998年版,第389页。

伪政权国根据日本侵略者的要求，于1942年年末制定了"战时农产品出荷对策要纲"，强化粮谷统制，在农村实行了"粮谷出荷"政策，对农产品进行强制征收。所谓"粮谷出荷"就是"农民们生产的粮食被征'出荷'（即缴纳公粮），棉、麻全部交公"①。每年春耕前，日伪政权会给每个农户发一张"农作物种植面积、予收量、出荷量登记表"，要求农民填写户主姓名、年龄、家庭人口、耕地面积、作物品种收获量、出荷量等信息，同时也发给农民一张粮谷出荷证，作为农民参加日伪政权出荷要求的凭证。日伪政权人员根据农民填写的登记表到地里实地查看，如达不到特用作物种植面积的，就强迫农民毁掉其他粮谷作物，确保棉、麻种植面积。而征购物资时，日伪政权的征购价格"仅为市价的十分之一到二十分之一"②，可见日本侵略者的侵略本性，完全是对东北农民的暴力掠夺。日伪政权的"粮谷出荷"制度成为压在农民身上的沉重枷锁。日伪政权还设置"农产品增产出荷完成本部"和"督励班"等地方组织，到农村强行征购农民的粮食，遇到旱涝灾年，逼迫农民将种子和口粮"出荷"，农民如果交不出粮食就会被逮捕并惨遭酷刑，农民苦不堪言，农村经济遭到极大破坏。农业的衰败导致城市以农产品经营的粮栈等商号厄运来临。加上日伪政权实行"粮米专营"，禁止市场上粮谷作物的交易，使东北地区经营农副产品的民族工商业无法生存，这也导致了从事手工业的民族商号的衰败。

2. 日伪政权强加给东北地区工商业的"桎梏"

1937年5月，日伪政权实施对东北地区工商业新的统制法令即《重要产业统制法》，该统制法令明确规定了对东北地区各行业商号的经济统制政策，是日本帝国主义通过日伪政权统治掠夺东北经济的法律条文，也是日伪政权之前颁布的经济统制政策《满洲国经济建设纲要》的继续和补充，《重要产业统制法》比1934年实施的《对一

---

① 翟永魁：《伪满时期的"粮谷出荷"》，载政协辽中县委员会文史资料征编委员会编《辽中文史资料》第4辑，1985年，第124页。

② 王明伟：《东北抗战史》，长春出版社2016年版，第297页。

第三章 抗战时期东北地区商号的发展境遇及应对

般企业的声明》扩大了产业统制的范围，除了原有的一些重工业外，还包括部分轻纺工业，将原来属于自由经营的水泥、造纸、纺织、制糖、制粉等产业，也纳入了重要产业统制范围内，表明日本帝国主义对东北经济统制领域的扩大和侵略程度不断加深。1937年8月，日本关东军司令部又发布了《关东州重要产业统制令》，规定对大连所有重要产业工业的生产、原料、商品售价、工厂设备、扩大增资、移动资金以及更换股票等经营项目，都要受日本殖民当局的管理与统治，并要求各产业商号定期向殖民当局上报近期经营情况，以此监督和控制大连一些重要行业如油坊业的发展。日本侵略者这些经济侵略法令下达后，致使东北地区工商业完全置于日本殖民当局的监督与控制之下，完全丧失了自主经营和发展的权利。

日本帝国主义为了加强对东北地区实施经济统制的力度和效果，还专门设置了经济统制机构，这些机构又制定与实施了一系列统制法令。如1938年7月，日伪政权设立了"企划委员会"，作为伪满经济统制中心机关，专门负责管理汇兑、物资物价、金融贸易、劳务等各方面事务，并公布和实施了《汇兑管理法》《贸易统制法》《临时资金统制法》《劳动统制法》《物价物资统制法》等具体管理的统制法令，这些法令专门负责对汇兑、金融、贸易、劳务和工业物资等业务的统制，法令细如牛毛，统制手段无孔不入。1940年后，日本帝国主义为了进一步为侵华战争做战略准备，加紧对东北地区的法西斯殖民统治，又实施了"主要物资配给制""主要特产专营法"等各种统制法令。这些法令主要对钢铁、棉纱、皮革、麻等重要工业产品实行全面统制，规定优先供给军需，统制法令众多而且极端苛刻。日本侵略者为了最大限度地保证军事需要，还对社会生产和人们生活物资进行强制"配售统治"，从军工产品到人民生活用品如盐、火柴等所有物资实行"专卖""配给"，致使东北工商业多数行业的商号因货源缺失而很快破产倒闭。

1941年7月25日，日本侵略者通过日伪政权公布了臭名昭著的《物价停止令》（又称"七·二五"限价令），法令规定：以1941年7月25日为界限，命令东北地区所有工商业者将自己的库存如原材料、半成品、商品等核实盘点，制表上报并立即予以冻结，今后所有的生产和销售，都必须按规定的办法，进行分配采购和出售。《物价停止令》主要内容有："第一，在购货上各商店不许自行采购，一律由各行业的同业组合，通过统购统销实行控制管理。第二，在销售方面，根据'七·二五'物价停止令的规定，所有工商业户的销售商品分为'公、协、停、自'四种类型，按类型规定统一价格出售。(一)所谓'公'就是由敌伪政府统一收购，统一分配的物资，一律按公定价格出售。这一类有粮食、食盐、煤、棉布、胶鞋和针织品等。(二)所谓'协'是由各行业组合协议的价格，有百货、日用品等。(三)所谓'停'就是停止在7月25日那一天的价格为准，不准涨价。(四)所谓'自'即自定价格。凡规定目标上没有的，即新生产的产品和新进来的商品，按成本加利润自定价格。但也必须上报警务科经济股，得到批准后方可出售。如果批准了可以执行新价，不批准仍按原价格销售。"[1] 这一政策成为日本殖民侵略东北经济最为残酷、最为恶毒的统治法令，涵盖了东北地区各行业各个经营环节，其殖民统治政策已深入东北地区经济的"骨髓"，给东北地区商号以致命的打击。日伪政权命令东北地区工商业者必须按照"七·二五"限价令执行，违反者以经济犯罪的罪名处置，轻者没收商品并罚款，重者判刑坐牢。可见，其经济统制政策之森严及残酷。

日伪政权为保证"七·二五"限价令的实施，还设置了大批武装经济警察以监督实施，遍立哨卡，这些伪警察可以随时进入各商号进行突击性的检查。东北各地区商号如果继续正常营业或者生存下去都可能会触犯法令，而一旦被伪警察发现就可能面临歇业或倒闭的危险，各行业民族商号都遭受此种厄运。如辽宁省辽中县的天巨粮栈因私自生产蜡烛进行销售，被伪警察发现，将商号经理"送交日伪法院判刑六个月"[2]。万增永金店也因为自行销售商品而被检举，不仅被

---

[1] 张效云：《伪满时期日本对铁岭的经济侵略》，载孙邦主编《经济掠夺》，吉林人民出版社1993年版，第98—99页。

[2] 山魁名：《伪满时期的经济统治》，载政协辽中县委员会文史资料征编委员会编《辽中文史资料》第4辑，1985年，第122页。

没收了全部碎银饰，经理田春阳还遭受伪警察实施的灌凉水等酷刑的折磨。同兴商店因违反"七·二五"限价令，所有化妆商品被日伪政权没收。辽宁省黑山县的永庆昌布匹庄、庆记布庄、福升庆等商号都因违反"七·二五"限价令，商号经理被伪警察逮捕，商号被迫停业。而商号如果想继续生存下去，改为经营限价令之外的行业算是可能的出路，如辽宁省黑山县最大的商号会巨兴百货店在"七·二五"限价令后，多次被伪警察盘查，无法经营，被迫改行经营旅社行业。百货业新盛隆商号也改为经营染织业以维持生计。辽中县新立屯镇有不少商号在日伪政权"七·二五"限价令实施后而停工，如百货业商号庆泰、德顺合，油粮业商号天增福、永泰长、兴顺店等，"而改行经营维持生意的商号就有30余户"[①]。东北民族商号如果既不触犯限价令，又不改行经营，那么只有倒闭的命运，这也是东北大多数商号的命运。如哈尔滨大部分民族资本商号在"七·二五"限价令颁布后处于歇业状态。由此可见，日伪政权的经济统制政策对东北地区民族工商业商号的打击何等严重。

1941年12月，太平洋战争爆发后，日伪政权对东北地区经济进行"战时经济体制"掠夺。日伪政权为了最大限度为日军提供战略物资，对东北地区经济资源进行疯狂掠夺，因而对东北经济的统制更加残酷狠毒。1942年10月，日伪政权又公布了《产业统制法》，代替了1937年公布的《重要产业统制法》，新的统制法较之以前的统制法又扩展了统制范围，不仅对东北地区重要行业实行统制，而且对涉及人们日常生活的一般产业也实行统制，并把统制领域扩展到社会经济生活的各个方面，如商品生产、流通、分配、消费等，使整个东北地区商业处于日伪政权可控制和掠夺范围内。

由于日本侵略者疯狂掠夺中国东北地区的各种经济资源，日伪政权统治下的东北经济出现了严重的物资短缺，物价飞涨。但又受日伪政权限价令的要求，所有物品的价格都不得超过"七·二五"限价

---

① 常树勋：《日伪"七·二五"价格后的黑山工商业》，载政协辽宁省黑山县委员会文史资料研究委员会编《黑山文史资料》，1987年，第151页。

| 近代东北地区商号的发展与时局应对

令之前的价格，使各商号的商品售价低于市场价格，迫使各商号将库存货物赔钱销售，使商号资本大大损失，严重打击了东北地区的民族工商业，使得东北地区民族工商业迅速萎缩，甚至有的走向破产倒闭，更加验证了日本侵略者摧残东北经济的本性。如1940年辽宁省民族工业有千余家，1942年民族资本工厂倒闭了836家，其中电力织布厂1943年比1939年减少54家。1943年本溪市"豆腐坊八十八家商号的三分之一和煎饼铺的三分之二停产歇业"①。哈尔滨市饮食业商号在日伪政权统治下被迫歇业的有100多家。辽宁省辽阳市很有名气的天增福商号，也因为日伪政权的限价令而无货可卖，每天柜台上只能摆一些更生布、亚麻布和一些瓷壶瓷碗等小商品维持营业，最后也被迫停业了。1944年，辽阳市东大街著名商号大顺城绸缎庄、永庆天商号也倒闭了，据统计当时"辽阳城内有一半以上的商铺都因此被迫倒闭"②，所以说，在日伪政权残酷经济统制政策下，东北地区民族工商业商号已经失去了生存发展的空间和条件。

　　日伪政权还设立了统制经济的基层业务机构即各行业的"统制组合"，以此强化日本侵略者在东北地区的殖民统治。日伪政权规定各"统制组合"由准许从事生产或贩卖被统制产品或商品的商号成员组成，这些商号成员有获得原材料或商品配给的特权。比如只有专卖品统制组合的商号成员有权销售食盐、火柴、面碱、食用油等商品；只有食品统制组合的商号成员有权销售烟酒、日用食品及肥皂等商品等。而东北地区商号多兼营产业，有的商号甚至要加入多个日伪"统制组合"才能维持其正常营业，否则无法获取原料和销售权。所以说，政权的东北地区某一商号要受到多个日伪"统制组合"的层层管理和压制，而日伪政权为了更好地经济统制，扩大了"统制组合"设置的规模，使"统制组合最后发展到200多个"③，更加严密控制

---

　　① 魏福祥：《解放前辽宁工商业发展概述》，载政协辽宁省委员会文史资料研究委员会编《辽宁文史资料》第26辑《辽宁工商》，辽宁人民出版社1989年版，第21页。
　　② 孔经纬：《东北经济史》，四川人民出版社1986年版，第509页。
　　③ 沈阳市人民政府地方志办公室编：《沈阳市志9　商业》，沈阳出版社1999年版，第149页。

第三章 抗战时期东北地区商号的发展境遇及应对

东北各行业商号发展。日伪政权统制经济实施以后，东北地区民族资本工商业商号受到了严重迫害和打击，很多商号因触犯日伪政权经济统制法令而被判为"犯罪"，致使倒闭。1942年以后，东北地区规模较大的民族铁工业沦为日本机械厂的零件加工厂，而中小规模铁工业工厂因无加工和生产业务而日趋萎缩。东北地区人们日常生活用品也都在日伪政权经济统制之下，而分配给民族商号销售的商品数量很少，质量也很差，配给次数也很有限，一个月只配给一两次，商号的商品很快就销售一空，再加上日伪经济警察及宪兵特务经常借机对东北商号进行敲诈勒索，蛮抢豪取，很多地区商号只能艰难地维持着。因而可以说，自日伪政权实行"七·二五"限价令到日本投降，东北地区民族工商业商号一直面临窒息的发展困境。

东北地区因其产粮丰厚而兴起的工商业，如制粉、制酒、制油等行业商号也遭受到日伪政权的沉重打击。长春市裕昌源制粉商号在统制措施陆续出台后，一步步陷入困境。1938年秋，日伪政权实行小麦、面粉向外输出"许可证制度"，未经日伪政权批准不许向外地销售麦粉，从而使裕昌源商号失去了占有多年的外地市场。而日资面粉厂却不受此限制，使日资面粉厂迅速夺占了东北民族面粉业的市场。日伪政权又在各地设立了"制粉联合会"，直接控制和经营管理各地面粉生产的规模、品种，乃至面粉的产销。在这种侵略环境下，东北民族制粉厂如裕昌源等被迫压缩生产规模，艰难维持生存。1940年日伪政权颁布了新的"粮谷管理法规则"，把大米、白面列为日本人的专用品，中国人不得食用，使本来萎缩的东北面粉市场完全被日商把持，东北民族资本面粉业被置于绝境。东北以粮食为原料的烧锅商号境况同样凄惨。日伪政府公布《主要粮谷统制法》后，东北地区的高粱、玉米、小米等普通粮食的加工、销售、价格等均由日伪政权直接控制。为保证军事需要，日伪政权还强化了对粮食市场的监控，禁止粮食自由流通，造成黑市粮价暴涨。东北民族资本烧锅商号无法从正常渠道购到粮谷，只能从黑市高价购买。太平洋战争爆发后，日军军用粮谷严重短缺，于是日伪政权下令禁用粮谷制酒，这再一次沉重打击了东北制酒业，一些烧锅商号被迫歇业或转产。

近代东北地区商号的发展与时局应对

东北制油业商号在日伪政权统治时期多采用人工压榨法，甚至还有楔式或螺旋式的家庭工业性质的小规模生产，本身发展能力欠佳。1939年3月，日伪政权实施了《米谷统制要纲》法令，专门设立了"特产公社"，以统筹负责东北地区大豆的价格、收购、买卖及加工输出等项目，更加限制了东北民族油坊业商号的发展。1939年10月，日伪政权实施《特产专管法》《满洲特产专管会社法》后，日伪政权"对大豆的输出、分配、价格实行全面统制，粮栈供给的大豆配额逐年压缩、减少"[①]，许多油坊商号因大豆原料供应不足，无法正常生产，导致不少油坊商号停业关闭。1940年1月，"特产公社"按统制法令规定的价格收买大豆、米谷等粮食，并规定用低价收购粮业、油坊业商号的全部库存粮，这一措施使一贯以增加粮食库存量作为投资手段的东北粮油业商号遭受重创，资金损失严重。与此同时，日伪政权又利用"汇兑管理法"来限制东北油坊业商号的资金，使油坊商号失去了自由使用资金的权力，致使很多东北民族油坊商号纷纷倒闭，如大连油坊业商号至1940年仅剩29户。1942年，日本侵略者为了应付其巨大的军费开支和日益紧张的军事形势，发布了"企业合并整顿纲要"，根据这一方案，"大连地区仅存的29户华商油坊被迫合并成两家。即以山东出身的业主经营的成裕昌、同泰、德兴隆、义顺牲、中和、中和成、天和成及另外4家，共11家油坊组成'大东制油株式会社'；以本地出身者经营的天兴福第三油坊、东亚、双聚福、万义长、和泰、福顺厚、福聚恒、同聚厚、东和长、恒升和、恒丰和及另外6家，共18家油坊组成'协和制油株式会社'"[②]。1943年3月正式实施合并后，日伪政权要求各商号把现存的所有资金全部转到两个油坊会社中去，迫使一些油坊关闭停业，最后大连只有17家民族油坊商号艰难维持营业，这就严重限制和打击了民族油坊商号的发展，1936年与1932年相比，大连民族油坊商号不论是户

[①] 李茂杰、孙继英：《苦难与斗争十四年》中，中国大百科全书出版社1995年版，第192页。

[②] 顾明义等主编：《大连近百年史》，辽宁人民出版社1999年版，第988页。

数、豆饼产量，还是豆饼、豆油销售量都呈现出明显衰败趋势。如在户数上"1932年有49户，到1936年只剩45户"①，而且由于多数油坊商号被日资所垄断，使得大连油坊业完全被日伪政权掌控。

在上述日伪政权压榨掠夺政策下，再加上日伪政权官办商业机构垄断、控制东北许多行业产品的收购以及进口商品的分配权，使东北民族商号失去了经营的市场，部分民族商号被迫沦为日本商品的推销店或代理店。所以说，在日伪政权的残酷压榨下，东北地区民族工商业商号发展规模日益萎缩，多家商号因打击严重而倒闭，勉强维持营业的东北民族商号所剩无几，其凄惨程度前所未有。

3. 日伪政权对东北地区金融业的压榨

日本侵略者积极为全面发动侵华战争做资金准备，加紧对东北民族金融行业的资产掠夺，加速对民族金融资本商号的控制与强占。1933年11月，日伪政权以伪满中央银行名义颁布了《私营银行法》，规定了东北民族私营钱庄资本金的最低限额，对规模较小、资本金不足10万元、实际收入资本不足5万元的民族金融商号予以取缔。这一法令致使东北地区民族钱庄20余家商号停业。日伪政权还通过大幅度提高钱庄商号的运营资本金门槛，使民族钱庄商号和私营银行因资本金不足而被淘汰。如沈阳市的渊泉溥、富森竣、咸元惠、义泰长、锦泉福等钱庄商号依照《私营银行法》都必须停业整顿。还有很多钱庄商号纷纷歇业或撤回关内经营，可见日伪政权金融政策核心目的是压制东北地区民族金融商号。1938年12月，日伪政权又公布了《新银行法》，此法令进一步提高了东北金融机构准入门槛，规定"银行经营主体限定为股份组织，资本金最低限额为5000万元，在哈尔滨、沈阳、长春等地设总分行者须为100万元以上"②。这一政策继续逼迫大量东北民族钱庄商号停业，有的钱庄商号为维系生存，不得不接受日伪政权的资金渗透（参与股份）和人员渗透（即派进负

---

① 冷绣锦：《大连近代华商油坊业的初步考察》，《辽宁大学学报》（哲学社会科学版）2010年第2期。

② 姚会元：《日本对华金融掠夺研究（1931—1945）》，武汉出版社2008年版，第156—157页。

责人和上层职员），这样日伪政权通过种种强制措施把民族金融资本纳入其殖民金融体系之中，从而使民族金融商号变为其金融资本的附庸，苟延残喘地生存着并为日伪政权统治服务。

1941年3月，日伪政权公布了《金融机关稀密调整纲要》，以法律条文形式对"所谓'业绩欠佳'和未达法定资本限额的民族银行钱庄停业，规定在金融密集地区不准新设支店、驻在所；对营业状况不佳的，劝其他迁或歇业；对未达到法定资本的，劝其合并或变卖等措施"①，从而彻底打击和压制民族金融业商号发展。东北民族金融商号大大缩减，不可能再有所发展了。日伪政权对东北钱庄银号同样采取限制打压的措施，强行规定民族钱庄商号不得再有新开业的，同时逼迫各钱庄银行减少经营业务，东北地区各钱庄商号只得被迫歇业。如到1944年大连地区民族钱庄只剩下"正仁钱庄、协昶钱庄、裕生福钱庄、福兴厚钱庄、义聚合钱庄、福兴号钱庄、裕昌恒钱庄天兴福钱庄"②8家商号，而且这些钱庄商号大都也处于奄奄一息的状态。东北地区仅存的东北民营银行只有沈阳的商工银行、长春的益发银行、佳木斯的三江银行、梨树县的功成银行等，它们同民族钱庄业商号一样艰难地维持着营业。

日伪政权不仅限制东北民族金融商号数量的增加，还通过实施种种反动措施限制民族金融业的经营规模，最终达到迫使民族金融商号停业倒闭的目的。日伪政权对东北民族私营银行的存款、放款、盈利都有残酷的反动限制措施。1938年公布的《新银行法》中，对私营银行的存款进行严格限制，如"即令银行将等于存款总额五分之一国债，或伪经济部指定之有价证券，寄存于伪满政府"，"设发还存款预备金制度，即银行应保存存款总额十分之一以上之现金，邮政转帐储金、国债及曾经伪经济部核准之有价证券，或在伪经济部所指定之银行存款；如此等款额不及存款总额十分之一时，不得对外新放款，

---

① 吉林省金融研究所编著：《伪满洲中央银行史料》，吉林人民出版社1984年版，第184页。

② 孙耀庭口述，黄本仁整理：《大连钱庄业述略》，载政协辽宁省大连市委员会文史资料委员会编《大连文史资料》第6辑，大连市委党校印刷厂1989年版，第116页。

或分派股利"①等，以上措施不仅限制民族金融商号的存放款业务，而且要求其存款达到一定数额后才可以利用其他存款进行盈利，这就严重束缚了民族金融业的扩大发展。日伪政权还对民族私营银行资金的用途也做了严格规定，一是限制私营银行的资金"承购公债"；二是要求其按"共同融资制度"将其资金用于"国策公司"，后一政策迫使民族金融资本为日本侵略战争国策服务的"特殊公司"所利用。

日本帝国主义为满足其侵略战争的需要，还通过伪满中央银行实行残酷的"资金统制"，采取各种反动措施强行收缴资金，日本帝国主义利用这些掠夺资金，扩大侵略战争。日伪政权发行了大量各种名目的"公债"，如"建国公债、积欠善后公债、北满铁路公债、补偿继承亏损公债、报国公债等80多种"②，而这些"公债"无疑要摊派在东北民族私营银行身上。日伪政权对民族私营银行按照存款额的一定比例强行摊派公债，掠夺东北私营银行的资金，严重压制了东北民族私营银行发展，东北民族金融资本遭受了残酷掠夺和巨大损失。

可以说，自1931年"九一八"事变至1945年东北地区光复前，日本帝国主义在东北地区不断强化其经济统制政策，统制产业、领域等都不断扩张和加重，最终对东北的一切产业实行全面彻底的统制与掠夺，严重扼杀了东北民族资本的生存条件和发展空间，使东北民族商号备受摧残，有的被合并，有的被收买，有的倒闭，有的破产，虽然它们力图生存，在夹缝中挣扎求生，然而在日本帝国主义的殖民统治下，东北地区民族资本商号终究在劫难逃。

二 日商对东北地区商号的排挤和摧残

日本侵略者对东北地区民族工商业的打压不仅表现在日伪政权的殖民经济政策上，还表现在日本侵略政府支持日本财阀垄断经营和行业欺压，这导致东北民族工商业的进一步衰败。

---

① 吉林省金融研究所编著：《伪满洲中央银行史料》，吉林人民出版社1984年版，第367页。

② 东北沦陷十四年史总编室：《东北沦陷十四年史研究》，辽宁人民出版社1991年版，第231页。

近代东北地区商号的发展与时局应对

日本侵略者为实现"日满经济一体化"的阴谋,实施优惠政策鼓励日本商人在东北地区经营工商业,还设立各种商业机关帮助日商进行行业竞争和殖民掠夺,使日商遍及东北各地,这是日本经济掠夺的重要手段。如沈阳的日本饭店有"井筒、歌仙、金六、玉翠、喜可久、喜雪"[1] 等,对沈阳民族资本经营的饭店进行排挤。从1932年,日本商人在东北地区设立的工商业企业数量急剧增加,如辽宁"关东州"有日本"私营工厂1932年为487家,到1937年则1021家,增加了一倍有余"[2]。这些工厂一方面在东北大肆掠夺工业原料和资源,另一方面压制民族工厂企业,企图控制东北市场。1932年8月,日伪政权又通过实行"经济统治"与"产业统治"的手段,达到"日满经济一体化"的目的,在东北各地建立了一大批"特殊公司"和"准特殊公司","特殊公司也称特殊会社,是日伪政府赋予其一种独占或统制的权利,而且可以代替日伪政权执行推行统制经济。准特殊公司也称准特殊会社,是政府同意下统制与民生相关的产业开发,两种统称为'国策会社'"[3],如"满洲矿业开发公司""满洲石油公司""东边道开发株式会社""奉天兵工厂""昭和制钢所""满洲航空"等,"到1943年9月,伪满的特殊公司达42家,准特殊公司达62家"[4]。日本侵略者通过利用这些公司、会社等组织来控制东北的各行业物资,并以此来垄断东北地区军工、钢铁、煤炭、石油、矿山、机械、化工等重要产业部门,最终达到压制东北民族工商业商号发展的目的。1937年12月,日本财阀在中国东北地区成立大垄断公司即"满洲重工业开发公司",主要负责投资和经营钢铁、轻金属、汽车、飞机、煤炭、金、铅、铜及其他矿业等产业,可见日本帝国主

---

[1] "南满洲铁道株式会社总裁室地方部残务整理委员会":《满铁附属地经营沿革全史》中卷,"南满洲铁道株式会社"1939年版,第893页。

[2] 魏福祥:《解放前辽宁工商业发展概述》,载政协辽宁省委员会文史资料研究委员会编《辽宁文史资料》第26辑《辽宁工商》,辽宁人民出版社1989年版,第20页。

[3] [日]伊原泽周编注:《战后东北接收交涉纪实——以张嘉璈日记为中心》,中国人民大学出版社2015年版,第13页。

[4] 东北财经委员会调查统计处编印:《伪满时期东北经济统计(1931—1945年)》,1949年,吉林省图书馆馆藏,第19页。

第三章　抗战时期东北地区商号的发展境遇及应对

义为控制与掠夺东北地区经济，不仅依靠国家资本和政治统治，还依靠建立垄断资本集团（财阀）加紧对东北地区经济的垄断和掠夺，极力打压东北民族资本的发展，大大削弱了东北民族资本与日本企业竞争及争夺市场的能力。日伪政权一方面通过对东北商号的商品进行定价、征收各种苛捐杂税等来打压民族工商业，另一方面出台各种特殊政策保护日商的经营发展。所以说，在日本政治势力保护下，大量涌入中国东北的日商严重摧残和压制了中国东北民族工商业商号的发展。

日伪统治集团为吸引日本资本和财阀投资中国东北，采取了多种诱导措施，使日本大量商民及民间资本以各种名义进入东北地区，如奉天、安东等，日资企业成为这些地区重要商业势力。到1935年，安东地区日商有"谷商15家、海产品店12家、酒商8家、药材店26家、杂货店32家、和服店12家、蔬菜水果店11家、精肉店6家、鞋店14家、家具店11家、果子店16家、食品杂货店38家、西服店18家、图书文具店13家、玩具店12家、钟表贵金属店12家、陶瓷玻璃店14家、木材建材店33家、燃料店15家、其他商品店76家"[①]，它们在这里排挤和打压中国民族商号，使日商"占有优越地位"[②]，达到日商"独占安东市场"[③]的目的。日伪政权还通过帮助日本私人资本解决资金困难，诱导其将资本投入东北市场，为日伪政权压榨东北市场和掠夺资本服务。

日本侵略者为了使东北地区经济全面殖民地化，极力支持和利用本国的大财阀侵占东北各行各业，进而排挤东北地区的中国民族商号，使日资企业占据中国东北地区市场，主宰中国民族工商业者命运和发展，致使东北民族工商业商号处于日资企业的从属地位。日商投

[①] "满铁地方部商工课"：《满洲主要都市商工便览》，"南满洲铁道株式会社"1935年版，第75页。

[②] "南满洲铁道株式会社资料科"：《南满洲铁道附属地日本的管辖权》，"南满洲铁道株式会社"1939年版，第170页。

[③] "南满洲铁道株式会社总裁室地方部残务整理委员会"：《满铁附属地经营沿革全史》下卷，"南满洲铁道株式会社"1939年版，第903页。

近代东北地区商号的发展与时局应对

资中国东北金融业的财阀资本有三井集团、三菱商事等,还有地方财阀资本如大仓、浅野等。日本财阀在"九一八"事变前就在东北地区设有分支机构从事商业贸易和投资活动,"九一八"事变后,它们在日伪政权保护下,对东北地区的资本侵略更加猖獗起来。三井、三菱、住友、安田、大仓、浅野等日本财阀在中国东北地区疯狂建立附属企业,如三井财团投资设立了"满洲合成燃料",三菱商事投资建立了代表性的公司"康德分店"等。"康德分店"在东北地区主要负责的业务有"同沈阳支店(即分店)协力共同经营机械、金属等工业的制造、运输等活动;同哈尔滨支店协力共同经营特产商品的贩卖等"①。此外,"康德分店"还负责管理着"龙兴制油会社"(齐齐哈尔)、"康德饲料工业会社"(哈尔滨)、"满洲饲料工业会社"(沈阳)、农牧场(吉林省乾安县)、淡水渔场(吉林省乾安县及黑龙江省安达县)、天然碱生产加工工场(吉林省乾安县)、民生必需品商店(粮栈等副业)以及米、面粉、酒精等制造工厂的一些经营业务。由此可见,三菱财阀的分店业务不仅遍及中国东北各个地区,而且经营行业广泛而深入,对东北地区资源掠夺程度可见一斑,也极大程度制约和限制了这些地区各行业东北民族商号的发展。

日伪政权还通过设立各种会社的形式,与日本财团相互勾结,共同排挤和侵蚀中国东北民族商号,如为强化对农产品的统制,日伪政权先后设立"满洲谷粉会社""满洲粮谷株式会社""满洲特产专管会社"(1941年8月合并为"农产会社"),这些会社为了形成行业垄断,与日本财阀合作,建立了一条独立的购销渠道,指定三井、三菱等日本财阀为其专门进行粮豆收购,使日本财阀成为日伪政权统制粮食政策的实施者。这些会社与日本财阀的合作,直接控制了民族资本的原料供应,这些专管会社将大豆按统一价格出售给东北民族油坊商号,豆油和豆饼也按规定的价格由专管会社统购统销,使东北油坊商号原料购买与成品销售完全由日伪会社控制,由此造成东北油坊商

---

① 孙雁:《1937—1945年三菱财阀的经营活动与日本侵华战争》,《日本侵华史研究》2017年第2卷,第90页。

号经营利润严重削减。而且专营会社收购"统一定价"也不会因各油坊商号物资成本的涨价而变化,使各地民族油坊商号在原料物资短缺时被迫向"三菱会社"赊贷,于是三菱财阀等便以债权人身份控制东北各地民族油坊商号,商号也只能以代理人身份参与经营管理。导致东北民族资本油坊商号无法以自主经营的方式生存,最后沦为日商的代理商。日伪政权还强制设立"粮栈组合",使民族资本粮栈商号被迫成为日商的"收粮人"。"1941年农产会社只准许19家粮栈组合经营业务,其中日资组合12家,民族资本组合6家,其余1家为外资,划定了各粮栈组合负责的收粮区。"[①] 从数量上看民族资本组合只是日资组合的半数,资金更加匮乏,而且担当收粮的商号大多在边远的山区,资本弱小,效益低下,无法同日商粮栈相抗衡,民族粮业商号处于日商粮栈的压制和控制下,勉强生存。

1933年,为了夺取东北粮食大豆的经营贩卖权,日本殖民当局还委任日商三井、三菱等财团在中国东北各地设置粮食收购网点,如三井财阀经营的"三泰油坊"就以三泰粮栈名义在东北各地设立了代理分店收购粮食大豆,成为三井财阀在东北设置的最大粮油垄断组织,"在长春、沈阳、四平、哈尔滨各设置一处,在东北铁路沿线开设176处分号,日商三菱财阀也在东北铁路沿线设立粮业购销代理点500多处"[②]。这些代理商在各地派"驻在人员"收购农产品,并控制铁路沿线的粮食销路,致使部分东北民族粮食商号因缺乏原料而倒闭。日伪政权还以"满铁株式会社"为依托设立"成发东粮食收购站",在"北满"地区设立收购站30多处,就连日本小财阀"瓜谷长造商店"也在"南满"铁路沿线开设了百余处分号,收购农产品。这样东北地区粮食购销都被日本财阀垄断,日本殖民政府还迫使大连民族油坊商号必须从日商收购站购买所需的大豆原料,使民族油坊商号的生产成本提高,东北油坊商号被日商严重压榨,利润锐减,生产

[①] 李茂杰、孙继英:《苦难与斗争十四年》中,中国大百科全书出版社1995年版,第194页。

[②] 程维荣编:《旅大租借地史》,上海社会科学院出版社2012年版,第252页。

| 近代东北地区商号的发展与时局应对

不景气，也导致东北地区从事粮业的其他民族商号纷纷倒闭。

日本商人在日伪政权保护下，还通过建立"市场"的方式侵占东北经济。如在沈阳成立了"满洲市场株式会社"，主要经营百货、粮谷、杂货、副食品等，而在销售副食品方面又成立了三个菜市场。日伪政权对日商建立的市场除征收关税外，其他一切税收全部免除，这样其商品就要比在中国市场的商品价格低，吸引人们都到日本商人的市场购买商品。由此可见，日伪政权以政治手段保护日商的手段侵占东北市场，因此，日商在日伪政权的支持下，很快在东北地区打开并占领了市场，不仅遏制了东北民族工商业发展，还达到了掠夺东北地区资本和为日本侵略服务的目的。日伪政权统治时期，日商在东北地区建立的企业在数量上逐年增加，其经营规模和效益也大大增大，逐渐取代中国民族商号的市场价值。如在沈阳，"1940年全市共有商业9453户，其中中国商号8083户，日本商业1439户，其他外商31户，在1941年，全市工业共有2500户，其中中国工业2000户，日本工业500户。在户数上中国商号是日本商业的五倍之多，但营业额上日本商业却为中国商业的八成"[1]，这说明沈阳的日本商业生产规模上比中国民族商业大得多。到1945年，"本溪的日本商店有200多户"[2]，严重遏制和打击了本溪市民族工商业的发展。

日伪政权和日商共同压制东北民族工商各行业的发展，极力为其统治压迫增加利润服务。日伪政权和日商对东北药业商号也极力进行压制，黑龙江省绥化市的锦和盛药店"九一八"事变前在外地开办了很多分号，其中在"望奎、明水县、四方台、双河、津河镇等黑龙江省大部分县镇大约有50多个分店"[3]，"九一八"事变以后，日本侵略者控制了东北地区药业的运输，南方的药品进不到绥化地区，锦

---

[1] 王忞：《日本商人侵入奉天始末》，载政协沈阳市委员会文史资料研究委员会编《沈阳文史资料》第13辑，政协沈阳市委员会文史资料研究委员会办公室1987年版，第146页。

[2] 郭冶：《解放前本溪的私营工商业》，载政协辽宁省本溪市委员会文史资料研究委员会编《本溪文史资料》第4辑，1989年，第204页。

[3] 李静时、黄士伟：《百年药店锦和盛》，载政协黑龙江省委员会文史资料研究委员会编《黑龙江文史资料》，黑龙江人民出版社1988年版，第17页。

第三章 抗战时期东北地区商号的发展境遇及应对

和盛药店只能销售东北地区生产的中草药,品种不全,药品疗效自然不好,严重影响了药品质量和药店的信誉。日伪政权为了全面压制东北药业商号,在黑龙江省北安市成立了专门推销洋药、假药的机构,还逼迫东北各地药店都去它们那里进药。在日伪政权的横征暴敛下,市场上药品奇缺,药价上涨,锦和盛药店和其他民族药店一样经营下滑。为摆脱困境,锦和盛商号"从业人员减至20名,又开设一家综合大药店,专门经营西药"①。太平洋战争爆发以后,日伪政权为加强经济统治,又强迫绥化各市县大小药铺(包括乡镇),将人、财、物集中在一起成立了"明和药房",日本商人任经理,还在明水县"各乡镇设明和药房的分号"②,在这种情况下,很多地区的民族药业商号都被迫为日伪政权服务。在日伪政权的摧残和日商药房的排挤下,东北民族药业商号受到严重打击,锦和盛等民族药业商号大都处于奄奄一息的状态。

东北地区金融商号也因日伪政权压榨和日商的侵入而衰败。如日伪政权规定东北民族资本银行在达到规定的资本额时,必须接受日资股份的参与,同时逼迫民族资本银行都要与日本金融集团合资、合作,才能在金融市场上立足。日资银行以日伪政权为后盾,逐渐把持了东北民族银行的经营权,使民族资本丧失了自主权和民族性。如长春益发银行为求得日伪政权的保护,自愿为日伪政权官员代存巨款。哈尔滨金城银行道里分行也被日本资本渗入。由哈尔滨实业银行、环城银行合并而成的哈尔滨滨江实业银行,成为由俄、日、中三国商人共同参股的银行。安东银行、锦热银行和西北银行也有日本资本的渗入,成为中日合办的银行。兴亚银行和"东满洲银行"则由中国商人、日本商人与"伪满中央银行"合资建成,日本金融资本也迅速在大连地区扩张,如三井、三菱、住友、安田、正金等日本大银行的大连分支机构都加强了业务活动,完全控制了大连地区金融市场。日

---

① 张庶平、张之君主编:《中华老字号》第3册,中国商业出版社2004年版,第299页。

② 张宏大:《"锦和盛"药店在明水》,载政协河北省武安市委员会文史资料委员会编《武安文史资料》第3辑,1992年,第186页。

本金融资本又与中方合资建立正隆、龙口、东莱等银行（名义上为双方合资，实际权力操纵在日方手中）。总之，以上发展状况已说明日本资本以各种形式渗入民族资本银行系统，导致东北地区很多民族资本银行失去了自主权，最后沦为日本侵略者的附庸品。所以说，东北地区民族金融商号被日资金融资产层层控制住，根本无法实现自主发展，自然也就无法实现为民族利益而营业的夙愿。

三 日本对东北地区商号团体和工人的控制和压榨

东北地区沦为日本殖民地后，东北地区工商业者为了求得生存和保护自身利益，不得不筹划建立自己的商业组织，各地区商业组织如商业公议会、商会等纷纷建立起来。但很快这些商业组织就被日本殖民势力控制起来了，如大连华商公议会名义上是中国民族工商业商号的自治团体，但是行政权等实权却被日本殖民当局掌控着。日本殖民当局还采取分化政策，将大连本地的商民称为"皇化臣民"，外地商民称为"尚未归化"，以此弱化商号团体即大连华商公议会组织的作用和功能。1937年，日本殖民当局为全面控制大连市商会，强行委派"关东州厅"官员充任商会书记长，负责处理商会日常工作，还委派亲日派的大连政记轮船公司的张本政担任会长，从此，大连市商号团体组织商会被日本殖民当局控制，全力为日本侵略者推行各项经济统制法令，并向商民推派各种债券以及各种名目的储蓄金，并募集"国防献金"和"慰问金"，蜕变成了日本侵略者的"帮凶"，已不能担负起维护东北民族商号利益的重任。太平洋战争爆发后，大连市商会会长张本政更是为日本殖民当局者效劳，他提出"我等州人应尽之责颇多，但最紧要之责务即为军费之筹备"，必须"撙节消费，交付储蓄存款"。张本政以大连市商会之名，仅在1944年就为日本殖民当局向大连工商业商号摊派各种"国债"和杂捐，"搜刮2.5亿万日元巨款"[①]，可见由卖国商人张本政把持的大连市商会已"成为附逆祸

[①] 左域封整理：《张本政与政记轮船公司》，载政协辽宁省政协文史资料研究委员会编《辽宁文史资料》第6辑，辽宁人民出版社1981年版，第188页。

国、为虎作伥之工具"[①]。由此可见，在日本殖民当局的操纵下，大连市商会的性质发生了明显的变化，由原来的中国民族工商业者的自治团体组织变成日本侵略者政府的"帮凶"，成了效忠日本服务于殖民统治的工具。

日本殖民统治者还在东北地区商号商业团体内部设置庞大的组织机构，以加强控制商号团体组织和整个地区的工商业发展。如在黑龙江省勃利县商工公会设置层层管理职务，由日本人担负要职，把持商工公会权力。如设置会长、副会长、常务理事各一人，商工公会会长直接领导常务理事，还设置了理事、参事、主事、书记等要职。除在会长之上设一名主事（由日本人担任）外，还专设了一名日本常务理事，这样"商工公会的一切实权均操纵在日本主事和常务理事手中，成为统治勃利县商工公会的两个名副其实的太上皇"[②]。商工公会常务理事下设总务股和业务股，总务股设置庶务系、会计系、文书系。业务股设置统制指导系、商工系、调查系。在日本殖民势力对商会团体组织渗透下，勃利县商工公会组织演变成了日本侵略者对勃利县工商业经济掠夺的工具，严密监督控制着勃利县各行业商号发展。日本帝国主义为满足对东北经济侵略的需要，又在各地商工公会设置了多层次统治机构和组合组织，如"米谷配给组合""粮谷商店组合""小麦粉贩卖组合""生活必需品贩卖组合""卷烟贩卖组合""棉布贩卖组合""皮革组合""窑业组合"等。这些组合通过给各配给店（多为各地区民族商号改造而成）发放"配给证"的办法来控制其买卖，使"配给店"成为日本帝国主义对东北经济侵略的服务部门。可见，东北地区各行业商工公会成为日本侵略者经济统治的监督机关，实际演变成日本帝国主义控制东北地区经济命脉的傀儡组织。

日伪政权还在东北地区设置统制团体、组合、会社，不仅用以全

---

① 顾明义等主编：《日本侵占旅大四十年史》，辽宁人民出版社1999年版，第820页。
② 杜西林：《从民国到解放前后的勃利县商会》，载政协黑龙江省勃利县委员会文史资料研究委员会编《勃利文史资料》第5辑，1988年，第112页。

近代东北地区商号的发展与时局应对

面统制东北地区物资输出入、配给、价格等,而且以此排挤压制中国民族资本商业团体组织。统制组织为了配合统制政策需要,在各领域各行业成立了以日本财阀大商社为中心,包含中小商社、商人在内的掌握商品一切统制权力的组织和机构。日伪政权不仅全力压榨东北民族商号的组织团体,还强迫商号退出自己的民族商业团体如同业公会,加入其组织的商业组合团体。近代东北民族商号为团结行业力量,组建了不同行业的同业公会。如1932年,哈尔滨市中国民族资本各行业同业公会发展到45家,其中,经营(兼营)副食品的同业公会有:牛羊肉同业公会,会长为宝顺成商号经理马松亭;猪店业同业公会,会长为万顺庆商号经理白云庆;屠业同业公会,会长为兴和永商号李馨三;鱼菜业同业公会,会长为聚丰乾商号经理童献臣;卷烟同业公会,会长为源盛兴商号经理滕顺亭;酱园同业公会,会长为协兴酱园经理王松涛;鲜货同业公会,会长为春元永商号经理王捷三;杂货业同业公会,会长为天丰涌商号经理李云亭等。各同业公会都制定了本行业公会章程或简章,形成行业团体力量。然而,日伪政权为加强对哈尔滨各类副食品的统制,在货源分配、商品销售等方面实行配给,强迫东北商号加入其设置的各业组合机构(与同业公会有同等的作用),同业公会逐渐被日伪政权设置各行业的组合所取代。如1939年,日伪政权在哈尔滨市设立的副食品行业组合有:"蔬菜贩卖同业组合""鱼市仲卖组合""食肉同业组合""面包同业组合""酱园业同业组合""家备供给组合""烧酒同业组合""家禽同业组合""烟草制造贩卖业组合""酒精批发组合""酒类批发零卖组合""黄酒同业组合"等。1941年,日伪政权又强迫成立"豆腐制造贩卖业组合、糖果制造贩卖业组合、盐与鱼类仲卖人组合"[①]。1938年,日本商人又在本溪市开设株式会社20多个,各种同业组合、消费组合达30余个。日本帝国主义为了加强战略物资配给而加紧搜刮东北地区资源,1939年6月,指使日伪政权在本溪市设置"经济科"机

---

① 哈尔滨市地方志编纂委员会编:《哈尔滨市志 15 日用工业品商业 副食品商业 饮食服务业》,黑龙江人民出版社1996年版,第662页。

第三章 抗战时期东北地区商号的发展境遇及应对

构,"经济科"内设置"商工股",从事经济统制的管理,强行推行物价统治和物资统治法。1941—1945年日伪政权又在本溪市设置各种统制组合38个,负责控制各个行业以及各种物产,并强制要求民族工商业商号加入各个统治组合,并在限定行业组合内分配物资品种,而且是定量供给,严格控制民族商号的经营范围与规模。民族工商业在这些组合控制下艰难维持营业。日伪政权设置的各行业组合虽然在表面上仍起着同业公会的作用,但在本质上已成为日本侵略者统治东北经济的政治工具,它们实际上取代了民族商业同业公会团体的作用,一切活动完全由日伪政权操纵和控制,成为日伪政权实施经济统制政策的爪牙。东北地区民族工商各行业商号,在日本垄断资本和非法团体组织冲击和打压下纷纷歇业和破产。

日本侵略者为继续扩大在中国的侵略,在东北实行"以战养战"的策略,建立了"垄断性战时经济体制",实施更为残酷的经济掠夺,其中包括劳务掠夺政策即对东北地区工人的掠夺,强迫他们进行高强度的劳动。在日伪政权和商号资本家的双重压榨与盘剥下,东北地区商号工人生活艰苦,工作条件简陋,过着水深火热的日子。

从1937年起,日本帝国主义在东北地区实行所谓"产业开发五年计划",此计划需要相当多的劳动力,同时又推行了规模庞大的"北边振兴计划",即在东北边境大肆修筑公路桥梁、军事设施、开垦荒地、征集荷粮[①]、征集军需物资等,这就需要更多的劳动力。为解决劳动力问题,日伪政权在东北地区进一步强化其劳动统制机构,并制定各种劳动法。1938年6月,日伪政权制定了《暂行劳动票发给规定》,同年12月公布《劳动统治法》。1941年10月,日伪政府又公布了《劳务兴国会法》,建立劳务协会,主要任务是协助各行政部门推行劳务政策及各种法令。同年又开始实行劳务新体制,即提倡所谓"国民皆劳动"的政策,核心目的是支援日本对中国的侵略战争,迫使东北地区广大劳动人民担负各种艰苦的劳动。为此还建立了

---

① 即日本将中国东北地区粮食由低价收购变为强制按耕地数量强行征收。

近代东北地区商号的发展与时局应对

所谓的"国民勤劳奉仕"①制度,建立"国民勤劳奉仕队",实施《国民勤劳奉公法》,规定:"凡是年龄达到二十到二十三岁的青年男子,不被征为国兵者,都有义务参加勤劳奉公队,精神异常者和身体虚弱者除外。"② 1945年3月,该法令又进行了修改,将征集男子的年龄延长到30岁,而且要求强制征集的人还要服役,每年服役3个月,服役时间根据临时需要还会延长,可见其掠夺劳工的野蛮性和侵略性。至1945年日本投降时,"国民勤劳奉仕队"仍是许多重要生产部门劳动力的主要来源。哈尔滨、抚顺等地都建立了"国民勤劳奉仕队",其中抚顺"国民勤劳奉仕队"在抚顺东制油、西制油等工厂进行繁重劳动,被迫充当日本帝国主义的劳工工具。工人们不仅生产生活条件极其恶劣,而且在日伪政权刺刀的威胁下,担负着十分沉重的劳役。日伪政权对工人的统治压迫也极其残忍,劳工因劳累过度而死亡者不计其数。日伪政权还强制征集和招骗其他地区的劳工到东北地区服役,"每年大约有二、三百万劳工被骗服役,这个过程本身就是一场浩劫"③。日伪政权统治后期,日伪政权奴役和屠杀劳工的情况更为严重,可见其劳工制度是日本帝国主义丧失人性的侵略统治策略之一。这些劳工中不仅有农民,还有城乡的小工商业者,他们毫无抵抗地遭受日伪政权的暴行和欺压,这也直接影响了城乡中小商号的生存和发展。

1941年太平洋战争爆发后,日本为满足其侵略需要,在东北地区大肆建立工厂,需要更多的劳动力为其服务。为了解决劳动力资源紧缺问题,日本侵略者在东北、华北等占领区域大肆强征劳工。在东北地区,1943年至1945年春,日本侵略者指使日伪政权在东北各地城乡村镇大肆抓捕商民,被抓捕的商民被押送到各日资煤矿、铁矿服

---

① 奉仕的意思就是服务、效劳。
② 军事科学院外国军事研究部编著,石耀华等编写:《日本侵略军在中国的暴行》,解放军出版社2005年版,第214页。
③ 刘寒松:《日伪残害抚顺人民的"勤劳奉公(仕)"》,载政协抚顺市委员会文史委员会编《抚顺文史资料选辑》第9辑《屠杀集 1905—1945年间日本侵略者残害煤城同胞史料专辑》,1987年,第185页。

第三章 抗战时期东北地区商号的发展境遇及应对

役。他们对待劳工如同对待"囚徒"一般,只称编号,不叫姓名。劳工们遭受着日军和日本资本家非人般的虐待和折磨,致死者无数。随着日本在东北侵略的加深,日资企业大量涌入东北,需要更多的劳动力,日本侵略者一方面强制掠夺劳动力,另一方面以招募的形式欺骗华北等地的工人到东北工作。劳工们劳动条件差、时间长、强度大,工资又很低,"每天只有三四角钱,仅相当于同类企业工人工资的1/3"①。日本侵略者就以这种高强度、低工资的方式对东北地区工人进行剥削和压迫,这些工人很多来自东北地区的各个商号,所以说这种掠夺劳工的侵略政策也间接破坏了东北民族工商业经济的发展。

日伪政权还巧立名目,公开勒索各商号的流动资金,如"以兜售股票、推销公债等摊派给哈尔滨双合盛火磨商号,共勒索流动资金240万元,加上所谓防水利民公债80万元,国防献金约20万元,拖欠加工费60万元,双合盛共损失资金达400万元,相当于双合盛全部资本的36%"②。哈尔滨公和利商号到1945年被日伪政权强迫要求购买的各种名目的债券"占全部资金的43.25%"③,这就加速了公和利商号的衰败和倒闭。哈尔滨同记商场"从1938年至1945年所购各种有价证券逐年上升,1938年购买额为伪币31902元、1939年为37527元、1940年为60168元、1941年为260366元、1942年为387587元、1943年为486254元、1944年为513768元、1945年为683633元。1945年同记商场所购买的各种债券金额占全部资产的68.3%,占企业流动资金的97.5%"④,可见,日伪政权发行的各种债券是对民族工商商号的疯狂敲诈和致命掠夺。日伪政权统治末期,哈尔滨天丰涌商号的财产"仅剩130万元,其中有价证券为60万元,

---

① 滕利贵:《伪满经济统治》,吉林教育出版社1992年版,第171页。
② 金宗林:《张廷阁其人其事》,载政协黑龙江省哈尔滨市委员会文史资料研究委员会编《哈尔滨文史资料》第2辑,1982年,第30页。
③ 张子建口述,李妤整理:《"公和利"呢绒绸缎百货店》,载政协黑龙江省哈尔滨市委员会文史资料委员会编《哈尔滨文史资料》第15辑《经济史料专辑》,哈尔滨出版社1991年版,第91页。
④ 李庆堂、张奎燕:《日伪统治时期哈尔滨市民族商业的衰落》,《求是学刊》1989年第5期。

近代东北地区商号的发展与时局应对

流动资金70万元"①，而这些债券随着日本侵略者的无条件投降而变成废纸，这就使天丰涌商号资金损失，企业萧条，走向破产。

此外，日伪政权强迫商号大量购买其发行的债券股票，还进行各种名义的"捐赠"，并通过勒索和摊派等方式掠夺东北地区商号资本、搜刮东北劳工，造成大量商号倒闭，工人穷困潦倒。1937年以后，日伪政权统治向东北各地工商业商号搜刮资金，发行一系列"公债"进行直接掠夺，使工商业商号日趋凋敝，这些有价证券绝大部分是有名无实的债券，而且不能兑现，商号只能得到一点微薄的利息，而大部分资金却被日伪政权侵占。日伪政权发行的这类公债的种类很多，许多东北商号因无法应付日伪政权购买的"债票"而纷纷倒闭。如"沈阳润记帽店被强迫购七千多元债票"②，润记帽店的资金几乎全部被用来购买债票了。大连钱庄商号被强制代售日伪政权发行的"债票"，迫使大连钱庄纷纷倒闭。而且日伪政权不断增加对各商号或商号团体组织的各种税捐摊派，如规定大连油粮两业商会每次捐款最少的一次有10万元，最多的一次达50万元。日伪政权还开展"国防献金"活动，强迫各行业商号无偿献出金银首饰品等。除此以外还发行"报国公债""储蓄报国公债""国防公债""战时公债"，实行"战时储备金"等，不但发行数额大幅度增加，而且"票面竟升高至万元"③。日伪政权还强迫各民族商号工人将"每月工资的20%用来购买公债"④，这无疑又是对商号工人进一步的剥削和压榨。据统计，"1933年日伪发行的伪满中央银行'继承亏损补偿公债'和'积缺善后公债'及'三铁道收用补偿公债'共计为50926万元，1935年发

---

① 梅金城：《哈尔滨山海杂货的老字号——天丰涌》，载中共哈尔滨市委统战部、中共哈尔滨市委党史研究室编《哈尔滨资本主义工商业的社会主义改造》，黑龙江人民出版社1990年版，第232页。

② 董益三：《润记帽店》，载政协辽宁省沈阳市沈河区委员会文史资料研究委员会编《沈河文史资料》第1辑，1987年，第88页。

③ 《日本统治时期的大连商会（1905—1945）》，载王佩平主编《大连市志·工商联志》，大连出版社2002年版，第426页。

④ 崔再尚：《日本战时统制经济对大连民族工商业发展的影响》，载华文贵主编《大连近代史研究》第6卷，辽宁人民出版社2009年版，第254页。

行的第一次与第二次'北满铁路公债'及'建国功劳赐金公债'计6815万元，1936年发行的第一次与第二次'整理公债'计6000万元"①。从1939年起到1945年日本投降，哈尔滨天兴福商号四厂"摊派的公债、股票、献金等各种勒索开支高达47万余元，等于该厂净值的50%"②，可见，日伪政权对天兴福商号的资金掠夺之重。

  日本侵略者在对东北地区的经济和政治压榨中还添加了名目繁多的"捐赠"，如以"勤劳俸仕""慰问前方战士""修杰国道""开发疆土""白城鼠疫""热河受灾"等为名，强迫东北民族商号按照营业额比例出钱"捐赠"，使商号资金损失。更为过分的是，1942年春，日本侵略者又指使日伪政权以"全满洲汉医及汉药商"名义，强迫各地医药商号捐款，无耻地为日本侵略者"捐赠""义战汉医药号"飞机一架，致使很多医药商号无法承担巨额"捐赠"而破产倒闭，如吉林市中药店宝隆谦就是因捐赠金额过多而被迫关门。日本侵略者还指使日伪政权以"修建国务院"的名义从长春益发合商号掠夺十万元现金，1934年又以"伪皇帝访日回銮纪念"的名义强迫益发合捐献给"新京市公署"十万元。日伪政权在长春修公会堂时，想方设法从"益发合挤去三千元"③。在日本侵略者指使下，日伪政权以这些巧取豪夺的方式，掠夺东北商号大量资产，致使东北地区商号举步维艰。大的商号还可以勉强维持，小的商号只能倾家荡产。辽宁省铁岭市德盛号被迫购买"国防献金""必胜储蓄券"，还要缴纳"勤劳奉仕队"等各种费用，"每年要超过千元之巨"④，已失去了继续生存下去的资本。再加上日伪政权的横征暴敛，各种名义的巧取豪夺，东北地区民族商号苦不堪言，难以为继。日伪政权的宪兵队、警务科、税捐局等横行霸道，经常以各种理由敲诈勒索商号，日伪政权

---

① 东北大学编印：《东北要览》，1944年，第415—417页。
② 邵越千：《天兴福的创立和发展》，载政协黑龙江省哈尔滨市委员会文史资料研究委员会编《哈尔滨文史资料》第4辑，1984年，第41页。
③ 刘益旺、贾涛：《长春益发合兴衰始末》，载政协吉林省长春市委员会文史资料研究委员会编《长春文史资料》第9辑，1985年，第71—72页。
④ 铁岭市工商业联合会、铁岭市总商会：《铁岭商会志》，远方出版社2011年版，第222页。

的官员作婚、姑娘出嫁、孩子满月、住房搬家等都要给当地商号发帖敲诈勒索。如辽宁省铁岭县的日本侵略机关发出"请柬",请当地有名的丝房、油坊、粮栈、金店等数十家商号的经理参加宴会,其主要目的是筹集资金改建新楼,在宴会上,日本侵略机关将各大商号需要"捐助"的款额写好后发给各个经理,如德盛号被"要求赞助满洲币5000元整,限10日内交给株式会社"[①]。可见其敲诈勒索名目之多、手段之狠,东北地区民族商号在日伪政权和日本侵略者压榨掠夺的统治环境下,根本无法正常经营和存活下去。

第二节 日伪政权压榨下东北地区商号的应对

1931年"九一八"事变后,日本帝国主义不仅在军事上加速侵略中国东北,而且在经济上进行欺诈和勒索,东北地区商号在日本侵略者的魔爪下举步维艰,商号因其应对策略不同,发展的结局也不同。有的凭借独特的经营技巧能够在夹缝中获得生存发展的契机,有的因无力应对日伪政权的压榨而走向衰败,有的选择与日伪政权合作而苟延残喘地生存下去。总之,东北地区商号发展受到严重打压和阻碍,商号陷入窒息的状态,直至日本投降。

一 被日伪政权逼迫倒闭或被日商强占

"九一八"事变后,日本帝国主义的武装入侵给东北地区民族工商业造成了沉重的打击。有的商号直接被日本侵略政策逼迫破产倒闭,甚至被日伪政权支持下的日本商业资本兼并或侵占。

中国东北是重要的粮食产地,因而东北地区民族工商业多集中于农产品加工及农副产品买卖等,诸如油坊、烧锅、制粉、蚕丝、粮米加工产业等。以粮食资源发展起来的商号首先遭受日伪政权的打击,

---

① 郭兆岩、张效云:《铁岭德盛号兴衰始末》,载政协辽宁省委员会文史资料研究委员会编《辽宁文史资料》第26辑《辽宁工商》,辽宁人民出版社1989年版,第266页。

第三章 抗战时期东北地区商号的发展境遇及应对

首当其冲的是以小麦作物为原料的制粉业，因为受到日本制粉业的排挤而陷入困境。1938年10月，日伪政权支持下的日本财阀成立"满洲制粉联合会"，对东北地区小麦和面粉实行定价买卖类，不准东北民族商号自由买卖，这一措施暴露了日本制粉业对中国制粉业的排挤，导致了民族制粉业商号的衰败。1939年12月，日伪政权颁布了对小麦及制粉业统制法令，牢牢控制了东北地区制粉业商号的原料供应和销售。1940年，日本侵略者为维护其在东北地区殖民的经济利益，指使日伪政权对民族制粉商号进行甄别淘汰，对不符合限定条件的制粉商号勒令停产或者拆除。这样，"东北地区93家制粉厂中，就有47家被强制停产"[①]，哈尔滨天兴福第四制粉厂香坊支厂就是因为不符合"限定条件"而被拆除。哈尔滨市民族制粉商号只剩下十余家，其中双合盛、成太益、义昌泰、裕昌源、天兴福二厂和分厂、天兴福四厂和忠兴福等商号经营也很萧条。1944年，东北地区有的民族资本制粉业商号被迫转行或停业，如双合盛、成泰益、天兴福火磨等都因小麦原料缺乏，不得不改为经营加工玉米，益发合制粉厂还被日伪政权责令改成了制酱厂，而义昌泰、裕昌源等火磨商号被迫停产。粮业民族商号因为日伪政权实行粮谷统制政策而无法经营。日伪政权限制粮业民族商号买卖粮谷，所有粮谷的购买和销售都由日伪政权"兴农合作社"下设的"粮谷交易所"控制，而对市民采取粮米配给制，严格限制粮米自由买卖，致使粮业民族商号多数倒闭，如辽阳经营粮油业的"顺字号"（裕顺成、德顺成、大顺成、合顺成、东顺成、顺记西栈、永顺成七家）和"玉字号"（玉升振、玉升海、玉升通、玉升源）以及"元字号"（元泰福、元泰永、元泰西栈）等商号先后倒闭。吉林省磐石县经营粮业民族商号的福升魁也于1943年倒闭。哈尔滨粮业民族商号天丰涌受到严重打击，货物减少，日益凋敝。以粮业为资源的其他商号在日伪政权统治的束缚和威胁下，只有求得日本人的庇护，才能艰难维持生存，如民族资本商号长春的裕

---

① 邵越千：《天兴福的创立和发展》，载全国政协文史资料委员会编《中华文史资料文库》第12辑，中国文史出版社1996年版，第742页。

昌源公司、哈尔滨的双合盛火磨等，只得聘用日本人担任顾问或给日本人奉送"好汉股"，才能苟延残喘维持营业。

在东北地区民族工商业中占有重要地位的益发合商号也走向衰败。"很多工厂变成日伪的粮、油加工厂，粮栈变成日伪出荷粮的收购所，百货店变成了配给店。"① 很多工厂也因为货源断绝，生产数量逐年下降，收入急剧下降。在"七·二五"限价令后，日伪政权对主要的工农业产品都实行"配给制"，进行统购统销，不允许民族资本商号经营，导致益发合的商业、粮业、工业等经营萧条。工业方面，益发合的面粉厂、油厂因原料缺乏，而无法正常生产和自主经营，仅依靠为日伪企业加工原料勉强维持。益发合在长春、农安两地的酒厂，也因日伪政权的酒类专卖政策而相继停工。益发合在大连的百货和粮栈支店"因无其他业务，均赖配给粮食勉强维持。大连支店在此一年中，配给粮食，得以手续费，未抵开支之数，计损失12,124.19元"②。益发合在长春的百货商场因为货源短缺而经营萧条，其分号东发合因棉纱绸缎货源断绝，经营萧条。分号泰发合商场因为货源断绝，利润减少，到1944年也门前冷落，货架空空，实际上被迫"成为了日伪的商品配给所"③。可见，日伪政权不但利用政治手段压榨东北各行业商号，而且还通过巧取豪夺等形式使它们走向崩溃。

以大豆粮食作物为原料的东北地区制油业商号也备受日本侵略者打击。1932年，日本侵略者对东北制油业进行垄断和掠夺，日本垄断企业如"满洲重工业公司"，在东北地区成立了很多子公司，统制整个东北制油业，极力排挤和打击东北民族制油业商号。1933年至1936年，哈尔滨市民族油坊业开业的仅有协昌仁、滨兴东、和成祥、源丰和东裕等商号。1936年4月，由于大豆价格飙升以及运费高昂，又有同成泰等几家油坊商号先后歇业，哈尔滨的油坊商号"到1935

---

① 刘益旺、贾涛：《长春益发合兴衰始末》，载政协吉林省长春市委员会、文史资料研究委员会编《长春文史资料》第9辑，1985年，第71页。
② 《益发合第六期（1942年）报告书》，吉林省档案馆藏，全宗号：J103-07-0426。
③ 政协乐亭县政协委员会编辑出版：《乐亭文史资料》第6辑《京东第一家》，1996年，第86页。

年时由 1931 年前的 37 家减为 17 家"①。而民族油坊业发展较为兴盛的营口、安东等地的商号也明显衰败，安东的油坊商号"到 1937 年时由 1928 年的 27 家减少为 14 家"②。不仅如此，东北民族油坊商号的加工量也明显下滑，"1931 年加工量为 188 万吨，1936 年时下降为 132 万吨，下降了 30%"③。1941 年后，日伪政权对东北民族油坊业的经济统制更为严格，通过其统制组织伪农产公社将哈尔滨市油坊分别组成大、小油坊组合，大油坊组合有 12 家商号，小油坊组合有 14 家商号，进而起到了分化管理和控制哈尔滨民族油坊业发展的作用。1943 年，日本侵略者又以"国策转移需要"为由，强迫哈尔滨油坊业商号廉价加工大豆，导致东和、双兴、东兴昌等几家弱小油坊商号被迫倒闭。日伪政权还严格推行"出荷粮"和"配给制"等剥削压迫措施，强制征收大豆后首先用来满足日军军需或运往日本，剩余少量的大豆才会分配给民族油坊商号，致使民族油坊商号原料供应严重不足，导致一些油坊商号不得不停业。1944 年年底，哈尔滨市共有机制民族油坊商号 17 家，到 1945 年"八一五"日本投降时，哈尔滨民族资本油坊商号仅有"同成和、恒祥东、和聚公、义昌信、元聚祥、协昌仁一厂、永生和、双合盛、协昌仁二厂 9 家"④。可见，日伪政权对东北油坊业压榨之苛刻。日伪政权还对民族油坊业所需要的原料大豆严格控制，使油坊商号原料严重匮乏。"1931 年至 1937 年，丹东地区相继有十余户油坊商号废业，只有十多家油坊商号维持着营业。"⑤ 这些油坊商号因为原料供给和销售困难，不得不兼营其他行

---

① 李作权：《日伪统治时期东北经济的特征》，《伪皇宫陈列馆年鉴》，吉林省伪皇宫陈列馆 1986 年版，第 147 页。
② 宋瑞宸：《解放前安东的油坊业》，载政协辽宁省委员会文史资料研究委员会编《辽宁文史资料》第 8 辑，辽宁人民出版社 1984 年版，第 126 页。
③ 陈景彦：《伪满前期东北地区的对外贸易与民族资本问题》，载东北三省中国经济史学会、抚顺市社会科学研究所编，孔经纬主编《东北地区资本主义发展史研究》，黑龙江人民出版社 1987 年版，第 411 页。
④ 王清海：《冰城夏都历史旧事》，黑龙江人民出版社 2014 年版，第 203—204 页。
⑤ 宋瑞宸：《解放前的安东油坊业》，载政协辽宁省委员会文史资料研究委员会编《辽宁文史资料》第 8 辑，辽宁人民出版社 1984 年版，第 126 页。

近代东北地区商号的发展与时局应对

业以维系生存。如广泰、双台义、玉合隆油坊商号兼营染织业,同巨东商号兼营棉织业,东泰恒、和兴益商号兼营棉织业,丰裕同商号兼营织绸业和百货批发零售业,双合栈商号兼营百货批发零售和代理店等。到了1940年,日本帝国主义为了进一步控制东北地区油坊业,达到掠夺占有、服务军需的目的,蛮横地将丹东市的民族油坊商号强制合并到日本油坊,除双合栈、双合义等民族油坊商号坚决不参加合并外,其余民族油坊商号都被合并。至此,丹东民族油坊商号被日本侵略者逼到了绝路。

东北地区很多商号都是兼营粮油制粉等产业的,因而任何一种原料被日伪政权统制,对商号的打击都是沉重的,也是影响整个商号发展的。日本帝国主义也根本不允许中国民族工商业有所发展,它们采用了封锁、垄断等各种方式,使中国的工商业商号只能成为日资企业的附庸和代理。所以说,日本的殖民侵略使东北地区民族工商业生存发展步步艰辛。

东北地区其他行业的民族商号也因日伪政权压榨而逐渐萧条。民族资本纺织业商号深受日本输入的棉织品的打击和影响,并严重受到日本资本势力的排挤,多数商号经营不景气,有的甚至倒闭。"东北的民族纺织业1934年时有1184家,到1936年时为1119家"[1],减少了60多家。所以说日本帝国主义资本势力遏制了东北民族纺织业的发展。东北地区其他行业同样遭此厄运。"九一八"事变前,"沈阳共有大小商家(包括服务行业)12027户,到1931年11月就有214家商号歇业,到1932年1月时,关闭者已达5000余户"[2]。如沈阳老天合百货商号所存的货物,均属于日伪政权"七•二五"限价令范围内的商品,按照日伪政府要求,必须将货物全部清点,并向日伪政权的经济警察部门登记,而且根据禁令只能销售不能进货,很快老天合百货商号就因货源不足而陷于歇业倒闭的境地。到1942年,老天合的天合利商号停业关闭,只有老天合铺记勉强维持着营业,但最终

---

[1] "满铁调查部资料课"等:《满铁工场名簿》,1936年,第61—95页。
[2] 李鸿文、张本政:《东北大事记》下卷,吉林文史出版社1987年版,第747页。

第三章 抗战时期东北地区商号的发展境遇及应对

在日伪政权的迫害下也不得不歇业。沈阳的中和福茶庄也受到严重打击，日本茶叶涌入辽宁地区以后，中和福茶庄遭受排挤，经营日趋萎缩。1937年，日伪政权将茶叶列为配给商品，中和福茶庄货源断绝，被迫以卖煎饼维系着生存，惨淡经营。沈阳市萃华金店营业也十分萧条，日伪政权以强权手段在金融行业展开了大检举，逮捕了金银业各个商号经理和工作人员，萃华金店被迫解体。同样受日伪政权"七·二五"限价令影响，"安东的蚕丝业在（九·一八）事变前有工厂42家，生产蚕丝8,400余箱，到1932年，工厂减为35家生产，蚕丝减为4,190余箱"[1]。蚕丝业不仅商号数量减少，而且生产量也大大降低。1936年还出现了歇业数超过开业数的悲惨状况。由此可见，日伪政权实行了一系列举措，与对东北民族各行业商号进行了压制与摧残。

日本帝国主义也加强对东北金融业控制和迫害，使东北民族资本经营的金融商号遭受沉重打击。1933年11月，日伪政权公布《私营银行法》，目的是对东北民族钱庄商号强行整顿，要求东北地区现有钱庄商号必须在1934年6月以前进行重新登记，经批准后核发营业执照，才可以继续营业，"结果提出登记的共169家，发给营业执照的只有88家，后来又有27家被砍掉，只剩下61家"[2]，可见这完全是变相取缔和压制东北民族金融商号。而一些旧式民族钱庄商号直接被日伪政权取缔，如长春就有37家私营钱庄全部被日伪政权取缔，沉重打击东北地区民族金融业。即使残存下来的民族钱庄商号也只能勉强维持营业，因为日伪政权对东北重要城市的民族金融商号限制更为严重，并逐渐控制了东北地区大城市的金融业发展。1938年日伪政权实施了《新银行法》，进一步加强了对东北地区金融业的统制和打击。根据该法第七条："银行业非资本金50万元以上之株式会社不得经营之，但于敕令指定之地域设有本店或支店之银行，资本金不得

---

[1] 安东市工商联：《安东柞蚕丝绸业发展简史》，载政协辽宁省暨沈阳市委员会文史资料研究委员会编《文史资料选辑》第1辑，辽宁人民出版社1962年版，第115页。

[2] 李作权：《日伪统治时期东北经济的特征》，《伪皇宫陈列馆年鉴》，吉林省伪皇宫陈列馆1986年版，第147页。

近代东北地区商号的发展与时局应对

少于 100 万元。"① 新法令大大提高了金融业民族商号的资本额定金额，只允许大金融民族商号继续营业，这无疑是对中小民族钱庄商号致命打击，所谓"敕令指定之地域"即指长春、沈阳、哈尔滨等东北大城市，严重打击了这些大城市的民族金融商号发展，同时逼迫中小城市的民族私营银行停业，这意味着无论从商号规模还是其所在城市，日伪政权从各个角度都有限定民族金融商号发展的举措，企图全面迫害和打击东北地区民族金融商号。

东北地区民族药业商号也被日伪政权摧残严重。如吉林市药店商号永德堂、育生远、世一堂、世德堂等在日伪政权"七·二五"限价令后，药材来源和药品销路均受到极大限制，商品极度短缺，资金周转速度慢，入不敷出，濒临倒闭。尤其日伪政权为了加强对抗日部队的"围剿"，实行了"封山并屯"政策，禁止农民上山采取参茸和经营种植参茸，这使依靠收买农民参茸的药店货源中断，加上日伪政权又实行"集村聚落"（归大屯）的办法，同时限制药品外流，禁止人们上山采挖药材，这样断绝了药材的来源，使药业民族商号无法再继续经营下去。后来，日本侵略者又实行土特产品"统购统销"，使药业民族商号不得不缩小经营规模。到了日伪政权统治末期，很多药店被迫关闭。

日本侵略者还通过强行搬迁导致商号的歇业倒闭。如辽宁抚顺千金寨地区因煤矿发展鼎盛，各行业商号在此发展势头很好。1931年，千金寨地区工商业户发展到将近300户。1936年，抚顺县共有较"大商号469家，其中239家集中在千金寨地区，占总数的51%"②。其中有恒兴茂、恒兴成、顺和源丝房、德义厚、德长厚粮米铺和广生源油坊等。日本侵略者一直把此地的商业利润看作其经济掠夺的目标。1936年，日本侵略者在千金寨强行开矿，明令要求各行业民族商号搬迁，日本侵略者还在千金寨商业区地下进行疯狂的采煤，打眼

---

① 李作权：《东北沦陷时期的民族工商业》下，《伪皇宫陈列馆年鉴》，吉林省伪皇宫陈列馆1987年版，第107页。
② 抚顺市社会科学院编：《抚顺市志》第6—8卷《商贸卷·经济管理卷·社会生活卷》，辽宁民族出版社2000年版，第93页。

放炮，使千金寨商业区不得安宁，使民族商号无法正常营业。日本侵略者并扩大了抚顺露天煤矿资源的开采规模，使千金寨地区很快被露天大坑所吞没，千金寨商业街也全部被露天煤矿所代替，繁荣的商业街彻底消失了，最终日本侵略者迫使这里的民族商号搬迁，日本侵略者重新修建了商业街，而代之兴起的是日资企业，达到了日本资本势力侵占掠夺的目的。

日本帝国主义为控制东北地区民族资本商号，不仅限制和扼杀商号自己建立的团体组织，还设立直接压榨东北商号的反动团体组织，直接摧残民族商号，实现其侵略掠夺的目的。日本帝国主义在东北地区各行各业成立了"组合"机构，利用"组合"机构作为其统治经济的工具，进行残酷的压榨和剥削。1939年，大连照相业民族商号为维护同行业的利益，成立了照相业同业公会，但成立不久便引起日商照相业的不满。日本殖民机构极力庇护日商照相业利益，竟强令解散大连照相业同业公会，另行建立了中、日照相业统一的团体组织——"大连照相业同业组合"。该组织在日本殖民机构控制下，由日商直接操纵，日本殖民者利用这一组织进一步控制了大连民族照相业。1941年"七·二五"限价令实施后，照相器材全由该组合控制，实行所谓定量分配，对日商优先照顾，而严加限制和压缩民族照相馆的器材供应。"七·二五"限价令制定的照相行业统一价格，民族照相业商号必须严格执行，而对日商照相业要求却不高。日本殖民机构正是利用这种同一组织内对中日两国的照相业采取不同的执行标准，以赤裸裸的方式压制东北民族照相业商号，以此保护日商照相业的发展。日商照相业还依靠政治力量排挤中国民族照相业，企图取代民族照相业在大连的地位。如华春照相馆是大连地区开设规模较大、技术较高的民族照相馆，却成了日本殖民机构重点打击对象，日本殖民机构下令照相业统一收费标准后不久，"华春照相馆由于多收了一名顾客不到2日元的照相费，殖民当局以故意反物价罪处以一万日元的重罚"[①]，

---

① 大连市工商联：《大连照像业史略》，载政协辽宁省委员会文史资料研究委员会编《辽宁文史资料》第26辑《辽宁工商》，辽宁人民出版社1989年版，第125页。

近代东北地区商号的发展与时局应对

这彻底表明了日本帝国主义侵略的本性。随着日本侵略形势的恶化，其经济统治也更加残酷，苛捐杂税日益繁重。对民族照相业商号提高了营业税和所得税，还强征"特别行业税"（即顾客照相时交付照相费用外，另交5%的特别税），致使民族照相业顾客大量减少，无法与日商照相业相竞争，在日本殖民机构统治百般摧残下日益凋零。

东北地区有的民族工商业商号在日本殖民机构强制扼杀下倒闭歇业。如大连顺兴铁工厂是周文富、周文贵兄弟创办的近代东北地区最大的铁工厂，兄弟二人没有凭借外资外力，完全自力更生，由一个手工作坊"周家炉"发展到千人以上规模的大工厂。他们积极进取，努力发展经营商号，不仅商品质量优良，价格便宜，而且对顾客服务周到热情。顺兴铁工厂在营口、哈尔滨等地设立了分厂，顺兴铁工厂还热情帮助和支援沈阳、大连等地的中、小型铁工厂，给它们提供所需原料、技术装备、熟练技工等，壮大了东北民族工业实力，还为提升榨油技术，提高油坊商号竞争实力做出了巨大贡献。当时大连油坊业榨油设备原始落后，都是依靠人工操作木桩、石碾榨油，不仅制油效率低，而且出油率也很低，无法与日商油坊业抗衡，榨油技术急需改进。周文富潜心研究，终于试制出一台铁质螺旋式榨油机，先后经晋丰、政记、成顺、玉昌和等油坊商号试用，成效显著。于是，不仅大连市内50余家油坊竞相订购，而且外地油坊商号也纷纷订购。顺兴铁工厂营业更加兴盛，扩建了厂房，增加了设备，提升了技术力量。顺兴铁工厂还到日本购买先进的蒸汽机进行研究使用，为大连民族油坊商号提供了优良设备，使其能与日商"三泰油坊"竞争。这与日本在东北地区的殖民政策是背道而驰的，日本帝国主义对顺兴铁工厂极为不满，于是日本殖民机构不断对顺兴铁工厂施加压力，以各种理由给予多方面的限制。而商号经理周文富、周文贵兄弟都是正直、爱国的民族工商业者，具有高尚的爱国热情和强烈的民族观念，对日本殖民机构的威胁压制没有表示屈服，而是想尽办法与日本殖民机构进行反限制斗争。顺兴铁工厂还通过发展其他的产业以壮大实力，先后在金州、复县、抚顺等地开办了多处煤矿。日本侵略者又用各种诡计横加限制和排挤，周文富、周文贵兄弟顽强不屈的斗争，遭

第三章 抗战时期东北地区商号的发展境遇及应对

到日本殖民机构变本加厉的打击,日本侵略者采取了一切可以采取的限制措施,极力摧残和扼杀大连民族工商业的发展,最后强行扣留顺兴铁工厂产品和设备,使顺兴铁工厂被迫宣告破产。

日伪政权还对东北地区民族商号巧取豪夺,最终导致民族商号停产。黑龙江省桦南县东茂祥火磨本是当地商人筹款合股开设的,其生产就是给抗日联军提供给养,可见其强烈的民族性。日伪政权要求入股被拒绝后,态度蛮横地提出要按工厂造价收买,但东茂祥商号仍坚决表示"绝对不和日本人合作!""宁可让机器烂掉,大家去挨饿受冻,也不卖给日本人"[①]。日伪政权在农村实行"粮谷统制法"和"粮谷出荷",即强行征购粮食,并在城镇居民中实行"配给制"。在"粮谷统制法"中规定,擅自买卖粮食者被定为"经济犯",除罚款外,还要给予刑事处分。日伪政权还成立"满洲农产会社",要求各私人粮栈、粮店、粮米加工厂必须重新登记,经批准后才准许开业。还规定中国人只能吃高粱米、小米、苞米面、橡子面等劣质粗粮,只有逢年过节才配给少量的面粉。而且东北民族商号如果不肯与日资企业合作,就不允许继续开工生产。东茂祥火磨拒不服从日伪政权入股,也坚决不与日商合作,只能在日本政权各种压榨下停产歇业。日伪政权还严禁沈阳中和福茶庄从关内自办的茶场进货,强迫其必须从台湾日商操纵的茶场进货,其茶场的茶叶质量低劣,而且货源时有时无,严重影响中和福茶庄的销售和经营,使得中和福茶庄生意经营萧条。1937年,日本侵略者发动的全面侵华战争爆发后,沈阳的茶叶来源彻底被中断,中和福茶庄被迫停业。

日本侵略者也采取直接霸占或日股渗入的办法控制东北地区民族商号。1937年,日商侵占了沈阳八王寺汽水公司,日企股东将其改名为"奉天八王寺酿造工业株式会社"。1939年,日本还在长春建立了"八王寺酿造工业株式会社长春分工厂",主要生产汽水、清酒、酱油等产品,产品大部分运回日本进行销售。日商接收沈阳八王寺汽水公司

---

① 宋铎:《桦南县东茂祥火磨的艰难历程》,载孙邦主编《经济掠夺》,吉林人民出版社1993年版,第161页。

后，竟无耻地继续沿用原来的"金铎"商标赚取利润，他们还煞费心机地将"金铎"商标印在日本清酒上，借此打开日本商品在东北地区的市场。综上所述，日商强占民族商号资本，不仅掠夺资源和商品市场，还对商号的无形资产进行无偿霸占和利用，体现了其侵略野蛮本性。

日本侵略者还采取利用东北地区商号为日商代理店的形式逐步控制东北市场。日资企业如森永饼干、森永糖果等进入沈阳、丹东市场后，垄断东北地区食品市场，这些日资企业还为日伪政权组织机构配给的油、面、糖等提供原料服务，"委托民族糕点商号仙露芳为森永饼干糖果安东总经销店"[①]，以此方式控制东北地区食品商号的发展。

日伪政权还经常以"无须有"的罪名摧残民族工商业，如东北金融业商号就遭受了此等厄运。1939年10月，日伪政权以东北民族金融商号把伪满地区的黄金（实际上民族金融商号购买的是日本商人在东北地区兜售的日本黄金）贩卖到北京、天津等地为借口，强加给民族金融商号"搅乱了伪满黄金市场，使伪满的硬通货流入中国内地，加强了内地联系，提供了反满抗日的资金等"[②]的罪名，并对沈阳、长春等地的金店强行搜查。1939年9月，沈阳市一些金店如"增盛和金店、萃华金店、裕源公、华兴厚、鲁春芳、常浴风、鸿兴金店、西增盛和、南增盛和、广源、鸿源、义丰祥"[③]等的经理都被抓走，被审讯和严刑拷打，导致多家金店歇业倒闭。长春市一些金店如春华金店、鸿兴金店、新美华金店、物华兴金店、德增金店、同顺公金店、老物华金店、天宝金店、老成土炉、世兴金店、东海天金店等都被日伪政权搜查，黄金、金银首饰等财产全部被没收，相关人员被严刑拷打，强行逼供，店主全部被判刑，致使长春市民族金店商号营业

---

① 建庆：《糕点名店仙露芳》，载政协辽宁省丹东市委员会文史资料研究委员会编《丹东文史资料》第2辑，1986年，第23页。

② 苏崇民：《日本侵占下东北经济的殖民地化》，北京交通大学出版社2018年版，第280页。

③ 赵瑞馥：《伪满沈阳的金银业》，载孙邦主编《经济掠夺》，吉林人民出版社1993年版，第133页。

受到严重打击，有的金店至此彻底歇业。各地的民族金店商号在日伪政权的逼迫之下，不得已纷纷转业，使东北金银业更为衰败。而且在日伪政权统治下，东北金融商号团体组织金银业公会也无法为民族金融业服务，被迫宣告解体。

总之，自"九一八"事变以来，在日伪政权经济统制和日本垄断资本势力双重打击掠夺下，东北各地区各行业商号都受到了不同程度的压迫与限制，很难维持其正常营业。东北地区商号时刻面临倒闭或被日资吞并的危险，即使幸存的商号也只是在重重困境中勉强挣扎而已，东北地区民族工商业受到了极大的摧残。

二 在日伪政权压榨夹缝中生存发展下来

在日伪政权的压榨统治下，东北地区有的商号能够巧妙经营，依靠独特的经营策略和技术，在夹缝中获得生存和发展的机会，发展了东北地区经济，一定程度上遏制了日伪政权和日商对东北经济的破坏和压榨。

沈阳的兴盛久平记服装鞋帽厂为维持生存发展，与日资企业形成对抗，不惜重金从德国进口30余台缝纫机，开始了机械化加工制作服装。当时驻扎在东北的日本"关东军"达60多万人，日本军队的军需服装需求量很大，兴盛久也被强行指派加工日军军需品，但兴盛久商号没有因获得生存机会而卖国，商号经理总是借机推辞这项买卖，而自谋生路求得生存发展。东北地区冬天特别冷，当时男人们都戴毛皮帽，而市场上没有一种能供妇女佩戴的帽子，于是兴盛久平记服装鞋帽厂决定制作老太太帽。经过反复研制，制作出经济实用、样式漂亮的"软胎"黑线帽，携带方便，还在帽子右侧缝上一朵黑绒花，格外耀眼。帽子一经问世，得到妇女们的青睐，在东北地区十分畅销，特别是每逢年节时更是供不应求。当时东北民间流传着这样一首民谣："新年到，新年到，姑娘要花，小子要炮，老爷子买个旱烟袋，老太太要顶黑线帽。"可见其受人们喜爱程度和畅销程度。兴盛久制作的老太太帽每年销售额"都在十几万顶左右，最多的年份达到几十万顶"①，就这样兴盛久商号又逐渐兴盛起来，"工人达120多名"②，成为沈阳地区较大的商号。另外，兴盛久还专为富贵人家妇女研制了一种硬盔式女帽，做工精细，样式精美，缀花镶珠，这款富贵式帽子也很畅销，而且利润较高。兴盛久在军帽基础上又研制了一种工农便帽（后来叫工农帽），还为青年学生研制出亮皮帽舌的学生帽。学生帽设计了一条可收放的细皮带，遇到大风天气时可以放开细皮带，勒在下巴上，这样帽子就不会被风吹掉，帽子既实用又显得很神气，很受青年学生喜爱。兴盛久还革新了冬天人们戴的棉皮帽子，原来的棉皮帽子把耳朵裹得特别严实，根本听不到外界的声音。兴盛久反复尝试，在棉皮帽子的帽耳处开了个洞，便于传声，在帽耳洞外又加了个小扇子，可开可合，便于保暖，这种新式棉皮帽子和学生帽在当时同行业帽子中销量一直居首位。兴盛久商号就这样依靠不断革新，使其产品基本占领了东北地区的帽业市场，其制作的服装、帽子等产品以原料好、式样新、做工细而信誉显著，得以在日伪政权压制的夹缝中生存下来。

1937年，沈阳天益堂药店为了能在日伪政权压榨下生存，进行了一系列的内部改革，使天益堂药店发展为具有新式企业特点的医药商号。首先是在沈阳药业行业中成为第一家改变药店人员旧式工作服饰及服务质量的商号。以前药店不为顾客提供熬药用具，顾客熬药非常不方便。天益堂药店大胆革新，为顾客准备了很多熬药的纱布袋，并且免费赠送，这样顾客可以将带籽粒的药材装入纱布袋内煎熬，保证药材不因为顾客自己熬药而降低药效，这一改革获得了顾客的一致好评。而且药店还为买药的顾客赠送药滤子，使顾客服用汤药时不用担心喝到药渣子。商号还为每位顾客赠送一本成药说明书和手册，手册内容主要是介绍药店生产的200余种药品名称、主治功能、用量与用法和禁忌等知识，这样不仅提高了服务质量，还扩大了对药品的宣传，一举两得。天益堂经过内部改革，以新的营业策略获得了生存发

---

① 《呔商之路》编写组编：《呔商之路》，中国社会科学出版社2010年版，第213页。
② 徐兴信主编：《读乐亭》第29辑，2011年，第14页。

第三章 抗战时期东北地区商号的发展境遇及应对

展的机会。天益堂药店在1937年前后扩大了经营规模，拆除了旧楼，建起了二层楼房，扩大了营业面积，更新了内部设备，药店厅内设有四个诊病室，每个诊病室都有一名坐堂中医，当时许多沈阳有名的中医都曾在此坐堂行医，而且候诊室内放置了靠背座椅，方便顾客休息等待。天益堂在改革后以其优质的药品质量和周到的服务，获得较好的发展机会，经营面貌发生了根本变化，经营效益有了很大发展。"顾客由原来每日300人次增加到600人次，年销售额由6万元上升到9万元，年利润由1万元上升到1.5万元。"[1] 由此可见，天益堂药店通过自身改革，获得了在逆境中得以生存发展的机会。

东北地区有的商号在深入了解日商经营策略及缺陷后，利用日伪政府政策和日商经营的短板，在日本帝国主义经济侵略的夹缝中求得生存。吉林市裕华染坊能在日本侵略的夹缝中勉强生存，正是得益于此策略。裕华商号极力获取和掌握日商的推销动向，了解日商的染织技术，并想方设法知道日商进口原料和成品的数量，总之对日商的经营情况和策略做到了心中有数，寻求发展的机会。除掌握日本商品价格变化信息外，裕华商号还引进新设备，采用新工艺扩大生产。裕华染坊还加强了购料工作，派专业人员到各地进行采购。对产品推销工作更是严格要求，经常派人下乡了解自家生产的棉布是否符合市场需求，人们是否满意。特别是裕华商号很重视推销织染商品，采用推销员拿着货样到户服务的方式，很受人们欢迎，使商号在吉林市各县城乡镇形成推销网，从而扩大了棉布商品的销路，而"这种零星推销，零星赊卖收款的方式，外国人是难以办到的"[2]。同时裕华染坊把批发零售业务也做得很好，绝不容许怠慢顾客，全力做到顾客满意，提高服务质量，争取让来过的顾客都成为回头客。1932年，日本棉织商品如军用土布、大洋字粗布、麻线、花布等大量进入黑龙江省富裕县市场后，打击了很多棉纺织业的民族商号，富裕县裕隆祥商号针对

---

[1] 张志民：《回忆天益堂药店》，载政协辽宁省委员会文史资料研究委员会编《辽宁文史资料》第26辑《辽宁工商》，辽宁人民出版社1989年版，第211页。

[2] 关志伟主编：《古城商韵》，吉林人民出版社2011年版，第214页。

近代东北地区商号的发展与时局应对

市场上的日本棉纺织品虽然样式漂亮但不结实的特点,打造结实的产品,以此维持生存。但后来因为日本对粮、油、棉等生产生活物资统一实行"配给制",从1939年开始,裕隆祥商号货物减少,随着市场物价上涨,又缺少资本购货,仅靠销售少量的库存货物维持经营,商号生意日益萧条,"人员也减少到10来个"[①],但裕隆祥商号仍在日伪政权压制的夹缝中依靠自己的产品特色顽强地生存。

随着日伪政权经济统制措施的变本加厉,东北地区民族工商业商号在生存危机不断加剧的情况下,开始以设立分号、经营多个行业的方式维持生存,甚至对抗日伪政权剥夺。长春益通银行设立了16个分行,以多方盈利的方式求得生存。长春益发合为防止商号被日伪政权查封而全盘受损,组建了股份公司,并在长春设七处分号,试图互相支撑。哈尔滨祥泰工厂不仅经营铁工业,还在鹤岗、鹤立(今隶属于黑龙江省佳木斯市汤原县)开设油坊和制米厂,以此获利维持生存。有些商号则不再固守原来的经营产业,只要有利润可图就转行。如辽宁省辽阳县德昌烧锅放弃烧锅产业,改行经营起木材加工业而维持生存。吉林省四平市的义和顺商号也改变了营业方针,退出了期货市场,转向经营实业,增加经营项目,除粮谷收购加工外,还经营粮米出口业务,扩大了义和顺商号的经营规模。1932年义和顺开设了当时四平市最大的义和厚百货商场,"义和厚商场有营业室50余间,900多平方米,流动资金3万多元。店下设8个商品部,后期增至10个,即男女时装部、日用百货部、毛呢绸缎部、花纱布匹部、鞋帽部、针棉织品部、文具纸张部、茶食果品部、钟表眼镜部、下杂器皿部。另设1个批发部和5个营业服务加工厂,即服装加工厂、靴鞋加工厂、皮箱纸箱加工厂、弹棉花加工厂染坊。还在昌图县八面城设义和厚支号1处。义和厚全店从业人员共500多人,其中店员约200多人,附设工厂职工近300人"[②]。同时,还在四平开设义和当当铺,

---

① 徐元瑞:《富锦裕隆祥兴衰记》,载政协黑龙江省富锦市政协文史资料研究委员会《富锦文史资料》第4辑,1991年,第197页。

② 四平市地方志编纂委员会编:《四平市志》下,吉林人民出版社1993年版,第1371页。

第三章 抗战时期东北地区商号的发展境遇及应对

又在通辽、白城子、双辽、八面城、三江口等地开设义和顺粮栈。这样以在各地设分号的方式，以某个分号获利来维持整个商号的生存发展。

黑龙江省哈尔滨市同记商号在日伪政权压迫统治下艰难生存。1936年日伪政权颁布《公司法》，其目的是为日本帝国主义经济侵略服务。日伪政权实行了"组合制"，要求东北民族商号必须通过其组合机构进货，严重限制了商号的进货和发展，同记商场原有的经营方式即前店后厂（场）遭到了破坏，加上同记商号固定资金不足，同时社会购买力下降，使得同记的销售急剧下降，同记商场只好采取与外地商号建立批发和销售业务关系的方式暂时维持营业。但很快由于日本商人控制和垄断批发业务，同记依赖生存的方式也被日商破坏。1942年同记工厂因私自出售混纺呢料而触犯了日伪政权的经济法，同记工厂被查封而倒闭。1944年，同记商场也被迫关门歇业，将一些残存商品放在大罗新商场出售，整个同记商号"原来有职工成百上千人，到1944年末仅剩下40余人"[①]，艰难维持着营业。长春市益发合商号也在日伪政权压制的夹缝中艰难生存，并采取了一些措施以提升商号经营能力。如采取了增设分号的方法维持利润，益发合在长春、四平等地设立粮、油厂进行加工服务，又在长春、农安等地筹建造酒厂，还在天津设立出口部，并建立了面粉厂，通过这种多方盈利、互相援助的方式以减轻日伪政权对益发合原料统制的影响以及对商号的摧残。

东北地区有的商号还灵活多变以应对日伪政权的盘剥，勉强营业。如辽宁省铁岭市的德盛号在"七·二五"限价令颁布后，因为不能增添新货，只能依靠原来的货品维持经营，商号经营遭到重创。德盛号为了摆脱日本帝国主义以及"七·二五"限价令的控制，利用一切办法，甚至以"作假"的方式求得的生存。为应付日伪政权

[①] 徐信之：《同记风云录——"同记"沿革概略》，载政协黑龙江省委员会文史资料研究委员会编《黑龙江文史资料》第26辑《武百祥与同记》，黑龙江人民出版社1989年版，第88页。

无休止和不定时的盘查，德盛号偷偷准备了两套账本，一套记录"七·二五"限价令要求内禁止经营的物品的账目，称为"内部账簿"，还有一套则是应付日伪政权检查的"合法"项目，通过这样以假乱真的方式逃过了日伪政权的敲诈和勒索，勉强生存下来。沈阳市润记帽店在"七·二五"限价令逼迫下，只好将一些商品转入地下售卖，也不得不设置了两套账本以求生存，但也难逃倒闭的命运。长春市积德泉烧锅商号在日伪政权压榨下艰难求生。日本侵略者为解决军需，要求积德泉等烧锅商号制造出60度以上的酒，以便配在汽油中使用，为其侵略战争服务。积德泉商号经理王玉堂知道如果不按照要求去做就得停业，但又不想把自己制造的酒送给日本军队当武器对付自己的同胞。但日本侵略者步步紧逼积德泉生产高度酒，还下了不交货就停产的命令。王玉堂借每月供给伪满皇宫"御用酒"的机会，不断从中斡旋，再把给日本军队制的酒多勾兑水，使酒的浓度不够，难以发挥军事作用。积德泉以这样的方式既没有违抗日本侵略者的命令，又趁机得到了生存的机会。在日伪政权统治下，本溪市张碗铺百货商号面临着生存危机，为了维系商号生存，弥补因"七·二五"限价令导致的亏损，想方设法通过逃避监督、偷税、虚报谎报、私下贩卖油粮米面等方式牟取利润，谋得生存。可见，在日伪政权苛政下，部分商号为求得生存，不得不利用一些非常手段谋得生存，体现了其与日伪政权对抗的斗志与决心。

三 买办经济成为日伪政权的帮凶

东北地区有些商号民族主义立场不坚定，商号资本家为了私人利益出卖自己的人格和民族气节，走上了与日伪政权、日商勾结的道路，为日伪政权和日商掠夺利益服务。东北部分民族商号依附日伪势力，在与日商合作中苟延残喘，这突出表现了商号资本家追求利益的一面，暴露了其资本性，丧失了民族性。有的商号还与外国洋行或列强建立合作关系，成为外国洋行在东北地区的代理商或者推销商；有的商号则成为日伪政权对东北地区经济压榨的"工具"——买办经济，演变成日伪政权的帮凶，共同摧残和压迫东北经济和商号工人，

第三章 抗战时期东北地区商号的发展境遇及应对

虽然暂时获得生存的资本甚至盈利，但是避免不了同日伪政权一起消亡的命运。

近代东北地区是列强侵略争夺之地，列强在政治、军事侵略之外还进行经济渗透，众多外国资本洋行的涌入就是经济侵略的一种方式。因而东北地区商号发展难免要与外国资本发生一定的关系。有的商号与外国资本互相利用；有的商号广泛结交外商，成为外国资本在东北地区的销售代理，借机求得自己的生存。如长春市益发合商号为壮大发展实力，竭力与外国资本搞好关系。1918年以后，日本在东北地区加紧经济掠夺，基本上控制了东北地区金融业。益发钱庄（益发合商号的一个分号）的主要任务是为益发合各分号筹措资金，为了得到了日本正金银行、日本朝鲜银行的高额度贷款，益发合商号主动为日商洋行提供服务，为"日本的三井洋行、三菱洋行代收金票，在长春收购，在大连出售，每年赚取其中的差价30万元银大洋"[①]。为得到更多的流动资金，益发合广泛结交其他富商和银行，疏通关系，使益发合能够及时得到他们的资金支持。还有的商号与外国资本企业进行贸易往来。如黑龙江省五常县的聚兴永商号与日本的三井、三菱洋行，英国的利丰洋行，丹麦的宝隆洋行以及加拿大等国的洋行都有贸易往来。每达成一项交易，外国资本企业就要预付一部分钱款，聚兴永就利用这部分预付款代购粮谷，"每年销往国外的大豆约六百余火车"[②]，获利丰厚。哈尔滨市民族面粉商号经常以现金购入原料、赊欠代销推销成品的方式进行经营，这样商号的工业资本就在流通过程中被占用，使商号缺乏可利用的流动资金，这就要求民族面粉商号必须具备超过正常应有的流动资金才能周转过来，而实际情况是一般面粉厂的资金大部分为固定资金所占用，流动资金很少，其解决途径除依靠各商号相互接济和吸收外界存款外，更主要的是和东北地区的外国资本金融业进行密切合作，如哈尔滨市双合盛、义昌泰、成泰益

---

① 刘益旺、贾涛：《长春益发合兴衰始末》，载政协吉林省长春市委员会文史资料研究委员会编《长春文史资料》第9辑，1985年，第30页。

② 卢振国：《李锡祺和他经营的聚兴永》，载政协黑龙江省五常县委员会文史资料研究委员会编《五常文史资料》第6辑，1992年，第143页。

近代东北地区商号的发展与时局应对

等民族面粉商号和外国洋行进行了合作，利用洋行资本进行周转，并且有的商号还在洋行那里可以有相当大的透支额。如双合盛民族商号与远东银行、花旗银行和英国汇丰银行订立了透支契约，"'九·一八事变'前，双合盛同花旗银行、汇丰银行等经常保持有数十万乃至一百万元的透支额，'九·一八事变'后，与（日本）正金银行的关系，曾达到三千万元的透支额"①。主要是当时订立巨额的透支契约，不受银行规定手续的限制，仅由商号经理张廷阁以个人名义作为保证人即可，这在其他商号发展过程中是少有的，可见部分商号与外国资本洋行的密切关系。大连天兴福民族商号也积极利用外商谋求发展。1923年，东北北部地区由于天灾，小麦歉收，导致小麦原料价格暴涨，造成长春、哈尔滨制粉业原料奇缺，面粉供不应求。大连天兴福民族商号"以长春第一制粉厂和双和栈的名义，向日商三菱公司定购了北美加拿大小麦12000多吨"②，将小麦运到长春，从长春又运往哈尔滨天兴福第二制粉厂，两家制粉厂昼夜生产面粉，使天兴福抢占了东北面粉市场。黑龙江省巴彦县王绳铺民族商号从日商三井洋行批发花旗、大尺、褡裢等布匹和羊绒、洋货、洋白糖、洋粉等货物，销售给当地居民，获得不少利润。这些商号都利用日商、洋行的力量获得了赖以生存的能力。

东北地区也有部分民族商号充当外国资本代理而残存下来。甲午战争后，辽宁省营口市东永茂商号就成了日本三井洋行在营口的代理，日本三井洋行经常派人到东永茂商号长期"驻在"，也就是说三井洋行通过东永茂在营口建立了活动基地。以此为基础，三井洋行还在东北其他各地设立了分行。三井洋行在中国东北的主要贸易是收购大豆、杂粮等，然后销往日本或其他国家，所以说东永茂商号成了日本资本侵入东北地区的"引线人"。日本侵略者统治大连时期，安惠栈商号与日商三菱洋行签订了合同，承销面粉、砂糖和杂货等，成为

---

① 上海市粮食局等编：《中国近代面粉工业史》，中华书局1987年版，第244页。
② 《在东北实业界独树一帜的邵氏家族》，载文昊编《我所知道的资本家族》，中国文史出版社2006年版，第317页。

第三章 抗战时期东北地区商号的发展境遇及应对

三菱洋行在大连的代理商。安惠栈商号从此发展势头很好，商号还建立起了"集工业、农业、商业为一体的安惠栈大市场"①。1923年，安惠栈商号又以房产作抵押，并以政记轮船股份有限公司经理张本政为保证人，同日本"三菱商事株式会社"签订了一份经销面粉、砂糖的合同，主要内容是："三菱的面粉、砂糖在大连地区由安惠栈负责推销，并承担一定义务；三菱允许安惠栈在三菱设账房，按面粉、砂糖成交额给予安惠栈一定的利润；安惠栈可直接向三菱定货，其交款期限为两个月（一般一个月）。"安惠栈与日商签订合同以后，利用这些有利条件，大量定购面粉和砂糖，每次定购的面粉都在二三十万袋，砂糖三五万包，分别向沈阳、开原、四平等地推销。安惠栈还以房产做担保，向日商三井财团定购面粉，每次成交量也在二十万袋以上。此外，安惠栈还承揽了包销日商"昌光硝子株式会社"（现大连玻璃厂）的玻璃和三菱"杯牌"火油的业务，这些代销或包销业务让安惠栈获利不少。后来因为东北面粉市场大落价的浪潮，使安惠栈、钧泰号、永记栈、徐利兴、益泰祥、益顺公、春盛东、永盛福等十余家商号遭到重大损失，它们"共欠三菱、三井金票200余万元"②，而安惠栈欠款最多。1929年面粉价格明显回升，安惠栈又利用日商三菱财阀的大力支持，将买进的三菱面粉在"南满"铁路沿线倾销，获利丰厚。同时又利用日商给予的两个月期款（多为现款）周转，陆续偿还了日商三井、三菱集团的欠款，安惠栈商号得以生存下来。日本投降后，安惠栈商号赖以生存的"靠山"倒了，也就同样面临歇业倒闭的结局。以上说明在日本军事侵略和经济渗透下，东北地区商号发展具有明显的殖民性。东北地区部分商号在自身发展过程中，难免与外国资本发生联系，甚至为其侵华服务，这就暴露了部分民族商号在日本殖民统治的社会环境下的资本本性。

也有的商号甘愿与日本资本合股，彻底成为日本帝国主义经济侵

---

① 王胜利等主编：《大连近百年史人物》，辽宁人民出版社1999年版，第246页。
② 于鹏九：《安惠栈与许亿年》，载政协辽宁省大连市委员会文史资料研究委员会编《大连文史资料》第6辑，大连市委党校印刷厂1989年版，第37—38页。

近代东北地区商号的发展与时局应对

略的工具。东北地区经济被日本垄断后,部分民族商号投向了日本侵略者的怀抱,和日本商人或企业合股,成为日本侵略者的"工具",其在日本投降后落了个破产倒闭的狼狈下场。长春市粮栈商号裕昌源在"九一八"事变后,其经理王荆山成为日伪政权统治的"工具"。1932年,国际联盟调查团到东北进行调查日本侵略事实时,王荆山在日本侵略者的指使下,主动参加"请愿团",强行以无耻的卖国言行谎称民意,竟然将日本帝国主义对东北地区的野蛮侵略和武装占领行径颂扬为"拯救民众于水深火热之中"[1]。当日本帝国主义策划组织傀儡政权,挟持清朝末代皇帝溥仪到达长春时,王荆山厚颜无耻地以"民众代表"的身份,参加所谓的"迎銮"活动。1934年日本侵略者选派王荆山为"新京(今长春)头道沟商工会长"。1937年该会与长春商工会合并,成立"新京特别市商工公会",王荆山又被任命为副会长。1940年王荆山二次东渡日本,参加日本举行的"东亚经济恳谈会",为日本帝国主义的"工业日本,农业满洲"的侵略政策服务。他还甘愿为日本侵略者掠夺东北地区农产品,在大连设立了裕昌源出口部,直接与日本的三井、三菱等垄断财团相勾结,将掠夺来的大豆等农产品运往日本。他依靠日本的支持,兼并了"拥有六十名工人、十五台碾子、日产二千四百袋面粉的吉林恒茂面粉厂"[2],壮大了自己商号的经济实力。1941年,在日伪政权的安排下,日本垄断资本"钟渊实业株式会社将其子公司""长春义大制粉株式会社"和"哈尔滨福康制粉株式会社"折价入股裕昌源,裕昌源与日本垄断资本直接结合,并受其直接控制,日本垄断组织先后委任日本人中西三郎、大泽次部、町田等人为裕昌源的常务理事,从此裕昌源为日本帝国主义侵华储备和保管军粮而服务,使它彻底变成了日本侵华的工具。王荆山还在日本人开办的"军援产业株式会社""泰东烟草公司""满映"(株式会社满洲映画协会)等企业投入了较多的股金,

---

[1] 马国宴:《长春"裕昌源"火磨的创办人王荆山》,载吉林省东北史研究会编《东北史研究》,1983年,第185页。
[2] 迟适夫撰,郭宗熙书:《王荆山先生事略》,首都图书馆藏,1921年影印本。

第三章 抗战时期东北地区商号的发展境遇及应对

彻底变成日本侵略者的"同盟者"。1941年太平洋战争爆发后，日伪政权为了加紧对东北地区的经济控制和资源掠夺，对多种物资实行"经济统制"，在各种行业中建立"组合"机构，作为经济侵略的工具。王荆山被任命为日本在长春设置的面粉业、榨油业"组合"的理事，担任着伪"新京烧酒中央会会长"等要职，可见其"忠诚"地为日本侵略者服务。

在整个经济活动中，金融业是控制经济运行最有力的部门。日伪政权为控制东北地区银行业，指派长春裕昌源商号王荆山出任长春、哈尔滨两地的银行协会会长，利用他来掌控东北地区银行业务。为了加大对东北地区中小民族工商业商号的压榨和搜刮，日伪政权成立"统制经济协力会""防范协会"等管理组织，王荆山被任命为两个组织的会长，为日伪政权落实经济管制措施服务。同时，王荆山在日伪政权的"交通会社""计器会社""图书会社""军用犬协会""赛马俱乐部""协和会"等社团组织中分别担任监事、理事等要职，还担任"新京"特别市咨议员、"日满实业协会"常务理事、"中央禁烟促进委员会"委员等职务，积极为日本侵略者效力。1942年在日伪政权所谓"七·二五"限价令施行一周年之际，王荆山发表讲话，表示拥护"七·二五"限价令无限延长，宣传"日满一体，共同防共"的反动论调。1943年，在伪新京市公署的策动下，为了支援日本侵略者所谓的"大东亚圣战"，王荆山带头在长春、哈尔滨、安东、大连等城市组织"飞机捐纳"运动。每次举行这种为日本侵略者"捐款"的活动，王荆山都亲自参加动员。在为日本侵略者"捐款"活动中，"长春全市的工商业者共捐款7000元，王荆山自己就拿出1000元"[①]。可见，其明目张胆的卖国行为，已使民族资本的裕昌源商号演变成日本侵略的"帮凶"，完全丧失了民族性，其商号经理王荆山蜕变成为彻头彻尾的"卖国贼"。

日本侵略者对东北地区个别工商业商号有所"扶持"，但绝不是"扶持"正直的民族资产阶级，而是"扶持"那些为侵略者利益服务

---

① 矫正中：《吉林百年工商人物》，吉林文史出版社2004年版，第36页。

的汉奸卖国者所办的企业,其代表就是大连政记轮船公司。日俄战争期间,大连政记轮船公司经理张本政就搜集沙俄军事情报为日本侵略者效劳,获得日本殖民当局的信任,并依赖日本侵略者的势力创办了政记轮船公司,"到1920年已拥有轮船21艘,航行范围除黄海、渤海沿岸,还远航香港和日本港口,并在安东、香港、上海、天津等处设立分公司"①。可见,其公司航行实力很强大。张本政又在大连、烟台各地兼营油坊、代理店及金融业,成为日本殖民统治时期有"名气"的亲日派商人,为他日后"打着日本的旗号"② 行船提供了可能。1937年,日本侵略者发动全面侵华战争,张本政以"关东州华商公议会"会长的特殊身份到处发表文章和讲话,为日本的侵略战争歌功颂德:"我等自入州籍以来,屡蒙优遇,无不感佩。"③ 以欺骗社会舆论,麻痹无知的人们。他还屡次为日本侵略者的重大政治、军事、宗教活动捐款,如为日本"陆海军各献3万元,计6万元,以为国防费用"④。政记轮船公司因积极为日本侵略战争服务而获得日本的扶持,1941年,政记轮船公司拥有了"大小轮船39艘,总运力达到6.4万吨,雇用船员1600余人"⑤,成为大连"航业界的霸王"。1941年,日本发动太平洋战争,张本政为赢得日本侵略者的信任,将政记轮船公司的所有船只资助日军,为其提供运送军火物资服务,因而其经营的企业能得到日本侵略者不断的扶持和资助。1942年,张本政按照日本殖民侵略者的安排,与天兴福商号的邵慎亭等人组织"储蓄报国大连中央储蓄组合",张本政任会长,强迫大连商民为日本储蓄资金,要求凡有"关东州"户籍的人,不论贫富,都要按等级交纳"户别割"⑥,仅在1943年他"以个人名义交纳'户别割'就

---

① 《国闻周报》第7卷第18期,1930年5月12日。
② 武南阳编:《东北人物志》,"满洲报社"1931年版,第338页。
③ 《泰东日报》1942年8月21日。
④ 《泰东日报》1942年11月3日。
⑤ 唐树富、黄本仁:《大连政记轮船公司张本政》,载政协大连市中山区文史资料委员会编《中山区政协文史资料》第1辑《中山文史》,1992年,第141页。
⑥ 日本殖民者对大连市民及营业者征收的一种税,征收标准根据纳税义务者的所得、资产、生活来源或营业的状况等划分征收等级,进行差别征收。

达 2.6 万元"①。可见，其对日本侵略者的绝对效忠。张本政的卖国亲日行为也受到了日本侵略者的多次奖赏，并让他担任大连市商会会长，利用他控制大连地区民族工商业。日本战败投降后，大连政记轮船公司走到了历史的尽头，卖国贼张本政也得到了正义的审判。

在日本发动"九一八"事变前，大连天兴福制粉厂在东北地区兴办的联号遍布各地，如长春的天兴福第一制粉厂、哈尔滨的天兴福第二制粉厂、大连的天兴福第一油坊、沈阳的天兴福粮栈、吉林的天兴福分销处等，是其发展的全盛时期。但在日本殖民大连时期，天兴福的经理邵慎亭却丧失了民族气节，甘心为日本侵略者卖力，担任了日本授予的各种官衔，成为彻头彻尾的卖国商人。在太平洋战争爆发后，邵慎亭提出倡议，大连市民族油坊业商号实行"战时生产体制"并合并，以天兴福油坊商号为核心，勾结其他十六家油坊商号组成了"协和制油株式会社"，全力为日本殖民服务，以此讨得了日本殖民者的欢心。1943 年，日本殖民当局极力搜刮大连市商民的财产，强迫大连市商民无偿购买"报国赎金"等债券，邵慎亭以大连市商会名义向全市商民无耻宣扬"要无私奉公，集结总力以支援战争（侵略战争）"②，完全成为日本殖民侵略的走狗。但在日本殖民当局的经济统制下，大连市民族工商业商号已奄奄一息了，天兴福商号也难逃宿命，并未因其为日本殖民当局服务而得以生存，可见日本侵略者对东北民族商号即使是有利用价值也会排挤、压榨。

东北地区民族商号在日伪统治时期往往要靠与日伪政权的官吏拉上关系，方能有维持经营的可能。如吉林市义和堂药店自"九一八"事变遭受打击后，就是靠与日伪政权的官吏拉关系，取悦他们，得以恢复营业。但是好景不长，不久义和堂药店就在日伪政权的经济统制下衰落。东北地区完全沦为日本殖民地后，少数商号向日伪政权靠拢，依靠日本侵略者和日伪政权势力，吞并同行业小商号而发展壮

---

① 《泰东日报》1943 年 9 月 11 日。
② 唐树富、黄本仁：《邵慎亭与"天兴福"》，载政协辽宁省委员会文史资料研究委员会编《辽宁文史资料》第 26 辑《辽宁工商》，辽宁人民出版社 1989 年版，第 341 页。

近代东北地区商号的发展与时局应对

大。长春市益发合商号聘请的律师是日本人，雇佣日本人当职员，以缓冲日伪政权的欺压。哈尔滨市双合盛总经理张廷阁出任"哈尔滨商工公会会长"，聚兴成商号经理吴彩亭1940年任"哈尔滨铁工业同业公会会长"，均与日伪政权头面人物有勾结。极少数的工商业者完全成为汉奸。佳木斯市福顺泰商号经理曲子时投靠日伪政权，商号因此在"1940年获得超过资本的利益40万元"[①]。所以说东北地区民族工商业少数商号与日伪政权、日商合作后已不属民族资本范畴。而多数商号在与日本侵略者合作后不得善终，如吉林省四平市商号义和顺（后称为义和厚）粮米代理店经理赵汉臣紧紧依附日本侵略势力，为虎作伥。为扩大商号财路，他采取各种手段进行贿赂拉拢日伪政权各层官员，求得他们的庇护。1932年，赵汉臣参加了日本"关东军"炮制的所谓"四平街民众请愿团"，请愿团肆意代表民意进行游说，进而欺骗国际联盟调查团，美化日本帝国主义侵略东北的罪行。在东北沦陷期间，赵汉臣历任"四平市商工会会长"，继续为日本侵略行为效力。1937—1944年，日伪政权不断采取强制措施，强化粮谷统制，实施"粮谷出荷""粮米配给""稻谷专营"等残酷的掠夺政策，甚至禁止东北地区的中国商人收购粮谷。但赵汉臣通过向日伪政权的官员行贿，在四平郊区和梨树县内拥有收购"出荷粮"的特权。当时义和顺的经营管理手段和方式方法、购销业务和商业信息的反馈等都受到日商经营的影响，而且还聘用日本人中川和夫等人参与管理与外商的业务，聘用木村（女）、旦泽等人做翻译员，与日商进行贸易。凭借与日本人合作的机会，义和顺从1941—1943年收购的粮谷约有25000余火车皮，实力大增。东北地区沦陷后期，四平市成立"生活必需品特殊公司"，日伪政权要求凡统配商品均由该公司调拨，四平市只有义和厚商号是该公司的成员。因此，义和厚可以得到其他民族商号得不到的商品。每年由日伪经济部、兴农部拨

[①] 李茂杰、孙继英：《苦难与斗争十四年》中，中国大百科全书出版社1995年版，第194页。

第三章　抗战时期东北地区商号的发展境遇及应对

给四平的统配商品,"义和厚占40%"①,可见其发展得到了日伪政权的大力支持。

佳木斯市汤原县东海兴饭店为了生存,其经理曹焕亭甘愿与日伪政权勾结,被日伪政权委任为"饮食业组合长"。后来,在日伪政权控制面粉、实行"配给"制度之时,汤原县内所有饭馆用的面粉都由东海兴饭店按天定量分配。曹焕亭掌握了汤原县城面粉的分配权,用垄断面粉的手段限制了其他民族饭店业的经营。有些饭店因面粉供应不足,只好缩小营业,而曹焕亭的东海兴饭店营业经营规模越来越大,面食品种增加,伙计逐渐增多,生意逐年兴旺。到1940年年末,"东海兴饭店共获利两万多元伪币"②,但依靠日伪政权发展终究不会长远,在日伪政权垮台后,东海兴饭店也只能破产倒闭。1933年,黑龙江勃利县的世祥盛油坊老板赵文盛担任"勃利商会会长"后,极力讨好笼络日伪政权,为日伪政权服务。他积极动员组织商民筹建勃利县伪政权,"下令城内商民赶制敌伪旗帜,准备'恭迎'皇军入城"③,赵文盛公然卖国投敌行为,激怒了当地的抗日军民。不久,赵文盛即被抗日军队处决,其经营的油坊商号随即关门歇业。

东北地区民族商号在国家主权被暂时剥夺破坏的社会境遇下,如何选择生存发展之路,形态各异。这其中有的商号表现了强烈的民族利益观,即使面临着破产、倒闭,也不愿意与日伪势力合作、向日寇低头!在长达十四年的日本殖民统治下,甚至长达四十年的日本殖民掠夺下(如在大连),能够保持民族气节、维护民族利益的商号,虽然不能致富,不能维系生存,甚至消失,但是它们永远被人们怀念着,成为东北地区可歌可泣、令东北人民骄傲的民族资本企业,在中国东北经济抗战、商业发展史上写下了浓重的一笔,体现了中国东北人民抵抗日本侵略的决心和勇气,这将永远激励着后人,成为后人的

---

① 《呔商之路》编写组编:《呔商之路》,中国社会科学出版社2010年版,第203页。
② 孟彬整理:《东海兴饭店的兴衰》,载政协佳木斯市委员会文史资料研究委员会编《佳木斯文史资料》第5—6辑,1986年,第149页。
③ 齐耀祖:《我所知道的伪满勃利县公署》,载政协黑龙江省勃利县委员会文史资料研究委员会编《勃利文史资料》第7辑,1990年,第183页。

| 近代东北地区商号的发展与时局应对

榜样和楷模。而那些为了私利、为了地位，苟延残喘地跟随日本侵略者，为外来侵略者敲诈勒索压迫本国人民的商号资本家，则成了历史的罪人，即使经营的商号得到了利益，也完全是在压榨本国经济、本国人民的基础上获得的，是耻辱的，是不可能得到认可的。

第四章 东北地区商号的抗日活动

第一节 中国共产党对东北抗战的政策及商号参与的抗日活动

一 中国共产党对东北抗战的立场及政策

1931年日本发动"九一八"事变后，中国共产党制定了抗击日本侵略的指导方针和政策，领导全国人民开始抗战。中共中央和中共满洲省委分别发表宣言、决议，号召东北地区人民立即团结和行动起来，反抗日本帝国主义对东北地区的侵占，"在中国共产党领导之下，东北人民始终没有放弃过武装反对日本侵略者的斗争"①。在"九一八"事变爆发后的第二天，中共满洲省委立即在沈阳召开了紧急会议，分析了当时日本帝国主义侵占沈阳后的政治、军事形势，发表《中共满洲省委为日本帝国主义武装占领满洲宣言》，指出"九一八"事变的发生不是偶然的，是日本帝国主义为实现其"大陆政策"，把"满蒙"变成它的殖民地的必然行动，号召广大工农群众联合起来与日本帝国主义英勇斗争。会议确定了当前工作任务，制定了抗日工作方针策略，提出了"发动游击战争，打倒帝国主义，打倒投降帝国主义的国民党"②的政治主张。9月20日，中国共产党发表了《为日本

---

① 东北日报社论：《中国共产党与东北人民的血肉关系》（1946年3月18日），载杨白彤编《东北问题》，山东新华书店1946年版，第24页。

② 中共辽宁省委组织部、中共辽宁省委党史研究室、辽宁省档案馆编：《中国共产党辽宁省组织史资料（1923—1987）》，1995年，第42页。

| 近代东北地区商号的发展与时局应对

帝国主义强占东三省事件宣言》,"反对日本帝国主义强占东三省!"[1]强烈谴责日本帝国主义对中国东北的野蛮侵略行径。同一天,中华苏维埃共和国中央工农革命委员会发表的《关于反对日本帝国主义强占满洲的宣言》,指出:"'九·一八'事变是日本帝国主义早经预定的计划","是国民党外交政策必然造成的结果"。并指出:"只有工人农民及一切被压迫群众才肯真实地牺牲自己去为民族的独立解放而战。"[2] 与此同时,中共满洲省委和团委号召东北地区工人、农民、商人、学生及劳苦大众等共同团结起来,在中国共产党的领导下进行反抗日本帝国主义对东北地区侵略的斗争。9月21日,中共满洲省委召开会议作出了《日本帝国主义武装占据满洲与目前党的紧急任务的决议》,决议指出,"日本帝国主义之所以能占领满洲,完全是国民党军一贯的投降帝国主义,出卖中国民族利益,极力压迫革命运动的结果",为挽救中国东北地区遭受日本帝国主义殖民统治的危机,决议提出了"罢工、罢课、罢市,反对帝国主义占据满洲""不投降,不缴械,带枪到农村去实行土地革命"[3] 等十八个战斗口号。9月22日,中共中央又作出决议,通电全国分析了日本帝国主义武装侵占东北的背景和原因,揭露了南京国民政府的投降主义与卖国行径,指出当前的中心任务是"进行广大的反对日本帝国主义的暴行的运动……必须把民众的民族自觉引导到反帝的斗争上去","特别在满洲更应该加紧的组织群众的反帝运动,发动群众斗争,反抗日本帝国主义的侵略"。"要组织各色各种的反对帝国主义的公开组织,或者参加一切已经存在的反帝组织,而夺取他们的领导,经过这些组织,正确实行反帝运动中的下层统一战线,和吸收广大的小资产阶级的阶层参加争斗"。[4]

---

[1] 中共中央文献研究室、中央档案馆编:《建党以来重要文献选编(1921—1949)》第8册,中央文献出版社2011年版,第549页。

[2] 《中国人民解放军历史资料丛书》编审委员会编:《东北抗日联军文献》,白山出版社2011年版,第9页。

[3] 东北抗日联军史料编写组编:《东北抗日联军史料》上册,中共党史资料出版社1987年版,第33—34页。

[4] 《中央关于日本帝国主义强占满洲事变的决议》(1931年9月22日),《六大以来党内秘密文件》上,人民出版社1981年版,第153页。

第四章 东北地区商号的抗日活动

这一系列方针政策表明了中国共产党在"九一八"事变后的抗日立场和决心,并提出争取广大民众(包括小资产阶级)的支持,支持民众武装抗日和建立抗日救亡团体的方针,进而建立抗日民族统一战线。

由于日本侵略者占领沈阳后其殖民统治更加残酷,1931年年底,中共满洲省委请示中共中央后由沈阳迁至哈尔滨市。中共满洲省委在哈尔滨市继续组织民众抗日武装和开展抗日宣传工作,把"发动游击战争,领导反日的民族战争,开辟满洲新的游击区域"作为"最中心、最迫切、最实际的战斗任务",进而揭露和抵抗日本帝国主义的侵略。1932年2月25日,中共满洲省委召开扩大会议,主要研究东北地区抗日游击战争问题,决定发动东北地区人民进行抗日游击战争。3月3日,中共满洲省委常委会议通过《满洲省委接受中央关于上海事件致各级党部信的决议》,指出:"我们党的任务是领导东北人民同日本帝国主义进行斗争,争取民族革命的胜利。"中共满洲省委认为日本帝国主义侵略中国东北,民族矛盾已上升为主要矛盾,因而目前的工作重点应是组织和联合各种抗日力量,由城市转移到农村发动群众,建立中国共产党直接领导的抗日武装,大规模组织东北军民进行抗日游击战争。在中共中央和中共满洲省委的号召下,东北地区抗日武装斗争很快发展起来,东北军部分军人和各阶层爱国民众纷纷组织和参加抗日义勇军等抗日队伍,同日本侵略者进行顽强的斗争。1933年1月26日,中共中央发出了给满洲各级党组织与全体党员的信《论满洲的状况和我们党的任务》,即通称的"一·二六"指示信。信中提出了中国共产党在东北地区建立全民族抗日统一战线的总策略,就是要"尽可能地造成全民族反帝统一战线,来聚集和联合一切可能的,虽然是不可靠的动摇的力量,共同的与共同敌人——日本帝国主义及其走狗斗争"。同时强调必须坚持"无产阶级在这一统一战线中的领导权",[①] 并提出建立人民民主抗日统一战线。中共满洲省委积极贯彻执行抗日民族统一战线的政策,制定了《满洲省委关于执行反帝统一战线与无产阶级领导权的决议》,提出目前中心任务

---

① 佟冬主编:《中国东北史》第6卷,吉林文史出版社2006年版,第615页。

| 近代东北地区商号的发展与时局应对

是"为争取无产阶级在反日游击运动及各种群众斗争中起领导作用,为了使反日游击运动取得胜利,在目前满洲反帝民族解放运动现阶段上,必须执行民主革命统一战线,开展广大群众的政治、经济斗争,争取和巩固无产阶级的领导权,建立满洲人民革命军与选举的民众政府"①。在中共中央和中共满洲省委领导组织开展广大人民群众的经济斗争精神要求下,中共满洲省委组织东北各城市各行业工人进行罢工、商人进行罢市等活动,组织民众进行反对日本侵略的示威和斗争,东北地区很多商号的工人还直接离开工厂参加抗日义勇军进行武装抗日斗争,很多具有民族性的商号还积极充当中国共产党领导在东北地区建立的地下党联络点(站),积极参与抗日活动。

二 中国共产党在东北地区商号设立的地下联络点及抗日活动

中国共产党积极领导东北军民共同抗日,收复家园。但因日本侵略势力强大,中国共产党力量不足,因而中国共产党主要通过在东北各地建立地下组织、设立抗日联络点(站)等形式,承担传达和执行上级指令、支持援助中共地下党员工作、组织东北地区民众参加抗日义勇军和抗联组织的抗日活动等任务。而抗日联络点(站)一般都设在隐秘场所,不易被日伪反动势力察觉和破坏,因而,中国共产党选择在某些正常经营的商号设立一些联络点(站),这些商号表面上保持正常营业状态,而暗中成为中共党员秘密联络地点,就这样东北地区某些商号为抗日事业做出了自己的特殊贡献。

(一)中国共产党在辽宁地区商号的地下联络点及抗日活动

1. 沈阳地区商号的中共地下联络点及抗日活动

沈阳志诚银行为掩护中共地下党员及其抗日活动做出了很大的贡献。志诚银行是"长期以沈阳金融界名流的身份为掩护,从事富有传奇色彩的革命活动"②的中共党员巩天民组织建立的。1932年身为银

---

① 中共辽宁省委组织部、中共辽宁省委党史研究室、辽宁省档案馆:《中国共产党辽宁省组织史资料(1923—1987)》,1995年,第44页。
② 罗占元、冯树成主编,中共辽宁省委党史研究室、辽宁省中共党史人物研究会编:《辽宁党史人物传》12,辽宁人民出版社2007年版,第76页。

第四章 东北地区商号的抗日活动

行家的巩天民在沈阳市公济平金融商号当实习生，从事工商业放贷款工作。1934年12月，巩天民与沈阳的渊泉溥、富森竣、咸元会、锦泉福、义泰长五家钱庄商号商定，在沈阳开办了中国人自己的银行——志诚银行，意为"众志成城"，巩天民任常务董事长兼总经理，志诚银行实际成为中共地下党在沈阳的工作机关。由于巩天民熟悉银行业务，在他的管理下，志诚银行很快就还清了债务，在社会上有了一定的影响力。身为中共地下工作者的巩天民以民族资本家的身份，掩护自己和其他中共地下党员在东北地区从事抗日爱国活动，搜集情报，进行不屈不挠地反抗日本帝国主义侵略的斗争。

1932年年底，东北抗日义勇军共产党员张雅轩和革命青年宋黎来到沈阳，巩天民以志诚银行为掩护，全力帮助和掩护他们开展地下抗日活动。他还全力援助和支持东北抗日义勇军开展的地下组织活动，提供资金和医药用品，解救被捕同志。七七事变后，中共党组织派张为先同志到沈阳开展地下工作，巩天民将其安排在志诚银行任监事，以此身份掩护其领导抗日活动。在张为先的领导下，巩天民利用自己的身份和志诚银行的有利条件，机智安排掩护和转移过中共党员潘汉年、车向忱、高崇民、韩幽桐、李振远、周梅影等同志在沈阳秘密开展抗日工作，有时还用志诚银行的运钞车和警卫为党护送机密文件和情报，出色地完成党交给的任务。日伪政权一度怀疑巩天民是中共党员，将他关押起来，对其严刑拷问，巩天民经受了"疲劳审讯、电波通脑、灌辣椒水、剔刺指甲、滚钉板、卧短凳等酷刑"[1]，始终矢口否认自己的党员身份，保护了其他爱国志士，体现了一名中共地下党员的坚贞不渝和机智勇敢。在中共地下党组织多方营救下，日伪政权也找不到证据只好将他释放。1938年，巩天民又安排中共地下党员丁宜同志在志诚银行成立了"觉社"，专门组织地下党员学习中共中央文件和马克思主义著作，并在中共地下党领导下，收集东北、华北等地军事经济等情报。巩天民还利用与日伪政权官员、日本财团经常接触的机会，及时搜集日本军方的重要情报。他还借奉天商会组

---

[1] 巩天民档案《自传》，沈阳市档案馆藏，全宗号L12。

| 近代东北地区商号的发展与时局应对

织"华北观光团"的机会,"广泛搜集了北京、天津、济南、青岛、承德、大同、张家口等地日军的政治、经济、军事情报"[1],并及时传达了给上级党组织。1942 年,日本侵略者为了加强垄断东北地区经济,加强对民族私营资本银行的经济统制,实行所谓"强化整备"措施,提出对东北民族资本银行进行行业组合,限定私营银行总资金达到 1000 万元才可以继续营业。志诚银行当时无力筹措资金,为了能够继续开展中共地下党联络点的工作,与奉天实业银行进行了合并,成立新的志诚银行(即大志诚)。巩天民仍任专务董事兼总经理,他又寻找机会把中共地下党员丁宜同志安排到新志诚银行当总务科副科长。当时志诚银行总行设在沈阳市朝阳大街,为壮大实力,还在沈阳市的沈河、大东、北关、和平、铁西、南市等区设立了分行,也在鞍山、抚顺、长春等地设立了分行,使得志诚银行得以保存和继续发展,更好地为中共领导地下抗日活动服务。志诚银行为"觉社"继续活动创造了安全良好的条件,也使丁宜同志能够继续从事情报工作。志诚银行等中共地下党组织搜集日军重要情报,及时送到延安的中共中央,得到了毛泽东、周恩来等同志的赞许,毛泽东称赞他们的工作成绩说:"我们的情报工作突破了伪满洲国的'钢铁国防线',是我党对东北工作的先锋。"[2] 志诚银行从成立到抗战胜利,一直是中国共产党在沈阳的地下工作机关,在中共地下党的领导下同日本侵略者展开了秘密斗争,做出了重要贡献。

此外,沈阳的老精华钟表眼镜商行也曾是中共奉天支部的秘密据点,中共地下党员任国祯和杨志云曾就住在老精华钟表眼镜商行进行地下党组织活动。

2. 大连地区商号的中共地下党联络点及抗日活动

大连地区有很多商号是中共地下党工作的联络点,直接或间接参

---

[1] 王立中、吴志学:《金融家巩天民的革命生涯》,载政协辽宁省委员会文史资料研究委员会编《辽宁文史资料》第 23 辑《辽宁民主党派专辑》,辽宁人民出版社 1988 年版,第 270 页。

[2] 中共中央党史研究室编:《中共党史资料》第 54 辑,中共党史出版社 1995 年版,第 12 页。

与了很多抗日活动。其中大连益记笔店就是中共地下党秘密联络点之一，益记笔店以经营专卖文房四宝的南纸店为幌子，来掩护中共地下党员在此接头和开会，如邓鹤皋、牛汉臣、王少坡、张任光、魏长魁、李稔年、张启秀、杜继曾、王立功、曲文秀等地下党员先后以买笔为幌子来此会合，向党组织汇报工作和接受新任务。益记笔店不仅为中共地下党员开展接头、开会等地下抗日工作创造了便利条件，还在此地成立了中共大连市委，召开了中共关东县第一次党员代表会议，并接待和掩护了途经大连去北京的中共党员蔡和森。由此可见，益记笔店作为中共地下联络点发挥了巨大的作用。益记笔店还担负着传递、保存党的刊物、文件等工作。益记笔店被迫停业后，中共地下组织又把志成书房设为大连地下党联络点。

1931年，中共大连地下党员在志成书房以教书为掩护，宣传革命思想，开展党的工作，如中共党员王德海就以志成书房教员的身份掩护其抗日活动。地下党员在志成书房白天正常教学生写字读书，晚上开会学习党的文件和相关知识，如学习"十大政纲""反立三路线""反对北方落后论"和"苏俄见闻录"等内容，并将书房盈利作为党的活动经费。中共大连市地下党组织经常利用志成书房开会，并组织青年和印刷工人进行理论学习和讨论，制定党组织的任务是："发展组织，宣传抗日政策，提高工人觉悟，打击日寇，利用一切机会组织罢工等。"[①] 志成书房还积极发展党员，如在"满洲日日新闻社"工作的滕开君、桑凤歧、谭云和、袁松岩、张茂相等几名青年，白天在工厂劳动，晚上来到志成书房学习理论文化，很快这些进步青年受到了党的教育，对中国共产党有了初步的认识，积极主动地加入了中国共产党。1932年年底至1933年春，中共大连市委地下党组织多次进行散发反日标语和传单的活动，在社会上造成了很大影响，志成书房也实现了其地下联络点的价值，但因为招致日伪政权势力的注意，为安全起见在此的联络点很快被取消了。

---

① 中共大连市委党史资料征编委员会编辑发行：《大连地下党史料选编》，1986年，第284页。

| 近代东北地区商号的发展与时局应对

  作为中共地下党组织联络点的德成商店是中共胶东区党委大连支部于1942年设立的，德成商店主要经营面粉、蔬菜、烟、肥皂、鲜鱼等商品，另外还卖水（卖生水和开水）及其他小百货。根据日本殖民当局要求，德成商店承担部分供应居民"配给品"任务，其盈利也为中共地下党组织解决了活动经费。作为中共地下联络点的德成商店设计了一个暗号，即掌柜的在家，他的住房四扇窗户就全关着，掌柜的不在时，他的住房四扇窗户就打开一扇，这样很好地掩护了在此的中共地下党活动。中共地下党组织以德成商店为掩护，在商店里召开会议，听取党员和各支部汇报工作，指导党员和各支部发展组织、开展工作。德成商店还安排新入党的青年党员当伙计，负责跑交通（传递信息），"至抗战胜利时，已发展党员60余人"①，并培养了一大批拥护中国共产党的积极分子。为了躲避敌人的监视，方便中共地下党组织开展工作，除德成商店外，西岗博爱市场的洋服摊也成了大连党支部的地下联络点，由爱国人士赵鸿诰经营负责。1942年赵鸿诰加入中国共产党时，将摆洋服摊的两千元资产全部交给党组织，作为党的活动经费。由于他在大连时间久，各方面关系较熟，货物来源也较多，所以这个洋服摊利润比较多，为中共地下党组织提供了大量的活动经费。大连的小西果园也是中共地下党一个联络点，中共地下党组织在这里召开了多次重要会议。小西果园的工人在党的教育培养下，阶级觉悟提高得很快，以此为基础又团结教育了洪记、平野两个果园的工人，并积极发展了十余名工人成为中共地下党员。中共地下党支部还建立了工人武装，很多中共地下党员以果园工人为掩护进行工作。1940年，中共党员沈德龙来大连工作，他开设了兴亚照相馆以便于开展情报工作，发展情报人员，多次将获得的日本军事情报发给苏联指令局，发挥了很好的作用。

  隆兴茶庄也是大连中共地下党组织的联络点之一。1943年春天，胶东海外各界抗日同盟会大连分会（简称"大连抗盟分会"）为了在大连开展抗日活动，在马栏屯开办了隆兴茶庄。茶庄不仅作为胶东地

---

① 李秉刚：《辽宁人民抗日斗争简史》，辽宁人民出版社1997年版，第359页。

区抗日同盟会同志与大连中共地下党组织进行会合的联络站，掩护大连抗盟分会组织开展抗日活动，还可以利用其盈利作为大连抗盟分会的活动经费。随着大连抗盟分会组织的不断发展壮大，到隆兴茶庄聚集的人越来越多，为了不引起日本人的怀疑和破坏，大连抗盟分会在茶庄后屋开设了建筑作坊，利用建筑工人流动性大的特点，迷惑和躲避敌人的监视，掩护抗日同盟会的同志。这不仅保证了中共地下党员的安全，还解决了他们的食宿问题，一举两得。在隆兴茶庄工作的中共地下党员以合法身份广泛接触群众，宣传抗日救国的思想，促进了大连抗盟分会不断发展壮大，"到1945年8月大连解放前，抗日同盟会分会已建立了21个工作点，发展会员100余人"①。所以说，隆兴茶庄发挥了很好的作用，功不可没。1945年1月，中共山东分局根据中共中央关于"负责动员和领导一切可能之力量，来开展满洲工作"的指示，派中共地下党员宫润海到大连同聚窑厂建立联络站，搜集情报，领导工人群众开辟新的战线。

综上所述，中共大连党组织在各商号设立的地下党联络站，在进行革命宣传、发展党组织和搜集日军政治、军事等方面情报发挥了很大的作用，还在营救被日军逮捕的革命人士、共产党员，转移暴露的中共地下党员等方面做了不少实质性的工作。所以说，这些商号作为中共地下联络点为中共大连党组织的发展壮大和反抗日本的残暴统治做出了重要的贡献。

(二) 中国共产党在吉林地区商号的地下联络点及抗日活动

1933年8月，中共地下党组织在吉林省榆树县设立了华昌药房为地下联络站，负责搜集日伪政权的重要情报，并且在当地组织革命队伍，为抗联队伍输送革命力量。他们不仅要负责掩护东北抗联军队在榆树县的抗日活动，还要在县城收集军需物品如药品、胶鞋、武器等，并负责将这些物资支援给抗联队伍。吉林省通化县三源浦镇的汇源隆商号也是中共地下联络点之一，很多重要情报都是从这里传递给

---

① 王佩平主编，大连市史志办公室编：《大连市志·人物志》，中央文献出版社2002年版，第276页。

| 近代东北地区商号的发展与时局应对

抗联的。1933年，驻扎在三源浦镇的日本守备队被命令撤往别处应急，只留下十来个日本兵留守。汇源隆商号联络点迅速将这个情报转给了抗联组织，抗联军队很快赶来，并在汇源隆商号召开了紧急军事会议，制定了攻打三源浦镇的作战方案，并明确此次战斗的意义，"是为了扩大抗日联军的政治影响，提高声望，加强与后方情报点的联系，广泛争取一切可以团结的力量，结成抗日统一战线"[1]。战斗在抗联组织的周密布置下取得了胜利，消灭了负隅抵抗的日伪军队，逮捕并处决了日本驻通化总领事馆总稽查官和几个罪大恶极的汉奸，捣毁了日伪警察局和"满铁"所设的铁路工程局和日伪兵营，缴获了一批枪支和大批物资。可以说这次反击日军势力和日伪军队的胜利，中共地下党联络点汇源隆商号功不可没。

　　根据中共中央"长期隐蔽、等待时机"的原则，为了便于开展革命活动，1942年，中共地下党员李维民在吉林市商业街牛马行开了永茂东估衣铺，他以一个合法商人的身份在吉林市站稳了脚跟，掩护其抗日活动。1944年，李维民又组织李振鹏、刘兰亭等人在吉林市致和街成立裕顺德弹棉厂，李维民兼任两个商号的经理。为了更好地掩护自己的抗日活动，他广交商界、政界朋友，很快成为吉林市商界有名的商人，不仅在经济上了有了资本，也有了更好的身份掩护抗日活动。他在吉林市的重要任务是情报工作，而"交通工作是地下党对敌斗争的动脉，是上下级和各个地区之间互相联系的纽带"[2]，因而他深知任务艰巨性和重要性。为了早日同延安的中共中央取得联系，及时汇报吉林市的革命斗争情况，李维民秘密将中共满洲省委在哈尔滨的电台转运到吉林市，这样他利用每天在永茂东商号晚上的时间，将白天搜集的情报发往延安。李维民在中共满洲省委领导下，坚决遵守秘密交通工作的规定。他负责联系汤原、珠河、磐石、沈阳、大连以及各地去中央的交通员。他曾派交通员将党的文件送去汤原交给汤原县委书记、游击队长夏云阶，并将他们的信件安全带回，如期向省

---

[1] 廉学诚：《抗联攻打三源浦的始末》，载政协吉林省柳河县委员会文史资料研究委员会编《柳河文史资料》第4辑，1988年，第76页。

[2] 江涛主编：《吉林党史人物》第4卷，吉林教育出版社1991年版，第198页。

委汇报工作。他还以商人的身份,通过与交通员的紧密合作,将电线和制造炸药的原料运送给抗日游击队,支持游击队对日军作战。他在牛马行商业街的爱国行为还带动了其他商人,共同参与和支援抗日活动。由于采取长期埋伏、积蓄力量、搜集情报、等待时机等策略,他在吉林市出色完成了党组织的派遣活动,也为后来配合苏联红军收复东北,争取抗战的胜利做出了积极的贡献。

(三) 中国共产党在黑龙江地区商号的地下联络点及抗日活动

中共地下党组织在哈尔滨市各商号设立的地下联络点也很多,但存在时间都不长。如哈尔滨市的开明书店是中共地下党的一个宣传机关,中共地下党员在这里编辑出版发行了抗日报刊《春潮》和《现代旬刊》。1933年,开明书店被日伪政权破坏后,"一毛钱饭店"又成了中共地下党的地下联络点,中共地下党员经常在这里碰头联系,还掩护过抗联同志赵尚志。赵尚志有一次从巴彦游击队回到哈尔滨,准备向省委汇报工作,当他来到一毛钱饭店进行接头时,却被埋伏在这里的特务逮捕,但赵尚志一口咬定自己是来讨饭的,日伪政权在没有证据的情况下只好释放了他。此外,1931年中共地下党员在道里区开设"天马广告社",表面上承揽各种绘画、广告业务,其实是以此掩护革命活动。1935年5月,在新城大街的哈尔滨口琴社也是一个中共地下党联络点,表面上是一个教授吹口琴的学校,实际上是中共地下党员的革命宣传阵地,"这个进步群众文艺团体总人数有一、二百人,经常参加活动的有五十多人"[1]。团结了一批爱好音乐的进步青年,"曾活跃在这条街上的金剑啸、罗烽、舒群、萧军、萧红、方未艾、侯小古等一大批左翼作家,后来被誉为北满地区革命文艺的开拓者"[2]。他们以自己的方式宣传和动员人们参与到抗日战争中去,激发了人民群众抗击日本侵略者的斗志。中共地下党员姜椿芳、金剑啸等都参加了口琴社活动,以联络、

---

[1] 林工整理:《在"四一五"事件中被敌人杀害的"口琴社"主要成员侯小古烈士》,载政协黑龙江省哈尔滨市委员会文史资料研究委员会编《哈尔滨文史资料》第7辑《纪念抗日战争胜利四十周年专辑》,1985年,第164页。

[2] 张福山:《以抗日英雄命名的四条街》,载政协哈尔滨市委员会文史资料委员会、方正县委员会文史资料委员会编《哈尔滨文史资料》第19辑,黑龙江人民出版社1995年版,第53—54页。

团结更多的文化界进步人士,为开展抗日斗争做出了积极的贡献。1937年4月,口琴社联络点遭到日伪破坏。

哈尔滨中央大街的永庆祥商号也是中共地下联络站之一,以经营食品杂货为主。商号经理朱忠是一名中共地下党员。根据组织安排,以经营商号为理由,通过种种暗号与其他中共地下党员取得联络,开展地下工作。为了更好地开展地下工作,朱忠努力管理永庆祥商号,仔细查阅进销账目,商号发展得井井有条。他经常在商号内与其他中共地下党员进行接头协商事宜,将搜集的情报传递给上级。不仅如此,他还经过上级组织的同意,发展了"王书元、孟宪成、李育民、于通华、马志诚、邱志强、冯士才等十几名党员"[1],其中有工人、店员等,他们为哈尔滨地区抗日和解放做了大量的工作。

齐齐哈尔市乐天照相馆为抗日情报工作做了很大的贡献。在国际反法西斯斗争中,一批中共党员也积极加入了共产国际情报系统,直接为共产国际服务。国际反帝情报组织为了掌握日军的第一手资料,选拔和培养了一批优秀中共党员作为情报人员,秘密潜入齐齐哈尔市,负责搜集日本军事情报。乐天照相馆实际成了苏联红旗军司令部地下军事情报站的一个据点。情报人员在这里随时把收集到的情报直接拍发给苏联红旗军司令部,不能拍发的情报就由交通员送往苏联。难能可贵的是以乐天照相馆为中心的地下情报系统还掌握了一定的反监听技术,因此该发报据点一直未被日伪政权发现。在以后很长一段时间里,保证了齐齐哈尔电台与远东苏军情报部门的联系畅通。虽然有日伪政权特务们的严密监视和控制,但是通过乐天照相馆情报点还是能够搜集到很多重要的情报,如"有齐齐哈尔至黑河间的铁路桥梁、铁路公路线路、军用设施等情况,有伪军区人员的编制、番号和兵种、兵力和武器配备情况,有日寇驻军调动、换防、日军高级将领调换等各种情报"[2] 等。乐天照相馆情报站能够获得大量有价值的情报,主要是情报人员通过各种关系、渠道来搜集的。如中共地下工作

---

[1] 苏春荣:《永庆祥商号的"少东家"》,载黑龙江省人民政府参事室、黑龙江省文史研究馆编《龙江文史》第4辑,1995年,第72页。

[2] 《民间影像》编委会编:《民间影像》第9辑,同济大学出版社2019年版,第81页。

人员白瑞通过关系进入日伪政权警备司令部当了"上尉情报参谋",在敌人内部从事情报工作,他利用工作职务获取到敌人机关兵营照片、文件等,再转交给乐天照相馆翻印。乐天照相馆老板孙乐天为了搜集日军更多的军事情报,特别注重开展社交活动,经常"邀请"日本宪兵、特务、日伪警察到照相馆来打牌、吃饭,从他们的口中探听到各种有价值的信息。乐天照相馆在表面上与日伪政权机关关系融洽,这样就有很多日伪政权军官来照相馆冲洗照片,借此机会也能得到一些军事情报。由此可见,作为中共地下联络点的商号不仅要善于经营发展经济维系生存,还要在日伪政权压榨环境下,通过多种途径发挥和实现其革命价值,实属不易,更能体现东北地区一些经营商号的商人与敌人抗争的爱国斗志。

1933年6月,黑龙江省牡丹江市穆棱县浴池"田家澡塘子"成为中共中央当时在穆棱县第一个交通联络站,主要工作是募捐药品,筹备物资,修理武器,支援穆棱抗日游击队,为穆棱抗日游击队传递县委指示,将搜集到的敌人情报秘密送到抗日游击队。1934年7月,田家澡塘子中共地下工作者配合打进伪穆棱县公署卫队内部的共产党员,开展抗日宣传,进行倒戈活动,将携带枪支手榴弹的多个日伪警卫队人员编入抗日游击队,"使游击队发展到八十多人"[1],所以说田家澡塘子联络站也为抗日救国做出了贡献。此外,1935年中共地下组织在牡丹江市德发客栈设立地下联络点,也出色地完成了很多地下交通工作。

黑龙江省佳木斯市的中共地下党员开办福星旅馆作为中共地下组织。这个旅馆由中共地下党员黄吟秋经营,因为形势所迫,北满临时省委同意黄吟秋可以"在'合法'的环境下,做'不合法'的工作"[2]。黄吟秋想方设法使旅馆赚钱盈利,赢得日本人的信任,寻找机会进行地下工作。1939年10月,国际反帝组织从苏联派遣两名特

---

[1] 房玉玲:《田家澡塘联络站》,载政协黑龙江省穆棱县委员会文史资料研究委员会编《穆棱文史资料》第3辑,1988年,第21页。

[2] 梁文玺编著:《黑龙江抗日战争时期地下交通》,哈尔滨工业大学出版社1992年版,第61页。

近代东北地区商号的发展与时局应对

工人员来鹤岗和佳木斯一带搜集日军兵力部署、武器配备和机场位置等军事情报。其中一人在鹤岗被捕,另一人潜入佳木斯。黄吟秋联系到这位潜入佳木斯的特工人员后,立即将他安排在福星旅馆住下,保护他完成了任务。还派中共地下交通员把他送到苏联,与党组织接上了关系。黄吟秋还在福星旅馆解救了中共抗联战士。抗联某部团长在夜间一次撤退中掉队,不幸被日本特务发现,将其带到福星旅馆来。黄吟秋利用查房的机会,暗示该团长向日本人谎称是前来投靠日本人,日本特务信以为真,后来经过黄吟秋的安排,该团长脱离了险境,重新回到了抗日武装队伍。

黑龙江省依兰县的华芳照相馆也是中共地下联络点之一。华芳照相馆的刘润田师傅是一位爱国人士,他深切痛恨日本鬼子对中国的侵略。因此,他主动与依兰县的中共地下党员积极联系。中共依兰地下党研究分析了刘润田的思想以及华芳照相馆在依兰县营业上的威信等方面,决定在华芳照相馆的后院租一间小房子,作为中共的地下联络点。此后,中共地下党员黄世一、刘振忠、刘振祥、李成林等,常来此碰头或聚会,为掩护中共地下党同志在依兰县抗日活动做出了贡献。

黑龙江省鹤岗市德泰和药店也曾是中共地下联络站,德泰和药店老板翟延龄以药店作掩护,为支援抗日战争胜利做出了重要贡献。1936年秋,原中共满洲省委秘书长冯仲云和中共地下工作者在该药店召开秘密会议,担任放哨任务的翟延龄发现外面有很多人在围观墙上张贴的通缉冯仲云的布告,便迅速报告了开会的同志做了应急准备,并在半夜由药店联络员护送冯仲云等同志安全离开了鹤岗。1937年冬,中共地下党组织通过交通员获取了"抗联二十九团的徐少臣近日准备携款投敌"[①]的情报,立即报告了联络站,德泰和药店老板翟延龄迅速派交通员进山报告了抗联部队,成功消除了这一隐患。德泰和药店的店主和店员还经常扮作医生,常常以顾客"请医生为家人治

---

① 梁文玺编著:《黑龙江抗日战争时期地下交通》,哈尔滨工业大学出版社1992年版,第136页。

病"的理由作掩护，一次又一次通过敌人设置的关卡进山为抗联部队送药、送情报，有力支援了抗日联军的生存和战斗，直至最后胜利。

第二节 东北地区商号的抗日方式与活动

东北地区部分商号面对日本帝国主义侵略，采取了不同形式的抗战，表现出了强烈的家国情怀。有的商号苦心经营产业，尽全力抵制日本侵略者的压榨和日资对商号的侵夺，发展民族经济；有的商号以提倡国货、发展实业、抵制日货的形式进行斗争，壮大了东北地区民族产业的实力，抵制了日资和日货对东北的侵入；有的商号全力支持和资助东北地区的抗日活动，或提供资金援助，或提供信息线索等，为东北抗日运动做出了贡献；还有的商号在爱国人士和中共地下党员组织下，直接参与了抗日活动，发挥了东北民众抗日的力量。东北地区部分商号不同层面不同程度抵制日本的侵略，为全民族抗战做出了贡献，同时体现了东北民族工商业者的民族正义感和家国情怀。

一 苦心经营商号与日本侵略者对抗

中国东北地区是被日本侵略最早、时间最长和程度最深的地区。日本侵略者为达到侵略目的，采用多种侵略手段压榨东北地区经济。东北地区商号在日本侵略者残酷欺压下有的被迫关闭，而部分商号能在日本殖民政策与压榨的夹缝中求得生存发展，这归功于其独特的经营发展战略，善于抓住市场信息等经营策略。部分商号拒绝日本侵略者和日商经济的介入，竭力与其周旋，苦心经营，保持民族资本主义的本性，一定程度上抵制了日本资本势力对东北经济的侵蚀。

吉林市纺织业商号裕华工厂能在日本侵略者压榨夹缝中生存发展，得益于其经营策略。"九一八"事变后，日本纺织产品源源不断涌入吉林市，其中比较高级的纺织品有华达呢、军人市布以及各种绸缎、人造绢布等，在吉林市各城镇极为畅销，但是因为其高端产品不适合农民群众使用，因而在城镇农村还有广阔的纺织品市场。裕华商号抓住了这一生存发展机会，织出不同规格的棉布到各村镇进行推

近代东北地区商号的发展与时局应对

销。当时日商产品只是在城市推销,而未在农村进行零售,裕华商号抓住这一机会,积极在农村推销产品,经常派人下乡了解自产棉布是否适销,并做好批发零售,在吉林各县城乡镇连成了自己的推销网,使裕华的纺织商品打开了市场,拥有了在逆境中生存的资本和机会。

长春市益通商业银行在日伪政权统治时期进行了经营方式的改革。首先参照美国汇丰、日本正金等资本主义国家银行的管理方式改革了企业的管理方式,又结合益通银行的实际情况进行了系统改革。益通商业银行经理田芝年坚持唯才是举的原则,摒弃家族式企业管理的方式,并率先在民族私人银行界打破了东伙关系,实施了西方资本主义社会的公司体制。在业务上,他特别注意调查研究,善于掌握大量商业信息,把益通商业银行经营的重心由倒卖钱钞转变为存款、放款、汇兑等业务。通过一系列的管理方式和业务经营的改革,益通商业银行实现了从内到外的革新和发展壮大,一定程度上摆脱了发展困境。益通商业银行在日伪政权统治时期还积极扩展存放款业务,增加了保险业务,扩大了经营规模,"在哈尔滨、沈阳、大连、天津、北京、上海等地先后设立了7处支行或办事处,员工总数达到300余人,资产由25万元增至300万元"[①]。益通商业银行也正式改组成股份有限公司,成为当时长春市乃至东北地区有声望、有影响的金融集团。长春益通商业银行具有强烈的民族性,不畏日伪政权的强权统治与压力,始终坚持扶植本地的民族中小工商企业发展的经营方向,明确要求不给日本商社贷款。不仅如此,益通商业银行还与民族工商业主站在一起,如在日伪政权强行以纸币代换银圆前,益通商业银行秘密通知储户将银圆提出,避免了长春民族工商业主的损失。

1931年"九一八"事变后,日伪政权极力笼络长春市益发合商号经理孙秀三,如果凭孙秀三的个人才干、声望、职位和社会影响,很容易能从日伪政权那里得到荣华富贵。但是,他毅然辞去连任多年的长春市商会会长职务。日伪政权还试图以各种官衔诱惑他,但他以避居大连养病为理由,表示不愿与日伪政权合作,体现了一名民族资

---

① 顾万春、李荣先主编:《长春市志总志》下,吉林人民出版社2000年版,第753页。

本家的气节。孙秀三避居大连后，益发合总管理处也就迁往了大连，由孙秀三执掌益发合的发展全局。孙秀三审时度势实施一系列举措，使益发合能够在日伪政权压榨夹缝中生存、壮大。首先，他瞄准日伪政权统治的薄弱环节，先向日伪政权经济统制尚未强化的方面发展。他在大连设立了出口部，以出口大豆为主；在长春修建了泰发合商场，是长春市营业面积最大、设备条件最好的民族资本百货商店；还扩大了哈尔滨益发合百货商店的业务。其次，孙秀三还在各城市设立多个分支机构，如在长春增建新火磨商号，设立了制酒、制米厂和第二制油厂，在哈尔滨收购了奉大火磨，在四平市设立了制油厂和制米厂，在农安县设立了制酒厂。到1936年，益发合的分号不仅遍布东北各地，而且在关内也有很多分号，甚至日本的大阪、名古屋等地也有益发合的产业，产业已涵盖工业、商业、金融等行业。为了更好地管理益发合联号复杂的业务、庞大的系统，益发合改革了旧式东伙制的组织管理方式，建立了一个紧密的、规范的组织形式即益发合股份公司，以适应逐步发展的资本主义企业。同年，益发银行也建立了公司股份制，标志着益发合和益发银行由旧式商号过渡到近代化资本主义企业，在资本主义道路上迈出了关键性的一步。虽然日伪政权的经济统制政策非常残酷，涉及各个领域各个环节，但在孙秀三等人的经营管理下，益发合商号仍然得到发展，"从1936年1月至1941年6月期间，益发合共计盈利633万元，平均每年盈利115万元，年盈利为其资金总额300万元的38.4%"[1]，一定程度上抵制了日本侵略者对东北民族经济的压榨。

长春益发合还打破了日本军方想入股中国企业的阴谋。益发合在东北商界的名气很大，每年都有丰厚的利润，致使日本军方想在益发合投资入股，获得利益。而在当时的东北，中国人经营企业要受日本人的控制和限制，因而很多商号不得不结交日本人。而益发合的孙秀三认为，"如果允许日本军方入股，就会给益发合招来麻烦"[2]。因而

---

[1] 徐兴信主编：《读乐亭》第5辑，中国物资出版社2005年版，第51页。
[2] 《呔商之路》编写组编：《呔商之路》，中国社会科学出版社2010年版，第178页。

| 近代东北地区商号的发展与时局应对

他坚决拒绝日本军方投资入股，保持住了益发合民族资本的本色。他一方面采取"拖"的战术，以东家（又称"京东刘家"）主张独资经营为借口进行搪塞；另一方面请日伪政权官员蔡运升、启采和等人从中疏通，最后使日本军方入股的事情作罢，始终没有让日本资金挤入益发合，保持住了益发合商号的民族资本性质。

  有的民族商号能在日伪政权压榨的夹缝中生存发展，很大因素在于其经营者的个人品质、才能智慧与经营技巧。如长春市协力工厂能获得发展的机会，归功于其负责人孙彝三为人忠厚，精于计划，主张实干，善于管理，使工厂能够织出各种样式的棉布，适应市场的需要而获利丰厚，继而壮大了工厂的发展规模。"到1939年，协力工厂已经发展到有100台电力织布机，50多间厂房，100多名职工"①，成为当时长春最大的棉织厂。长春市玉茗魁商号在"九一八"事变前后，"每次结帐（三年结帐一次）能分到红利13万元钞票（钞票是日本正金银行发行的纸币，当时它的价值略高于现大洋）"②，玉茗魁商号的员工也增加到三四百人。玉茗魁商号能够在日伪政权时期继续发展，主要是因为其经理陈锡三等人经营有方，他们的经营方针是"薄利多销、贱卖不赊、面向农民、面向外县"，经营的秘诀就是以价格便宜取胜，这归功于玉茗魁的进货方式。玉茗魁在大连、上海、营口、安东、图们、沈阳等地设置"采购员驻在"，能够从商品产地直接进货，这样商品成本低，利润自然就高。而且玉茗魁进货也带有囤积性质，淡季时大量收购，旺季再进行出售，即使利润少点，但是因薄利多销，获利也很丰厚。并且玉茗魁的商品物美价廉，符合当地农民的需要，还专门制定了招待顾客的方式方法，即"先烟后茶"，使购货的农民高兴而来，满载而归。玉茗魁商号的声誉因其优质周到的服务而口口相传，获得了人们的好口碑。玉茗魁还有一个销售秘诀就是与当地货郎合作，这是一个不容易做但做好了会很有效果的销售策略。因为那时的货郎都是在各个村镇走街串巷式地叫卖，是一股强

---

① 顾万春、李荣先主编：《长春市志总志》下，吉林人民出版社2000年版，第729页。
② 矫正中：《吉林百年工商人物》，吉林文史出版社2004年版，第97页。

第四章 东北地区商号的抗日活动

大的贩卖和宣传力量，玉茗魁积极与各地货郎进行合作，而且对待货郎也非常殷勤周到，货郎进店后不仅有烟茶伺候，还为他们提供伙食。玉茗魁商号利用货郎向外扩大宣传，使广大农村地区知道了玉茗魁的商品，不仅销售速度快，而且深受老百姓的信赖。在长春与玉茗魁商号竞争的有振兴合、顺德商店、天锡昌、宝泰昌等百货店，后来加入竞争行列的还有益发合商场和日本人经营的宝山、三中井，俄国人经营的秋林等商店。泰发合为扩大批发业务，开设了泰发栈。但因为泰发合、振兴合经营的多为高档商品，并非农民所需，因而都无法与玉茗魁商号抗衡。至于那些日俄侵略者开设的洋行，更是无人问津。所以，玉茗魁商号在经理陈锡三的领导下，以其薄利多销和面向农民、面向外县、搞批发的经营方针，发挥了很好的经营优势，保持了很高的营业收入，因而说玉茗魁商号在日伪政权压榨下，能够利用多种营业技巧维持发展，未因为日伪政权层层压榨而垮台，抵制了日俄资本经济侵略势力的渗透。

有着强烈民族意识和精神的东北地区商号还直接拒绝为日本侵略者服务。日本侵略者威逼利诱长春义大铁工厂为其加工制作屠杀中国人民的武器，遭到义大铁工厂的断然拒绝，表现了其坚决的民族气节。伪满洲国成立后不久，日本急需东北地区名商帮助其兴办产业。黑龙江广信公司原是清政府统治时期黑龙江将军达桂在齐齐哈尔设立的一家金融机构，后改组为黑龙江官银总号，并于1932年5月在黑河成立。1933年，日本人企图邀请长春积德泉酒业商号的王玉堂担任广信公司的经理或总办，被王玉堂拒绝，日本人甚至要挟他："你是长春有名的人，没有一个地位恐要受打击。"王玉堂回答道："我无错误不怕。"[①] 1934年，日本人又来找他担任伪中央银行董事，王玉堂不想当日本人的傀儡，更别说要帮助日本人攫取中国的货币金融财富，严词拒绝了日本人的要求，表现出中国东北商人的家国情怀。1941年以后，日本远在本国的军用物资根本无法满足或供给侵略战争的需要。日本要求长春积德泉烧锅酿造60度以上的白酒，以便能

---

① 任凤霞主编：《吉林老字号》，吉林大学出版社2008年版，第32页。

近代东北地区商号的发展与时局应对

够配在汽油中使用,进而满足侵略战争的军事需要。积德泉经理王玉堂面对日本侵略者压制,决定不服从要求,而日本军方通过日本正金银行先期拨来了部分酿酒的款项,逼迫积德泉生产,并强行收购所酿造的酒,强令其不交货就要受到惩罚。王玉堂只得另想办法进行抵制,他借给伪满洲国皇宫酿酒赚钱的机会,巧于周旋,"每月给伪满皇宫朝廷送去 50 桶积德泉专用'御酒',而给日本人的一部分酒中兑一些水,使酒的浓度不够"①,使其不能够用于军事,一定程度上对抗了日本侵略者,并使积德泉酒业生存下来。

  1931 年"九一八"事变后,沈阳的兴盛久纺织商号暂时停产停工。1932 年,日本侵略者在东北成立伪满洲国后,驻扎在东北几十万关东军的军装成了"商机",日本侵略者强迫东北的服装商号为他们加工军装,兴盛久商号也被强行指派加工军需品,虽然不情愿,但在日本人暴力威胁下不敢不做。兴盛久商号采取了"糊弄日本鬼子"的方式来对抗日本侵略者,比如做裤子,兴盛久商号设计成"立档短、横档小"的样式,这样日本人穿上以后只要一抬腿,裤裆就会开裂。给日本人做的上衣,缝袖子用糙线,使日本军服不结实,容易开裂。兴盛久商号为了生存,在日本侵略者威逼下采取了这样的策略以对抗。

  "九一八"事变后,日本侵略者开始强占中国东北地区。1932 年 2 月,在日军刺刀威胁包办下成立了伪满洲国傀儡政府,日本侵略者强迫东北地区商民去日本领事馆进行所谓其一手操纵的"促进建国大示威运动",强迫各个商号要悬挂伪满洲国旗。沈阳志诚银行巩天民组织一批爱国人士抵制日本侵略者成立伪满洲国,他们广泛收集日寇暴行材料,印抄传单散发给当地市民,警告商民"绝不要被日寇利用,反对成立满洲国"②,表现了东北部分商号抵制日本侵略的爱国之情。

  沈阳市民族私营钱庄商号在日伪政权压榨下,放出的贷款大部分

---

① 《吠商之路》编写组编:《吠商之路》,中国社会科学出版社 2010 年版,第 208 页。
② 秦亢宗:《抗战中的民国商人》,团结出版社 2015 年版,第 18 页。

第四章 东北地区商号的抗日活动

都不能收回，而日伪政权却规定各钱庄商号向原政府官银号的借用款项由伪满中央银行接管，钱庄必须偿还，这就使私营钱庄资金流失严重。更加残酷的是，钱庄商号必须接受日本商人的资本渗入，才能获得重新营业的许可。在生死抉择时刻，沈阳市各钱庄商号只能另谋生路。当时担任奉天"贷业同业"工会主席的巩天民（中共地下党员）与渊泉溥、富森竣、咸元会、锦泉福、义泰长五家私营钱庄商号商定合并，决定在沈阳建立中国人自己的银行，进而与日本资本金融相抗衡。经过与日伪政权交涉，1934年12月，他们终于取得了伪中央银行和伪财经部颁给的营业许可证和股份公司注册证。1935年1月，志诚银行正式成立，主要经营存款、放款、提现、汇兑、押汇等业务。志诚银行由于有中共地下党的领导，加上巩天民当时是东北地区经济界的知名人士，又是商会的工会主席，秉承"民族银行"的本性，敢于与日伪政权股份抗衡，因此很受沈阳民族资本企业信赖，沈阳很多大小商号都纷纷到志诚银行开户存款。在各民族工商业的支持下，志诚银行"于1940年9月顺利将资本金增加到100万元"[①]，取得了能够继续营业的资格，再一次逃过了日本帝国主义的资本渗透和遏制。

大连东和长油坊商号创业时有一笔贷款，在其经理徐敬之运用丰富的管理经验和提升榨油技术之后，很快东和长油坊获利丰厚，不仅还清了贷款，还在大连油坊业有了名气。1925年，东北地区遭受特大水灾，严重影响大豆的质量，水豆出油少，豆饼也不凝固，大多数油坊商号经营亏本。徐敬之经过悉心研究，采取用好大豆与水豆掺用加工的办法获得成功。1935年秋，东北北部地区又是阴雨连绵，雨后冰冻骤至，还未割收的大豆都变成了冻豆，多数油坊商号不敢采购这样的冻豆，致使大连油坊业大豆原料紧缺，生产能力下降。而徐敬之对冻豆进行了榨油试验，结果确实冻豆出油率低，但他发现制成的豆饼含油量大，特别适合作农村牲畜的饲料，而且冻豆收购价格便

[①] 沈阳市档案馆编：《志诚银行股份有限公司档案（1935—1958年）》，第137卷，全宗号L12。

宜，所以利润较高。因此，他立即大量购买和安装多台干燥机，并暗暗派人到各地以低价收购冻豆，日夜加工生产。东和长油坊在利用冻豆作为原料进行制油和制饼的一年里，"获利70万日元之多"[①]，是其利润的最高峰。但是由于日本帝国主义垄断生产资料，并提高对民族油坊业的征收税率，使大连整个油坊业生产能力下降，一些中小油坊商号被迫歇业。徐敬之经营的东和长油坊凭借着自己独特的经营技术维系生存，在逐年发展中壮大了经济实力，成功抵制了日资油坊业对东和长油坊商号的压榨和欺压。不仅如此，徐敬之还在大连其他商号如复昌盛油坊、福聚垣油坊、更生运动鞋厂、兴业窑厂、永和长铁行、隆裕绸缎庄等也有股金，为东和长油坊争取了更多生存竞争的资金和实力。

　　随着日伪政权对东和长油坊各种税捐和无理摊派的加重，徐敬之更加看清了日本侵略者贪婪狠毒的狰狞面目，他的民族意识逐步增强，决定在经济统制范围外再经营其他行业商号进行抵制。于是他将大连油坊商号的资金抽出，在老家山东威海市开设德和长粮店进行经营，以积累资金成本。在日伪政权颁布"七·二五"限价令后，大连民族油坊商号完全失去了自主权。1942年，大连的日本殖民当局除允许日商三菱、三泰等油坊继续生产外，还强制大连20余家民族油坊商号实行合并，全部为日本关东军军需服务。徐敬之经营的东和长油坊也被并入"协和制油株式会社"，徐敬之对此极为愤慨，他秘密离开大连以示反抗，并在天津市开设东和生代理店。日本殖民当局给他扣上私自抽走资金、有意违抗"帝国国策"等罪名，扬言要抓捕他。可见，徐敬之有强烈的民族正义感和爱国之心，他十分憎恨日本对中国强盗式的侵略，多次以财力物力来支援抗日武装。1939年，他回山东威海家乡时，听了威海国民党山东省第七行政区保安旅抗日的事迹，"便慷慨解囊捐助5万元，并动员同乡朋友也为这个部队捐

---

　　① 大连市工商联编：《爱国的民族工商业者徐敬之》，载政协辽宁省委员会文史资料研究委员会编《辽宁文史资料》第26辑《辽宁工商》，辽宁人民出版社1989年版，第316页。

第四章 东北地区商号的抗日活动

助 4 万元"①，为抗日献出了自己的力量。

"九一八"事变后，日本侵略者在辽宁铁岭发出通告，凡是在日本附属地开设的商号均可受到保护并一律免税。因此铁岭城内很多商号如万合公、福泰厚、庆发祥、洪昌盛等都先后搬到日本附属地，有的在那里增设了分号，成为日伪政权经济统治的傀儡。它们还大肆宣传，因为不纳税，自己的商品比铁岭城内商号的商品价格低，这样果然吸引了一部分顾客，使城内商号的生意日渐衰落。铁岭城内商号德盛号的伙计建议商号搬到日本附属地或者在那里设分号，而商号经理王玉衡坚持既不搬家，也不设分号，并教育商号伙计说："日本人拿不要税来引诱我们，骗我们到他那里去做买卖，这是一个阴谋诡计，我们不能光图省点税、赚点钱，把中国市场整个叫日本人夺了去，我们不能干这种事。我们是中国人，要有中国人的骨气，我们要看大局，千万不能上日本人的圈套。"② 德盛号决定改变经营方式，以多进好货快货、薄利多销的经营策略，发展商号。王玉衡要求店员们多做宣传，提升商品和服务质量，以热诚待客、信誉第一为经营理念。王玉衡表示商号宁可少赚点钱，也要保住中华民族的正气。在王玉衡的要求和鼓励下，店伙们热血澎湃，纷纷表示要全力做好自己的业务。大家齐心协力，艰苦经营，又使德盛号的经营恢复到以前繁荣状态，其经济效益不差于那些搬到日本附属地的商号，这也突出表现了德盛号以经营发展对抗日本侵略者的斗争意志和民族情怀。

辽宁省安东市是蚕丝缫丝生产基地，日伪政权在此实行了"以柞丝供应军需"的计划。这里的缫丝商号在日伪政权残酷压榨下，采取了消极的不合作方式以抵制日资的侵入。如农村经营蚕丝的商民自己毁伐蚕场，拒绝与日伪政权签订《柞蚕茧出荷合同》，市郊和偏僻山沟的缫丝商号把私收的蚕茧偷偷抽丝出售，还有一些偏远地区如通天沟、蔡家沟、九道沟一带的缫丝商号，以家庭形式从事地下生产经营

---

① 唐树富、黄本仁整理：《爱国的民族工商业者徐敬之》，载政协辽宁省大连市委员会文史资料编《大连文史资料》第 6 辑，1989 年，第 18 页。
② 郭兆岩、张效云：《铁岭德盛号兴衰始末》，载政协辽宁省委员会文史资料研究委员会编《辽宁文史资料》第 26 辑《辽宁工商》，辽宁人民出版社 1989 年版，第 265 页。

近代东北地区商号的发展与时局应对

买卖，躲避日伪政权的欺压。但是日伪政权仍采取种种卑劣手段来排挤和压榨本地商号，比如将私自榨油、制革、缫丝同种植罂粟并列为"严重的经济犯罪"，如若被查处，则处以重刑或者巨额罚款。这样，安东市柞丝商号的生产经营情况每况愈下，一蹶不振。至1945年日本投降前夕，"安东市内缫丝（商号）仅剩10几家"①，商号工人收入减少，全市最大的丝织绸联合厂义泰祥商号也被迫缩小经营勉强维持。日伪政权还成立了"柞蚕会社"，实行"柞丝组合制度"，安东民族柞丝商号只好停止自产自销，接受"组合"加工任务。在日伪政权这种"统制"与"配给"掠夺摧残下，导致义泰祥等商号只能亏本经营。此外，安东市较大的绸丝商号还有政源号、同昌顺、双合泰、丰裕同、和昌祥、东和盛、新昌、仁德等，由于日伪政权的统制政策和敲诈勒索，也大都倒闭或转业，但仍有商号艰难维持着营业，并与之对抗。

安东市蚕茧商号福增源丝栈的店主王建极当选为安东商会会长后，极力挽救安东的金融市场。当时安东的金融市场被日本人所操纵。日本金融机构通过发行"金票"套取中国银圆，并在比率上进行盘剥。1918年，王建极积极筹建了安东地方商业储蓄会，办理储蓄、信贷、汇兑等项业务，储蓄会得到安东市内各大小商号的资助，资金额大幅度提升，很快夺取了安东市金融市场的主动权，摆脱了日本人对安东金融市场的控制。同一年，在安东县政府的支持下，王建极又"筹集到90万银元，创建东边实业银行"②。作为一家股份有限公司，东边实业银行发行股票，成为安东市内最大的民营金融企业，有效抵制了日本对安东市的金融控制和侵略。

本溪市张碗铺是日伪政权统治时期著名的百货大商号，还兼营粮栈，收集粮谷，经销大豆，加工粮米和油坊等产业。张碗铺商号店规

---

① 丹东市民建、工商联：《丹东柞蚕丝绸发展简史》，载政协辽宁省委员会文史资料研究委员会编《辽宁文史资料》第26辑《辽宁工商》，辽宁人民出版社1989年版，第140页。

② 王雷编著：《铁血义勇军：东北义勇军抗日影像全纪录》，长城出版社2015年版，第84页。

第四章　东北地区商号的抗日活动

严格，要求店铺人员对顾客的态度，对店伙的业务能力、道德品质都有很高的要求。张碗铺商号推行顾客至上主义和"货真价实、言无二价""物美价廉、童叟无欺"的经营理念，销售实行明码标价，不准缺斤少两，坚持薄利多销等经营原则，赢得了人们的信赖和好评。张碗铺商号特别重视掌握经济情报、商业信息和讲求信用的经商策略，如收售粮谷大豆，拍板定价，不管赔赚都得执行，绝不食言，从而赢得了人们的口碑。张碗铺还特别注意吸取日本经营商业的经验，曾派人到日本考察，着手进行商号经营方式和策略的改革，废除了旧式流水账，推行日本商业使用的簿记账，实行财务会计核算制度。并组织建立"张碗铺无限公司"，公司人员一律改称经理，职员、店员脱掉长袍大褂，改穿西装革履，还选送青年店员去日本学习日语。对职员和店员"实行年度评定工资制，按月预付薪金，采取内部实行'通帐'方式（即注帐方式），年终结帐评奖（普通店员按一般规律可得两个月薪金的奖）"[①]，这一改革在当时本溪市商业界是创新之举，引起了很大轰动，张碗铺也由原来只经营盘碗和下杂货[②]的店铺发展成为经营绸缎布匹兼及百货的大商号，资本和实力都得到大幅度增强。

沈阳市天益堂药店抓住日本侵略政策的空隙经营发展。如日本人不重视东北本土药材，因而天益堂药店收购囤积这类药材不属于"犯私"，而且这些药材当时无人购买，收购的价格也比较低，于是，天益堂药店派出了很多采购员大量收购本地药材，节省了成本。还从其他药材代理店收购党参、手贝母、黄柏、五味子、细辛等南方需要的药材，储量达5600余斤。1945年日本投降后，南方客商及海外华侨纷纷来到东北采购东北土产药材，药材价格因此上涨，天益堂以此"获得苏联红军币3万元"[③]。天益堂用这笔钱开设了参茸柜台（当时是沈阳第一家），参茸生意很好，还运到天津通济元商号进行销售，

[①] 醒夫：《记本溪湖的张碗铺》，载政协辽宁省本溪市委员会文史资料研究委员会编《本溪文史资料》第4辑，1989年，第211页。
[②] 上杂货是绫罗绸缎、珠宝玉器等，下杂货是鸡鸭鱼肉、柴米油盐等。
[③] 张志民：《回忆天益堂药店》，载政协沈阳市沈河区委员会文史资料研究委员会编《沈河文史资料》第1辑，1989年，第72页。

近代东北地区商号的发展与时局应对

天益堂因此获利丰厚。商号又以此款购回牛黄、麝香、犀角、羚羊角以及一大批川广云贵药材，卖给顾客或者其他代理商。以这样的经营策略，天益堂的营业很快得到恢复，"年卖钱额上升到 7 万元至 8 万元"①。沈阳老精华是专营验目配镜的钟表眼镜商号，其眼镜不仅质量优等而且做工精美。商号采用中高档镜片毛坯、镜架及零件配制的眼镜，深受人们的青睐。老精华还从上海运来欧美制品以及上海、北京的国产品，满足不同顾客的需求。老精华在经营上非常重视商号信誉，从验光到磨片，务求度数准确，配制的眼镜实行包退、包换、包修理等服务项目。而且老精华非常重视服务顾客的态度和质量，其商号经理亲自为顾客"查片试镜"，博得了顾客好感和认同，很多顾客都成了回头客。1940 年后，日伪政权加强实行经济统制，发布了"七·二五"限价令，眼镜属于"七·二五"限价令之内物品，日伪政权还将沈阳眼镜商号编入了"满洲时计眼镜统制组合联合会"，这样沈阳眼镜的货源全靠日伪政权的配给，而且全是日货，使民族眼镜行业遭受严重打击。但老精华眼镜行因为善于经营和得到顾客的认可，勉强能够维持营业。

在日伪政权金融政策的影响下，东北地区市面流通的钱币较多，比值变化也非常大，特别是日伪政权要求商品交易要以日本金票为本位以后，东北各地商号因资金困难而发展更加艰难。很多商号因为资金微薄，都与银行、钱庄有借贷关系，而当时金融市场上钱币法制不统一，比值时涨时落，商号很容易受到影响。哈尔滨市粮栈商号天丰涌在日伪政权统治时期能够生存和发展，主要在于其不借贷的经营策略，"在资金运用上自始至终采取自给自足的做法，不向银行、钱庄等借钱"②，把命运掌握在自己的手中。不仅如此，天丰涌还十分关心市场上各种钱币的涨跌变化，派专人常驻哈尔滨金融交易所，通过电话随时向商号报告行情，一旦比值有利，天丰涌就抛出手中的哈大

---

① 安冠英等编：《中华百年老药铺》，中国文史出版社 1993 年版，第 106 页。
② 张子玉：《经营山海杂货的天丰涌》，载政协黑龙江省哈尔滨市委员会文史资料研究委员会编《哈尔滨文史资料》第 12 辑《哈尔滨老字号》，1988 年，第 109 页。

· 132 ·

洋（当时哈尔滨纸币）买回金票。天丰涌正是凭借着精明灵活的经营策略，才使其未遭遇到市场金融风险，减轻了日伪政权的打击，有了继续经营商业的资本和实力。

哈尔滨市天兴福制粉厂经理刘珮芝对日军侵略暴行十分憎恨，他表示"决不给日本人做事"。伪哈尔滨西区政府让他出任"沟沿街分区长"，他坚决拒绝。刘珮芝在经营天兴福制粉厂期间，曾先后两次不惜重金购置新型机器，扩大生产规模。他还加强管理制度，废止分花红制度，实行固定工资制度，这一革新改善了职工的工资待遇，提高了员工生产积极性，促进了生产，"月出面粉量增至15万斤"[①]，使制粉厂成为哈尔滨市制粉业中最大的工厂，一定程度抵制了日本资本的侵略。佳木斯市福增庆商号也拒绝与日本资本合作，其店主曲辅臣致力于大力发展商号，使福增庆能够继续发展下去。"九一八"事变之后，日伪政权让曲辅臣担任"佳木斯市商工会会长"职务，曲辅臣表示自己能力有限，只能经营商号，无力担任此职务，而拒不接受日伪政权的委派。1942年，日伪政权颁发"七·二五"限价令，市场上一切商品价格被限定后，福增庆商号再次面临停业的危险。福增庆商号副经理石仙洲对曲辅臣说他认识日本宪兵队的人，日本人表示只要曲辅臣同意和他们合作，福增庆就可以以日本宪兵队的名义继续经营，商号就会得以生存和发展。曲辅臣听后非常气愤，严厉训斥副经理石仙洲一顿，并愤怒地告诫商号内人员："投靠日本人是没有好结果的。"[②] 并要求本商号人员以后不允许和日伪政权、日本人来往，表现出一个民族工商业者的"道德仁义"和民族正义。

黑龙江省依兰县城内油坊业自清末以来发展兴盛，有协成玉油坊、集成祥油坊、恒增茂油坊、世合茂油坊、源聚东油坊、永春栈油坊、顺和福油坊、永巨恒油坊、福春魁油坊、永兴福油坊（后改称同成兴）、东顺恒油坊、大兴裕油坊、金家油坊等。日伪政权统治东北

[①] 黑龙江省地方志编纂委员会：《黑龙江省志》第76卷《人物志》，黑龙江人民出版社1999年版，第574页。
[②] 邢镜寰：《曲辅臣与福增庆商号》，载政协佳木斯市委员会文史资料研究委员会编《佳木斯文史资料》第5—6辑，1986年，第66页。

近代东北地区商号的发展与时局应对

地区后，向依兰县工商业者实施高压剥削掠夺统治，随意征收各种名目的苛捐杂税，名目繁多，各油坊商号苦不堪言，艰难维持生计，很多家油坊相继倒闭。其中金家油坊能够幸存，归功于其经营策略，即实行"战略转移"①的措施，金家油坊表面上称油坊因资金短缺将要倒闭，与日伪政权进行斡旋，使其放松对油坊的压榨和监视，暗地里在依兰县董家屯进行生产经营。如果日伪政权到农村时，它们再回到县城内进行生产经营。金家油坊就以这种从县城到农村，再从农村到县城的灵活生产方式，与日伪政权进行巧妙周旋，从而赢得了喘息发展的时机。再加上金家油坊商号在农村有大量的土地，大豆原料供应充足和使用方便，而且金家油坊生产的豆油和豆饼都是坐地开销（就地出卖），不仅省力省工，还节省运费。金家油坊还特别注重经营策略，把经营收益主要用来购买土地和收购粮食，油坊商号专门雇人"跑外"，即通过多个渠道掌握市场行情（信息），抓住粮食价格低的时机大量收购，再进行转卖以获得利益。金家油坊商号以其巧妙经营和管理优势，卓力经营商号，在日伪政权压榨下求得生存。

佳木斯市桦南县的同成兴商号经理兰锡纯能够及时观察市场信息，发展商号，如在佳木斯市场粮食价格上升、出口增加的时候，他便抓紧时机开展粮栈生意。所以说兰锡纯经营同成兴的精明之处，最突出的一点是准确而又及时地掌握粮食出口行情。他还派驻在员在哈尔滨了解行情，每天都用电报、电话汇报行情。而坐镇佳木斯桦南县太平镇的兰锡纯经过分析推断，准确作出"看涨"或是"看跌"预测。这样一来，同成兴粮栈每天挂出的价格总是被其他商号视为权威，以此确定本商号的粮食价格。兰锡纯也就在牌价时涨时跌的变化中，凭借领先挂牌的有利条件，为同成兴粮栈谋取利润。久而久之，同成兴粮栈便主导了依兰县以东大片地方的粮油市场。兰锡纯经营的同成兴粮栈能够在日本侵略夹缝中生存发展，除了及时掌握粮油行市场之外，还有一套大做"连环生意"的办法。同成兴购进的粮食、

---

① 金广成口述，陈凤林整理：《依兰金家油坊》，载政协依兰县文史资料研究委员会编《依兰文史资料》综合版，2008年，第156页。

大豆等原料，首先是给自家油坊、烧锅使用，加工成豆油、白酒后再投入市场进行销售。剩余的转手卖给外地粮商，利用差价赚取利润。同成兴商号同样是兼营多种产业，不仅经营豆油、白酒，还兼营日用百货。这样卖粮的农户来商号后院卖粮，到前院就能购买到日常百货，既方便了农户又赚取了利润。

二　努力发展实业以抵制日货

在日本殖民统治时期，东北地区商号通过发展实业、提倡国货和抵制外货来表达爱国救国的情怀和愿望。当时东北地区一些有识之士认识到：要振兴中华，必须发展实业，"实业救国"已成为当时一股社会潮流。黑龙江省白城市福丰达烧锅就是在实业救国风潮中发展起来的。1929年，福丰达（开始叫福合义）商号创立，主要经营烧锅、粮栈和榨油，还兼营日用百货、当铺等，在白城，福丰达比其他烧锅如汇源涌烧锅受欢迎，其兼营的粮栈也比其他粮栈商号如玉兴栈、三泰栈经营得好，主要因为其独特的经营方式，如福丰达的酒外运全用酒篓装盛，酒篓是用柳条编成，里面糊纸，糊一层纸后，再用猪血涂抹一次，这样糊过二三十层纸后，再用石灰进行处理，篓里就能装酒了，"这种酒篓坚固而轻，装酒不跑味，都能保持60度左右，零散卖的酒，也保持在55度以上"[①]。福丰达的酒通过酒篓用火车外运，多是运往营口港口装船外运或找其他商号代销。以北主要销往王爷庙（今乌兰浩特市）及阿尔山等地林区。福丰达在王爷庙设立分号，平时卖酒，到秋天低价收购粮食，节省了烧酒原料的成本。福丰达商号还利用其他商号代销它们的白酒，如在长春市西四马路经营粮米店的同增庆商号。福丰达商号依靠着这种经营方式在日伪政权统治时期能够勉强经营，并一定程度上抵制了日伪势力以及日本酒业对东北烧锅市场的冲击。福丰达烧锅以东北特产优质高粱为主要原料，选取发源于生态环境极佳的无污染洮儿河水，采用双轮底发酵、清蒸混入、缓

[①] 岳凌云：《福丰达商号兴衰简述》，载政协吉林省白城市文史资料委员会编印《白城文史资料》第7辑，1988年，第7页。

近代东北地区商号的发展与时局应对

慢蒸馏、分级储存等酿造办法，最终形成了闻名的具有窖香浓郁、入口绵甜、余香显著等特点的洮儿河名酒。

1921年前后，日本的牙粉（牙膏）产品独霸东北地区市场，沈阳市同昌行牙粉厂就是为抵制日货、提倡国货办起来的。经理刘凯平具有实业救国、爱国反帝的进步思想，提倡国货、抵制日货，他看到沈阳市场上销售的牙粉都是外国货，而牙粉又是人们生活的必需品，便决心要生产国货牙粉来抵制日货，而不使经济利权被外国资本占有。于是他开始从事牙粉制造，创办了同昌行牙粉厂，开创了中国牙粉工业的新纪元。他看了许多工艺书，终于研制出"地球"牌牙粉，又扩大了生产，并研制了一种新产品即"老火车头"牌牙粉。这个品牌名称新颖，寓意深刻，"火车象征永远前进，日新月异，畅销全国各地，也有振兴民族工业之意"[1]，因为顺应形势，所以很快被人们所接受。在提倡国货、抵制日货的运动中，由于"老火车头"牌牙粉选料考究、货真价实、做工精细，而且气味芬芳、卫生良好、包装美观大方，所以声誉大振，畅销东北各个地区，深受人们青睐。同昌行还在"老火车头"牌牙粉商标两旁印上红色的"提倡国货"四个字，以此扩大销售市场。当时东北人民在历次反帝运动中觉悟逐渐提高，非常痛恨日本帝国主义，爱用国货，因此，国货牙粉很受人们欢迎，销售速度很快。其产品迅速在沈阳、哈尔滨等地打开了市场，销路越来越广，并且很快畅销到了省外，同昌行的牙粉名声大振。而且"老火车头"牌牙粉销售价格比日本牙粉便宜很多，因而能够成为整个东北市场上与日本牙粉相抗衡的主要产品，使一直独占东北市场的日本品牌牙粉如"苦林""司毛卡""狮子"等备受冷落，日商在东北地区的牙粉产业受到沉重的打击。同昌行生产的牙粉成为日产牙粉的有力竞争对手，日本商人恨之入骨，妄图以高价收买同昌行的"老火车头"牙粉牌子，被商号经理刘凯平严词拒绝，体现了东北地区民族工商业者不惧外来侵略者，怀有一颗爱国之心！

---

[1] 刘振超：《以实业报国和抗日救国的同昌行经理刘凯平》，《"九一八"研究》2014期第1期。

第四章 东北地区商号的抗日活动

沈阳市肇新窑业公司也是东北地区因实业救国而兴起的典型商号。生于吉林省怀德县的杜重远从日本留学归来以后，发现沈阳市场出售的瓷器多数产自日本，而国产的瓷器质地粗糙，不能与日货竞争，于是他决心在沈阳经营瓷业行业，振兴中国的瓷器工业，从而实现实业救国。他决定先办砖瓦厂，再由砖瓦发展为瓷业，这样投资少，收效快。杜重远在沈阳北门外买地建厂，掘井筑窑，工作劳苦，环境恶劣，经过不懈努力，1923年，终于建成了东北第一座新式砖窑厂——肇新窑业公司，打破了日商对沈阳建筑所用砖瓦的垄断。杜重远欣慰地说："砖瓦虽小道，但我要替国家争回权利，自此略觉自慰。"[①] 为了增强与日本企业的竞争能力，杜重远通过借款、筹款等办法继续扩大生产规模。1927年春，在原有砖瓦厂的基础上，他又建起了新窑、制坯和绘釉等车间。他从国外购买了新式机器，聘用外国高级技术人员进行技术指导，采用了新技术烧制陶瓷。"1928年8月试制出第一批瓷器50余万件，第二年年产量就达到300万件。由于生产的瓷器色泽优美、花纹新颖，出售价格还低于日本瓷器的70%"，从而在东北各地打开了销路，"1930年1月至8月，工厂生产出20多种花色规格的瓷砖达533万件，仍供不应求。到1930年底，年产各种陶瓷器约600万件，价值约40万元，并在东北各地设包销处42处"[②]，以扩大销售范围。到1930年，肇新窑业公司生产的质地优良、色泽鲜明的瓷器已经可与日本瓷器相抗衡，打破了日本对东北瓷器市场独占的局面，肇新窑业公司成为沈阳地区规模最大民族窑业工厂，也是中国机械制造陶瓷的第一家。因而可以说杜重远创办的肇新窑业公司成功抵制了日商对东北窑业的垄断。杜重远也因此成为爱国实业家而闻名，被推荐担任辽宁工商联合会副会长，成为东北民族工商业者典型代表。由于肇新窑业公司的瓷器迅速占领东北市场，致使大连的日资企业大华瓷厂销量锐减，可见，达到了抵抗日货

[①] 齐文华、李秀华、朴先敏：《热诚的爱国者——杜重远》，载辽宁省革命烈士事迹编纂办公室编《辽宁英烈》第4辑，第103页。
[②] 黄卫东：《实业救国的民主战士杜重远》，《党史纵横》2012年第7期。

的目标。正如杜重远所说:"改良我国瓷业,以实力与外人奋斗,肃清外人瓷业在华的势力。"① 为此,日本人以肇新窑业公司挖其"墙角"为由,将杜重远起诉到经济法庭。在庭审过程中,杜重远严词抗辩道:"中国工人愿意到中国人开办的工厂工作,乃是上关主权,下关人权之所为,无可非议之举。"② 在沈阳民族工商业者的声援下,日商以败诉告终,被迫转产耐火砖。至此,东北地区日用瓷器生产惟有"肇新一帜"。除此以外,杜重远还在沈阳组织和发动了数万人的游行示威和抵制日货运动。杜重远支持抗日的爱国行动,使日本帝国主义对他恨之入骨,他们企图以重金收买和高官职位等手段笼络杜重远,都被他严词拒绝,可见其坚贞的爱国之心。

沈阳市因抵制日货发展国货而兴起的商号还有东兴染织公司,创办者陈楚才先后筹集资金10万元,在沈阳小东边门外购置地基修建厂房,从日本直接订购机器设备,填补了我国现代化染色业的空白。其设备、工艺先进,生产的各色布匹均受社会欢迎,"售价又较外货低二成",产品供不应求,每年都获得丰厚的利润。至"九一八"事变时,"资金已达50万元,染色机和织布机400台"③,其生产规模和盈利程度在东北地区私营工商业企业中也是有一定位置的,对在沈阳的日本染织工厂起到了一定的抵制作用。此外还有张惠霖等创办的惠临火柴公司,"资本金为奉钞18万元,年产火柴25000箱(一箱为124包)"④。由于当时沈阳地区人们爱用国货,所以国产火柴销路很好,使在沈阳销售日产火柴的日商"磷寸会社"因销售不顺而倒闭。随后惠临火柴公司收买了"磷寸会社"的全部财产,改为生产销售国产火柴,产品在东北各地畅销,壮大了民族资本的力量,抵制了日本资本的侵略。

---

① 杜重远著,杜毅、杜颖编注:《杜重远文集》,文汇出版社1990年版,第8页。
② 杨晓陶:《杜重远"实业救国"之路》,《党史纵横》2014年第11期。
③ 慕绥新主编,沈阳市人民政府地方志办公室编:《沈阳市志3 工业综述 机械工业》,沈阳出版社2000年版,第4页。
④ 沈阳商会志编纂委员会编:《沈阳商会志(1862—1995)》,白山出版社1998年版,第329页。

第四章　东北地区商号的抗日活动

沈阳市八王寺汽水公司也是在实业救国风潮中兴起的民族工业。20世纪二三十年代，日本饮料大量涌入东北市场。为了抵制日货，1922年年初，朱晓斋、张惠霖、金恩祺等人筹集资金30余万元，租用大北关八王寺（大法寺）兴建了八王寺汽水、啤酒、酱油股份有限公司。八王寺前有一眼清泉古井，泉水甘甜爽口，水质纯正，适合制作饮料，"当年11月份投产，年生产能力为汽水10多万箱（每箱48瓶），啤酒10万箱（每箱48瓶），酱油1000万斤"[①]。沈阳八王寺汽水以水质甘洌、制作技术先进而在东北地区远近闻名，受到广大群众的青睐，八王寺汽水采用"金铎"作为汽水、啤酒商标，以唤醒东北民众对日本帝国主义入侵的反抗，八王寺汽水以其优质的产品赢得了市场，对当时大量涌入中国东北市场的日本饮料起到了抵制作用。

大连地区也有很多为发展实业，抵制日货而发展起来的商号。日本殖民统治大连时期，商人邱玉阶为打破日商独占大连摄影业的局面，立志创办中国人自己开设的摄影馆。为此他进入了日本人开设的照相馆偷偷学艺，1908年，终于如愿开设了大连地区中国人创办的第一家照相馆即华春照相馆，打破了日商垄断大连地区照相业的局面。邱玉阶为了有足够的实力与日商照相馆进行竞争，还把儿子邱凤仪送往日本东京的东洋写真学校学习摄影技术，邱凤仪学成归国后，华春照相馆更新了照相设备，扩大了生产规模，提高了照片质量，并培养了大批拥有摄影技术的年青骨干力量，在大连形成了与日本照相业相抗衡的力量。

日本帝国主义侵略大连后，日资油坊企业大量涌入，以先进的榨油技术几乎垄断了大连油坊产业的市场，民族油坊商号面临着生死存亡的境遇。日资油坊因其榨油技术先进而在大连地区拥有绝对优势，日资油坊都是机械设备，以蒸汽机为动力进行碾豆，冷气机进行榨油制饼，事半功倍，豆油质量也高于大连地区民族油坊商号，而民族油

---

① 冯彻颖：《沈阳工商界的反帝爱国斗争》，载政协辽宁省委员会文史资料研究委员会编《辽宁文史资料》第26辑《辽宁工商》，辽宁人民出版社1989年版，第46页。

近代东北地区商号的发展与时局应对

坊商号的榨油技术相对落后，日资油坊还严格保守榨油技术的秘密，不准中国人参观仿效，企图阻止大连民族油坊商号的赶超，从而达到长久压制大连民族油坊业的目的。为了振兴民族油坊商号，大连顺兴铁工厂的周文富、周文贵二人潜心设计研究，制造出螺旋式铁质油桩榨油机，不仅节省了人力，而且提升了出油率，打破了日资垄断的榨油技术。大连民族油坊商号晋丰、政记、成顺、玉昌积等试用后，效益显著，于是大连50余家民族油坊商号争先订货，销售还扩大到了外地，抵制了大连地区日本油坊的垄断。周文贵为提升大连地区油坊商号生产能力，扩建了铁工厂的厂房，增加了设备和技术力量，他还亲自到日本东京考察，购买了一台蒸汽机带回国内进行试制，成功制造出先进的榨油机，使大连地区油坊商号能够与日商三泰油坊等进行竞争，对日商油坊业起到了一定的抵制作用。周文贵还在顺兴铁工厂附近建立高炉，制钢炼铁，以满足工厂生产之需要，但遭到日本"满铁集团"的限制和打压，致使其不能营业。周文贵又兴办矿山事业以争利权，他购买了抚顺金沟煤矿，配备新机器，采取新式采煤方法，效果显著，又引起了日本人的不满，对其严加打击，强行霸占煤矿，使周文贵不得不停止开采。但周文贵对矿山事业毫不灰心，又收买了复州城陶土矿权进行经营开采，日本正金银行又以贷款形式强行没收，日本"南满铁路守备队"也进行武力威胁。面对日本的军事威胁和经济压制，周文贵"以矿权与国家主权有关，誓不屈服。两次亲赴东京最法院起诉，历时半年之久始得胜诉"[1]。周文贵兄弟在日本侵略者层层阻挠和各种限制打压下，仍能坚贞不屈地兴办实业，最大限度与日资企业抗衡。

辽宁省锦州市的生生果园是爱国人士李善祥为对抗日商而创办的。当时，日本商人在锦州市熊岳果园种植的苹果在东北市场上占据垄断地位，一斤卖2角多钱，而人们日常食用的高粱米一斤才一分多钱，相差竟达20倍。李善祥意识到，日本商人依仗其种植技术，利

---

[1] 蒋辑五口述，林基永笔录：《回忆爱国企业家大连顺兴铁工厂主周文贵》，载政协辽宁省大连市委员会文史资料编《大连文史资料》第6辑，1989年，第33页。

用中国的土地和劳动力栽种苹果，还对东北种植业进行暴力欺压，是一种蛮横的侵略手段。他决定在锦州创办中国人自己经营的果园，不仅可以获利，还可以打破日本商人对东北种植果业市场的垄断。李善祥在锦州附近进行考察，兴建了生生果园。李善祥自筹资金5万元，购地2000亩，大力兴修水利工程，又招股组成了生生果园公司。他认识到经营果园尤以种植技术和优良品种最为重要，于是他从外地高薪聘请园艺师，购买了大量英文、日文的果艺书籍和期刊，学习果树栽培、防治病虫害等技术，并引进国外优良的苹果品种、新式农机具和农药等，依靠科学技术进行种植栽培。他先后"从日本人那里高价购买苹果树苗以及梨、樱桃、杏等树苗9000多棵（其中苹果树占80%）"，"截至1928年，生生果园已有苹果树1万棵，梨、葡萄等1000多棵"[①]。生生果园发展规模越来越大，足以与日商在锦州的果园相抗衡。为鼓励更多的人种植苹果，增强与日商果园竞争的实力，李善祥提出援助其他民族果园的计划，无偿援助栽培技术和树苗，在他的号召和帮助下，商人朱庆澜首先建立了朱家果园，壮大了锦州民族果园的力量。跟随李善祥来到锦州的董家，虽然在生生果园里有股份和红利，但在李善祥的支持援助下，也创办了属于自己的果园。这些果园的兴起，使民族果园能够团结力量，增强了与日商果园抵抗的实力，为东北地区民族工商业抵制日商侵略发挥了作用。

三 全力支持和资助东北军民抗日活动

"九一八"事变后，日本侵略者对东北地区政治、经济等进行了全方位的侵略和控制，妄图以最快的速度将东北地区变为他们的殖民地。东北地区爱国军民拿起了武器，与日本侵略者进行着长期的抗争。其中东北地区商民也发挥了他们的光和热，为东北地区抗日事业贡献了力量。

哈尔滨同记商号的武百祥满怀爱国热情，面对日伪势力对民族工

---

① 巩琢璐：《生生果园：从救国实业到革命堡垒》，《共产党员（辽宁）》2015年第1期。

近代东北地区商号的发展与时局应对

商业的摧残,没有屈服,反而表现出了可贵的爱国热忱。面对日本发动"九一八"事变的暴行,他"亲自动手写出题为《倭寇奴我东北》达千余字的传单,印刷了几千份"[1],呼吁各界爱国人士在国难当头时刻要联合起来,不向日寇屈服,抵制日货,共同发展国货,抗日救国。在日伪政权统治哈尔滨时期,武百祥还暗中保护过共产党和国民党的地下抗日工作者。武百祥还积极资助革命救国事业,如他把同记铁工厂加工的"六零炮"、同记牙刷厂生产的白熊牌牙刷等物资供应给了抗日部队。1931年11月,黑龙江省步兵第3旅旅长、代理省主席马占山率领军队在嫩江桥抗击日本侵略者,即"江桥抗战"。当时,哈尔滨工商业各商号纷纷声援马占山部队的抗日行动,同记商号的武百祥多次率先捐献大批款项和物资以示支援。双合盛商号的张廷阁以匿名方式向马占山部队驻哈尔滨的联络站捐献了大笔款项和物资。沈阳肇新窑业公司的杜重远在上海街头为东北军抗日进行宣传募捐,大力支援东北地区抗日活动。同时,杜重远动员了南洋兄弟烟卷公司出品了一种名为"马占山"牌的香烟,并经长春汇通公司代理,送往齐齐哈尔马占山的部队,用以鼓舞抗日军民的士气。这些支持和支援抗日活动的行为,体现了东北商号的抗日决心与爱国热情。

"九一八"事变后,东北三省相继沦陷,爱国商人杨扶青在东北地区开设的新中罐头公司分号(总号在河边昌黎)经营很快就陷入了困境。但是杨扶青为了支持东北义勇军对日本侵略者的抵抗,积极为东北义勇军捐款,他通过"与主持《上海生活周刊》的邹韬奋的关系为东北义勇军捐款"[2]。佳木斯市中央大街的公利源商号还想方设法送给抗联战士防寒鞋、防寒袜等物资。在1940年东北抗日联军攻入黑龙江省肇源县时,县内各商号不约而同地欢迎起来,义和永商号掌柜的胡秀民为迎接部队进城,"从商号内取出红市布一百尺,为

---

[1] 张正:《20世纪初哈埠民族工商业的开拓者——哈尔滨同记商场创始人武百祥》,《黑龙江史志》2004年第1期。

[2] 《爱国实业家——杨扶青》,载何宗禹、姚媛媛《乐亭历代名人选》,黑龙江人民出版社2005年版,第202页。

第四章 东北地区商号的抗日活动

抗日联军做旗帜，希望抗日的革命红旗永远飘扬"①，表达了东北地区商人的爱国之情。

东北地区有的商号还积极参与掩护中共地下党员的工作，为此有的商号店主还牺牲了自己的性命，足见他们的一腔爱国之情。沈阳同昌行商号经理刘凯平经常以"基督教青年会"为掩护，与爱国人士共同商讨抗日事宜。他公开进行演讲，散发抗日传单，宣传抗日救国的道理，还参加了"反满抗日国民义勇军"，与中共地下工作者刘海秋、吴醒洲关系密切。1932年2月，沈阳同昌行刘凯平"资助刘海秋大洋70元进行抗日活动"②。后来刘海秋被日本特务逮捕，在其住处搜出一个带有刘凯平名字的信封，于是刘凯平被连带抓了起来，他在日本宪兵队受到严刑拷打，最后以"反抗日国事犯"的罪名被判处死刑。安东市的工商业爱国人士、商会会长孙荣明为抵制日本经济侵略，努力发展民族工商业，发起并投资创办了安东电灯公司，打破了日本电灯公司对丹东市电业的垄断，收回了利权。日本侵略者对他百般拉拢，企图利用他的身份稳定统治，但一直被孙荣明拒绝。他还经常教育身边的人要坚守中国人的品格，不要为日本侵略者效力。孙荣明还与东北民众抗日救国会等抗日组织取得了联系，联合安东的政记轮船公司、双合栈、昌记栈、荣庆长、和益兴、丰裕同、广泰福、永远栈、东泰恒和大连汽船会社公司等十几家商号，为东北民众抗日救国会等组织筹集经费和物资，将大量钱款通过购货、分红、还债等名义转送到北京、天津的抗日组织，为抗日活动提供了经费支援。1936年，日伪政权以"日本涵馆火灾"为由要求安东商界进行捐款，孙荣明把商界募捐的小笔款项捐给了日本，大笔款项汇给了救国会，用于抗日救亡运动，不料被日伪政权发觉，日伪政权大肆逮捕安东商界和教育界的爱国人士。孙荣明不幸被捕，遭受了严刑拷打，日本人通过翻译问他："把募捐的钱汇给平津的救国会，为什么说都用于救

---

① 何奇：《胡秀民和肇源县义和永商号》，载孙邦主编《经济掠夺》，吉林人民出版社1993年版，第159页。

② 孔令仁、李德征主编：《中国老字号》第6卷，高等教育出版社1998年版，第254页。

近代东北地区商号的发展与时局应对

灾了?"他义正词严地说:"钱就是用于救灾了。日本函馆地震只是几万人受灾,是小灾;而我东北沦陷,3000万人受灾,是大灾。"①他这样的回答道出了民族大义。1937年2月,孙荣明被日伪政权杀害。在黑龙江省双城市抵制日军侵略战争中,双城市商会组织各大商号,如东大兴烧锅、永兴复、和顺长等积极筹备物资,并将烙大饼等物资给养送往前线。日军侵占双城市后得知这个情况,把商会会长车玉堂抓捕起来,将其双手用钉子钉在墙上,活活将其折磨致死。这些事迹突出表现了东北爱国商人的坚贞不屈、至死不渝的爱国之情。

有的商号拒绝武力对抗抗日武装力量。如本溪市张碗铺等商号在商会支持下,自发组织了炮手团,并配备了大小枪支,整修了炮台,以此保护商号经营。1932年7月,本溪市抗日农民武装(俗称"便衣队")准备联合起来攻打本溪湖的日伪政权的军队,当抗日武装经过张碗铺等商号炮台时向其表示:"中国人不打中国人!你们商家炮台别狙击,我们不扰商家!""我们从中国街借路去攻打'洋街'!"②张碗铺商号深知民族大义重于一切,在其号召和带领下,信成当、广泰盛等商号的炮手没有射击"便衣队",只是放空枪以骗过日本军警的监视。但后来也被日本人知道了实情,日本侵略者下令把本溪市中国商号的枪支弹药全部收缴,并解除了商号炮手的武装。1938年2、3月间,日本"关东军讨伐队"在本溪县东部山区镇压抗日义勇军和抗联活动时,发现抗日武装的货物麻袋上印有"张碗铺"字样,还有本溪地区较大商家公悦成、广泰盛等商号字样,于是这些商号被日伪政权责难。这也表明,这些商号曾资助过抗日武装力量,为抗日事业贡献自己的力量。

黑龙江省依兰县的华芳照相馆积极支持和参与抗日活动。商号刘润田师傅为人正直,对日本侵略中国东北的野蛮行径深恶痛绝,有着强烈的爱国心,他结交了很多志同道合、爱国的朋友,如瑞麟牙院的

---

① 王雷编著:《铁血义勇军:东北义勇军抗日影像全纪录》,长城出版社2015年版,第97页。
② 韩惜时:《解放前本溪最大的民族商业张碗铺的兴衰》,载政协本溪市溪湖区委员会《溪湖文史资料》第3辑,2003年,第43页。

牙医王瑞麟，谦信和鞋店的掌柜李和发、马绍宾，兰发电料行的经理王兰发等。他们常常以工商业者的身份聚集，表面上进行商业交流，其实在暗暗地探听和交流一些抗战的消息。在 1937 年到 1938 年间，他们认识了依兰县的中共地下党员，中共依兰地下党组织全面综合考察了刘润田的思想、为人和他的一些朋友，以及华芳照相馆在依兰县营业上的威信等方面，认为华芳照相馆可以作为中共地下党活动的联络点。于是中共依兰地下党组织在刘润田师傅的同意和支持下，租用华芳照相馆后院的一间小房子，作为中共地下党的联络点。此后，中共地下党员黄世一、刘振忠、刘振样、李成林等，常来此碰头或聚会，华芳照相馆"掩护了他们在依兰进行抗日活动一年多"①，后来被日本特务发觉，于是日本特务以及一些日伪政权的警察经常以到照相馆洗相片为由来打探消息，但都被刘润田师傅和其徒弟巧妙地应付了过去，很好地支持和掩护了中共地下党组织的抗日活动。

1938 年，黑龙江省佳木斯市福增庆商号曲辅臣热情接待并帮助了中共党员张殿池，并积极为抗日军队筹集物资。东北抗日联军的秘密工作人员曾来到福增庆商号购买大批可供军用的物资，曲辅臣毅然拿出"五百件毛衣、两件军人市布（每件四十匹）"② 卖给抗联部队。这批货物运到江边装船时，却被日伪政权的"警察队"查获扣押。曲辅臣积极利用社交关系帮助抗联部队将货物运走，成功援助了抗日武装力量。东北商号人员还积极为抗联联军传递信息，如抗联队员在大庆进行抗日活动时遇到了敌人的大搜查，1941 年 1 月的晚上，当大庆市肇源县三站镇北的石家粉坊商号朱永生得知敌人要来搜查，他"冒着生命危险给抗联队伍送信，及时帮助伤员进行转移"③，成功掩护了抗联队员。后来中共地下党组织还在石家粉坊成立了抗日救国

---

① 姜言杰、谷鸿宾：《依兰华芳照像馆》，载政协依兰县委员会《依兰文史资料》综合版，2008 年，第 176 页。
② 邢镜寰：《曲辅臣与福增庆商》，载政协佳木斯市委员会文史资料研究委员会编《佳木斯文史资料》第 5—6 辑，1986 年，第 66 页。
③ 大庆市地方志办公室编：《大庆历史》上，黑龙江人民出版社 2018 年版，第 303 页。

会,以此成为中共地下党员联络的场所。

吉林省浑南县开设玉盛海烧锅的董家还开设了粮栈、油坊等商号,财力雄厚。1933年,董家与抗联秘密组织的"农民会""妇女会"等抗日组织有了来往,看到抗联的正义性和艰苦性。于是1934年秋,玉盛海烧锅为抗联部队进行了捐粮,还多次为抗联筹办物资,如为抗联军队捐赠衣帽鞋等,通过秘密方式送到了抗联部队。1936年,玉盛海商号得知抗联需要一台修理枪械、子弹的机器,董家立即派人到沈阳千方百计花高价买了一台这样的机器,"里三层外三层打上包装,以制米机为名"[1],运到了朝阳镇车站,又派人向山里转运,虽然被敌人截取,未能成功地运送给抗联部队,但是充分表现了商号积极援助抗日、爱国正义的可贵精神。

东北地区商号还积极支援和参与民众的抗日斗争。如佳木斯市桦南县同成兴商号在太平镇土龙山农民抗日武装暴动中贡献了力量。1934年3月,在震惊中外的土龙山农民暴动前夕,日伪政权的"骑兵连"来到太平镇,驻扎在同成兴粮栈的四合院。商号经理兰锡纯从中打探到会有日军前来镇压土龙山农民暴动的情报,立即将此情报派人转达给了土龙山农民暴动总部,暴动总部根据这个准确的情报,在由依兰县城通向太平镇的必经之路白家沟设下了伏兵,一举击毙了前来镇压农民暴动的日军,使土龙山农民暴动得以成功。这也充分表明了同成兴商号的兰锡纯作为一名爱国工商业者的深明大义和民族正义感。

四 倾力投身抗日救国活动

中国东北地区商号备受日本殖民者的侵略和压榨,但有的商号经营管理者并没有投靠日本,也没有放弃对日本侵略者的抵抗,他们从国家利益和自身发展考虑,与日本侵略者展开了针锋相对的抗争,做出了民族工商业者应有的贡献。

---

[1] 董秀琦口述,张学信整理:《辉南爱国富商董乐山积极支援抗日联军》,载孙邦主编《抗日救亡》,吉林人民出版社1993年版,第539页。

第四章 东北地区商号的抗日活动

（一）成功抵制日本在临江县设置领事馆的阴谋

1928年，日本帝国主义肆意侵犯中国主权，擅自在鸭绿江边的临江县城等设立日本领事馆，激起东北社会各界的愤慨。沈阳肇新窑业公司的杜重远号召商界以抵制日货形式反对其侵权行为，并带领工商业者举行示威游行，杜重远高呼："日本想要吞并东三省，要将这里变成第二个朝鲜，我等快快猛醒！"① 杜重远以崇高的爱国主义精神，号召和带领沈阳市商界工人举行示威游行，并在全市开展抵制日货运动。由于示威游行声势浩大，取得了一定的成效，迫使日本侵略者不得不重新策划在临江县设立领事馆的阴谋。日本驻奉天总领事企图以高官厚禄收买和软化杜重远，杜重远坚定回绝说："君以官吏为可贵乎？不知人生最低要求即为生命。今敝国受制于国，形同猪狗。我这生命早已置之度外，又要官做什么？"② 使得日本军官无言以对，只能放弃这个卑劣的阴谋。杜重远除了号召沈阳市各商号工人参与罢工游行外，还倡议各商号进行捐献，以援助争取外交主权等活动。终于在社会各界人们的全力反对下，日本帝国主义最终撤销了在临江县设领事馆的决定，表明杜重远带领沈阳商界抵制日本侵略取得了胜利。

（二）冒死为国联调查团提供日本侵略东北的证据

1932年2月，日本帝国主义企图策划在长春市成立伪满洲国，并强迫东北各地商民前去日本领事馆请愿，要求建立"满洲国"，并逼迫中国商民搞非法集会为其筹资，资助日本侵略者成立伪满政府。沈阳志诚银行总经理巩天民与社会上的爱国人士组织起来反对日本成立的"满洲国"，他冒着生命危险把反对建立伪满洲国的传单送到商会开会地点，揭穿了日本侵略者的阴谋，使沈阳市商会没有被日本侵略者所利用。日本帝国主义企图在东北地区建立伪满傀儡政权，不仅遭到全国人民的强烈反对，而且引起国际舆论的谴责。1932年，国联

---

① 冯彻颖：《沈阳工商界的反帝爱国斗争》，载政协辽宁省委员会文史资料研究委员会编《辽宁文史资料》第26辑《辽宁工商》，辽宁人民出版社1989年版，第43页。

② 朱成山、杨颖奇主编：《中国社会各界抗战百杰》，南京出版社2017年版，第90页。

▍近代东北地区商号的发展与时局应对

调查团来到中国东北对日本侵略行径作实地调查。沈阳志诚银行巩天民等人得知消息后，四处搜集日军侵略证据，冒着生命危险将日军给伪满政府的命令等重要文件偷偷进行拍照，并将有关材料翻译成英文，汇编成册，想方设法交给国联调查团。巩天民还发动沈阳工商界爱国人士写信给国联调查团，揭露日军在中国东北的种种罪行，揭发"九一八"事变完全是日本蓄谋已久的军事侵略，建立伪满洲国也完全由日本帝国主义一手操办的，并列举大量事例为证。工商界爱国人士写了一百多封信件，几经周折才送到了国联调查团成员手里。1932 年 10 月，《国联调查团报告》在日内瓦发表，报告书提到这样的话："本团在中国东北奉天时，曾得到一些大学教授、教育家、银行家、医学家等人士的明确意见及各种真凭实据的具体材料，证明奉天事件是（日本）无因而至，而满洲国的建立，亦非出自中国人民的自由意愿，也不是民族自决。"① 显然，作为沈阳银行家的巩天民及工商业人士的爱国行动得到了国联调查团的认同，国联调查团的报告使日本对东北的侵略行径昭然于世，使日本帝国主义处于被动状态。因此，日本侵略者对沈阳工商爱国人士非常愤恨，于 1935 年 10 月 12 日夜在沈阳逮捕爱国人士，巩天民也被抓到日本宪兵队，在那里受到惨绝人寰的酷刑，但他坚贞不屈，保持顽强的民族气节。

　　此外，还有其他商号爱国人士参与爱国行为。如沈阳同昌行商号的刘凯平经常与进步人士阎宝航、杜重远、车向忱等同志一起参与进行抗日斗争，他们经常在大街小巷公开演讲，痛陈日本侵略行为，散发革命传单，宣传抗日救国思想，秘密进行抗日斗争。所以说东北地区部分商号主动参与抗日救亡事业，为东北地区抗日事业贡献了力量。

---

① 龚古今：《第一次世界大战以来帝国主义侵华文件选辑》，生活·读书·新知三联书店 1958 年版，第 166 页。

第三节　商号团体组织及工人的抗日活动

一　商号团体组织的抗日活动

（一）商会商团组织的抗日活动

商号为维护自身发展的需要，建立了很多商业组织，如同业公会、商会、商团等（除商团属于维护商号经营的武装力量外，其他商业组织都是各地区各行业商号的上级组织，凡是加入的商号都有义务听从团体组织的命令和要求）。这些组织一方面维护商号的商业经营，另一方面也领导各地商号参与社会活动。如东北商号在各地建立的会馆不仅关注商号经营发展，还联合起来以团体的力量抵制外侵，为民族独立和国家发展做出了贡献。1910年，长春直隶同乡会举办学堂开展"教育同乡子弟、创办实业，挽回外溢利权"[①]等事宜。因而可以说，同乡会、会馆不仅帮扶商号经营与发展，援助同乡人在东北的生计，还以国家利权为重，共同抵制外来侵略，维护利权，体现商号不仅具有同乡互助的精神，还具有强烈的爱国情怀和社会责任感。作为维护民族工商业者利益的商会，其作为必然影响商号的发展和商民的利益，虽然也慑于日本侵略者的欺压和蛮横，但为维护全体工商业者的利益要求，商会也会与日本侵略者进行交涉抗议，做一些有利于本地商号发展的事情。如日本殖民当局"关东州厅"制定征收民族工商业的所得税税率太重，严重影响大连工商业者的利益与商号的经营发展。大连市商会协同西岗商会等派出代表团，先后赴长春和日本东京要求日本殖民政府降低征收税率。经过商会的交涉抗议后，日本殖民政府同意核减和修订税率。可见，大连市商会敢于与日本侵略者抗议，争取利权，维护了本地工商业者的合法利益。商会还为各商号谋得一些有力举措。如大连地区油坊业商号发展兴盛，"西岗街及西岗公议会所辖地区的中国油坊商号已达30余家"[②]，但距离载运大

[①]《直隶同乡开会志盛》，《盛京时报》1910年1月22日第5版。
[②] 顾明义等主编：《大连近百年史》，辽宁人民出版社1999年版，第973页。

近代东北地区商号的发展与时局应对

豆、豆饼的码头较远，使油坊商号的成本费用增加，影响其经济效益。小岗子华商公议会与日本殖民机构"满铁"交涉了近5个月，终于使其答应在小岗子北部设立了货车站，并修建一个存储货物的仓库，以便西岗的民族油坊商号减少货物运输费用，使其在日本侵略的夹缝中生存发展下去，这也体现了商号团体反抗的力量。

商会还组织商号支持抗日武装力量。如抗联部队进入哈尔滨以后，哈尔滨各界民众积极为支援抗日联军捐钱捐物，"哈尔滨的商会、银行界的爱国人士等共捐赠哈大洋50万元"[1]，哈尔滨商会还组织各行业商号参与东北地区的"反日会""反日盟会"等各种抗日团体，大力支援抗联的抗日活动。抗日联军在哈尔滨双城与日军对抗时，双城县商会组织各大商号如"东大兴烧锅、永兴复、和顺长等筹备给养，烙大饼送往前线"[2]，为抗日联军提供了物质保障。丹东市商会会长孙荣明联合丹东的政记轮船公司、双合栈、丰裕同、广泰福、昌记栈、永远栈、东泰恒、荣庆长、和益兴和大连汽船会社公司等十几家商号为东北民众抗日救国会筹集经费和后备物资，将大量钱款通过购货、分红、还债等名义送给抗日组织。可见，商号团体商会为抗日事业贡献了力量。

商团是商号组织的武装力量，一般在商会属下管辖，商团武装齐备，弹药充足，负责维持治安、打击土匪、保护商号发展等职责。日伪时期，有的商团直接或间接参与了抗日活动。1931年"九一八"事变后，日军侵占吉林省敦化县时，敦化商务会会长万茂森曾派人秘密给"抗日救国军"送米面、白条猪（一种猪）、胶鞋等物资，敦化的商会商团人员还配合"抗日救国军"攻打敦化，商团队员们作战勇猛，凭着手中的大刀、长矛甚至是石块，对据守在敦化县北山的日军予以重击，并将他们打下了山。

也有商号通过其他方式支持抗日斗争。商人万茂森除了经营吉庆

---

[1] 谭译：《冯占海抗战纪实》，吉林人民出版社2017年版，第47页。
[2] 王文山、张景昌：《双城堡阻击战》，载哈尔滨市政协文史和学习委员会，哈尔滨市人民政府地方志办公室编《哈尔滨文史资料》第23辑《国歌的基石——抗日义勇军在哈尔滨地区的活动》，2001年，第40页。

第四章 东北地区商号的抗日活动

祥烧锅、油坊商号,他还出资创办了敖东中学,"成为了培养抗日人才的摇篮"①。著名的抗日英雄陈章将军就是这所中学的毕业生,还有李树平、王风翔、张文友、万德毅、张鹏等学员也都纷纷走上武装抗日道路,可见,商号经营者的一颗爱国之心。

(二) 商号参与抗日救国组织共同抗日

"九一八"事变后,中国共产党坚定不移地领导全国人民抗日战争,并从全民族抗日大局出发,制定了对抗日救亡团体的指导方针和政策。中共中央在1931年9月22日的《关于日本帝国主义强占满洲事变的决议》中指出,"要组织各色各种的反对帝国主义的公开组织,或者参加一切已经存在的反帝组织,而夺取他们的领导,经过这些组织正确实行反帝运动中的下层统一战线,和吸收广大的小资产阶级的阶层参加争斗"②,表明了中国共产党在"九一八"事变后对抗日救亡团体的支持方针,并开始进行组建抗日民族统一战线的实践探索。东北地区商号自知抗日力量单薄,为了继续以自己的力量反抗日本侵略行径,很多商号直接或间接地参与了抗日救国组织。

1. 资助和参与"东北民众抗日救国会"的抗日活动

沈阳市肇新窑业公司杜重远等爱国人士组织和参与了不同层面的抗日活动,日本帝国主义派人到处搜捕他们,迫使东北爱国志士杜重远等人流亡内地,但他们"并未因而消极畏缩,相反,抗日到底与对国民党斗争的决心,更加坚定"③。在中国共产党抗日号召和领导下,东北爱国流亡人士克服种种困难,采取多种形式,继续为收复东北失地而奋斗。1931年9月,流亡到北京的辽宁省商会会长金哲忱、奉天省商会副会长杜重远、阎宝航与其他爱国人士车向忱、王化一、高崇民等在西单奉天会馆内组建了东北第一个抗日救亡团体——东北民众抗日救国会。规定成员不论是否是东北户籍都

---

① 矫正中:《吉林百年工商人物》,吉林文史出版社2004年版,第25页。
② 《中央关于日本帝国主义强占满洲事变的决议》(1931年9月22日),《六大以来:党内秘密文件》上,人民出版社1981年版,第153页。
③ 阎宝航:《流亡关内东北民众的抗日复土斗争》,载孙邦主编,孙继英编《抗日救亡》,吉林文史出版社1993年版,第553页。

可以入会,凡有"国家观念,有国家理想主义者,为进行武力抵抗日军之人员"[1] 都可以加入救国会。东北民众抗日救国会成立是为了将东北流亡到关内的民众团结组织起来,打回东北老家去。其宗旨是抵抗日本帝国主义,共同收复东北主权。东北民众抗日救国会还发表了《东北民众抗日救国会成立宣言》,痛述了日本帝国主义蓄意制造的"九一八"事变给东北人民造成的苦难,"东北三千万民众,数万里国土,今日已在日人铁蹄蹂躏之下矣"。"破坏我城镇,屠戮我人民,焚毁我房屋,劫掠我财产",以至于"死伤狼藉,大好山河,尽葬送于倭奴炮火之下"。针对日本在东北的侵略政策,宣言指出"过去日人对东北之设施,无一非亡我之工具;所谓满蒙积极政策,殆为其全国上下公然不讳之事"。并深刻揭露了日本侵略的阴谋,"切望国人勿堕其狡计,甘为傀儡,以自弃国人,而同招灭亡"。宣言极力号召东北各界民众必须进行武装反抗,"咄彼倭奴,欺我太甚,此而可忍,孰不可忍"。"目前唯一办法就是团结起来,群策群力,同舟共济,武力抵抗,速起自救,与倭奴决一雌雄乎。""望我同胞,其速起自救。""为主持正义而战,为保障和平而战,为民族生存、国家安宁起见,均不得不出于最后之一战。"[2] 其内容与中国共产党的抗日救国宣言非常一致,可见其已认同和接受中国共产党的抗日主张。为了宣传抗日,壮大抗日力量,肇新窑业公司的杜重远等人到处奔走呼号,激励社会各界民众积极投身救亡运动。1934年,他们又在江西省九江创办光大窑业公司,利用盈利资本为东北抗日救国事业提供援助,他还主动接济东北流亡学生,热情帮助抗日战友克服困难。杜重远在上海主持"中华国货产销合作协会",提倡发展国货,在经济上进行抗日斗争。

东北民众抗日救国会的活动主要力量集中在辽宁、热河两省以及吉林省南部地区,而在吉林、黑龙江两省,东北民众抗日救国会主要

---

[1] 王驹、邵宇春:《东北民众抗日救国会》,辽宁大学出版社1991年版,第11页。
[2] 辽宁省档案馆编:《"九·一八"事变档案史料精编》,辽宁人民出版社1991年版,第554—555页。

第四章 东北地区商号的抗日活动

为东北抗日联军做一些联络、募捐筹款等协助事宜，并在关内利用各种形式宣传他们的抗日主张和事迹，推动抗日救亡运动的不断高涨。东北民众抗日救国会还为东北抗日义勇军的兴起和发展起到了推动和援助作用。如东北民众抗日救国会大力支持和充分援助马占山将军的抗日行为。1932年1月，车向忱与其他中共地下党员扮作卖药先生与学徒辗转辽北、辽东、吉林等地，历尽艰辛磨难、冒着牺牲的危险到达黑河市会见了马占山，并将张学良的亲笔信和救国会的慰问信交给了马占山。救国会的慰问信是由救国会成员起草的，言辞激昂，生动感人，极力劝导马占山要保持民族气节，坚决抗战到底，不要辜负国家和人民对他的殷切期望，帮助和说服马占山最终走上了抗日的道路，壮大了抗日义勇军的力量。抗日救国会大力开展抗日救亡工作，得到了社会各界的热心支持与捐助，他们通过开展募捐、"义卖"以及发行"爱国奖券"等活动筹集捐款，将募集款项用于资助东北抗日义勇军与东北难民，为抗日力量的生存与发展做出了贡献。东北民众抗日救国会还通过天津《大公报》登载募捐启事，号召社会各界人士出钱出力，援助东北义勇军，救济东北地区难民。1932年年末"共收洋三万零一百二十一元三角二分，已经先后三次电汇马军（指马占山部队）一万八千元"[①]。1931年12月，抗日救国会的杜重远还到重庆、汉口、长沙、九江、安庆等地进行抗日宣传和募捐工作，他"此行经五省，逗留十余城，费了三个月的时间，作了六十次的演讲"[②]，为抗日宣传和募捐做出了贡献。抗日救国会积极组织"募集抗日资金和各种军需物资，培养政治、军事干部""组织东北义勇军和人民群众的抗日斗争"[③]等，为抗日事业做出了重大贡献。所以说东北地区商号积极参与救国组织，抗日救国会成为具有抗日统一战线性质的救亡团体，体现了东北商人的爱国情怀。

[①]《捐助马占山军慰劳金诸君公鉴》，《大公报》1932年2月11日第2版。
[②] 杜重远：《长江各省之鸟瞰》，《狱中杂感》，上海书店1983年版，第209页。
[③] 王荣国主编：《辽宁省图书馆藏辽宁历史图鉴》，沈阳出版社2008年版，第249页。

2. 组织参与东北抗日同盟会的抗日活动

抗日同盟会是中国共产党的外围组织，它的任务是在中国共产党的领导下，在敌人占领区内发展抗日组织，积蓄抗日力量，长期隐蔽，并组织地下武装，建立政权，等待时机成熟时开展武装抗日活动。1942年9月，中共胶东区党委领导下的海外各界抗日同盟总会决定在大连发展抗日同盟组织工作。中共胶东抗日同盟总会指出在大连成立抗日同盟分会要做好长期准备，找好隐蔽活动场所即联络点。日本殖民统治集团对大连统治森严，不仅机关林立，而且到处都有特务监视，经济统治也很残酷。因而在大连成立抗日同盟分会不仅要选择隐秘的场所，还要有相当数量的活动经费，如果出现经济困难，将会影响抗日工作的开展与成效。根据这些情况，中共地下党组织一边发展抗日同盟分会的会员，一边筹备开设商号，使其成为隐藏抗日同盟分会的活动场所。曾在兴顺盛茶庄当会计的宋天鹏是大连抗日同盟分会的成员，1941年，他与中共地下党员张寿山开设了隆兴茶庄，成为大连抗日同盟分会的活动场所。他们以"经营商号外出销售茶叶之名，开展抗日同盟会成立工作，发展了抗日同盟会员一百余人"[①]。经过半年多的筹备和努力，1943年春，根据中共胶东抗日同盟总会的指示，在隆兴茶庄正式成立了大连抗日同盟分会，制定了大连抗日同盟分会的任务是组织武装起义，配合抗日力量打倒日本帝国主义。张寿山同志任主任，宋天鹏、姚华芝同志任委员。从此，隆兴茶庄便成了大连抗日同盟分会的指挥部，从事抗日地下活动的同志就在此茶庄接头、开会、部署工作等。抗日同盟分会在隆兴茶庄商号掩护下，借着外出卖茶为名，深入到大街小巷广泛接触群众，到各个商号广泛接触工人、店员，积极对他们进行抗日宣传，并从中选择对日本侵略统治不满的人进行有针对性的宣传教育工作，激发他们对日本帝国主义的仇恨和日本殖民压榨的不满，同时逐步宣传解放区的人民生活情况，以扩大党的政治影响，发展了很多抗日同盟的会员，大连抗日同盟分会的队伍迅速得到了壮大。从此，大连抗日同盟分会在中共党组

[①] 大连市档案馆编：《档案中的大连故事》，大连出版社2018年版，第218页。

织的直接领导下开展地下抗日工作,直至抗战胜利。

1945年,苏联军队进入旅大市(大连市)后,当时大连抗日同盟会地下党总支决定:一方面竭尽全力与苏军接上关系,一方面要向大连人民群众进行宣传扩大中国共产党的影响。抗日同盟会成员在隆兴茶庄连夜赶写了"感谢苏军解放东北!""苏联红军是我们的救星!""庆祝中国抗战胜利!""八路军、新四军抗战的流血流汗为了劳苦大众的民生!""中国共产党万岁!""八路军万岁!"[1]等大量标语,抗日同盟会成员用一夜的时间贴遍了全市各个角落。这些标语第一次出现在人民群众面前,对各界人民起到了一定的积极宣传作用。根据当时旅大市的政治环境和斗争任务的需要,党总支决定以抗日同盟会为基础组织武装部队,配合苏军维持社会治安,参加部队的抗日同盟会员达到600余人,隆兴茶庄里的所有人员都参加了武装活动。1945年8月26日,胶东抗日同盟总会大连分会党小组根据胶东区党委的指示精神,在福兴里商号召开了党员大会,成立了中国共产党大连抗盟分会总支委员会。随后,召开了第一次党总支委员会会议,"截至1945年11月,大连抗盟分会党总支共发展了42名党员"[2],为党的发展壮大积蓄了力量。同时还组织起自己的武装队伍,在维护大连社会秩序、扫除反动势力、建立人民政权的斗争中发挥了积极作用。

东北地区商号经营者还组织参与了其他救国组织,如沈阳肇新窑业公司的杜重远又与阎宝航等发起组织东北国民外交协会,广泛团结了社会各界力量,促进了东北各地抗日运动的高涨,为东北地区抗日斗争做出了贡献。

二 商号工人罢工罢市的抗日活动

日本侵略者在殖民东北地区期间同一些商业资本家相互勾结,残酷压榨工人。东北各地区各行业商号工人深受日本帝国主义和资本家

---

[1] 《忆大连抗盟分会的活动据点——隆兴茶庄》,载中共大连市委党史资料征编委员会编辑发行《大连地下党史料选编》,1986年,第390页。

[2] 顾明义等主编:《日本侵占旅大四十年史》,辽宁人民出版社1991年版,第700页。

近代东北地区商号的发展与时局应对

的双重压迫和剥削,不仅工作时间长,工资被压榨得很低,而且东北物价不断上涨,微薄的工资无法维系工人正常的生活,使得各地各行业工人的生存陷入困境。哪里有压迫哪里就有反抗,商号工人对日本侵略者及资本家的剥削日益不满,终于招致商号工人的自发反抗,他们在中国共产党地下组织的领导下进行各种各样的罢工与斗争,虽然规模不大,但有很强的革命性,充分体现了商号工人的反抗精神。

(一) 自发的商号工人罢工反抗日伪势力欺压

1933年6月至1934年1月,在东北一些城市和矿区里发生的大规模工人罢工,多数为自发的,并且取得了一定的胜利。如"长春市油坊商号的30名工人为要求资本家发还欠薪,举行了同盟罢工。长春市51个砖窑工厂的6000名工人也举行了同盟罢工罢产"①。1933年,辽宁省铁岭市的油坊工人为反抗日伪政权下的日本资本的压榨,以裕新、广深公、福成永、荣庆东、泰记等油坊商号工人为代表,向日资油坊提出增加工资的要求,然而在日伪政权支持下,泰东油坊等资本家不但不答应人们的要求,反而威胁和恐吓工人。于是,"人和盛、同巨长、广源永、广源公、泰记、裕新、福成永、荣庆东等油坊商号的一千多工人举行了联合罢工,罢工持续了五天时间"②,日资油坊最后不得不答应了工人的增资要求。1942年2月,辽宁省抚顺市新宾县万隆北油坊工人为反对日本帝国主义而发动罢工。万隆北油坊的工人和其他劳苦大众一样,受尽了日伪政权的剥削和压迫,过着悲惨痛苦的生活。他们工作条件恶劣,任务重,做工时间长,工资却很低。工人们的"月薪一般的12元,最高的仅13元"③,而且日伪政权掠夺式统治导致了新宾县的物价不断上涨,这些收入已经不能维持工人的最低生活保障,工人们被迫向商号资本家借钱,因此负债累

---

① 华西里:《满洲工人阶级的情形与革命职工运动的任务》(1934年),载中央档案馆、辽宁省档案馆、吉林省档案馆、黑龙江省档案馆编《东北地区革命历史文件汇集(1929—1944年)》甲20本,中央档案馆1991年版,第89页。
② 刘仲奇、冯玉贤:《一九三四年铁岭油坊业工人罢工》,载政协铁岭县文史资料委员会编《铁岭文史资料汇编》第2辑,1986年,第42页。
③ 尉常荣著,史殿荣编:《抚顺地区人民抗日斗争史》,辽宁教育出版社1990年版,第351页。

· 156 ·

第四章　东北地区商号的抗日活动

累，工人们的生活越来越艰难。工人们暗地里纷纷提出要和日伪政权进行斗争，提高自己的工资待遇，以求得生存。当时万隆北油坊是新宾县民族油坊商号中最大的一家，有工人 20 余名。为了发动工人罢工进行斗争，万隆北油坊秘密召集本商号的工人开会，讨论罢工增薪事宜。为争取罢工斗争胜利，他们还决定联合新宾县其他油坊商号的工人进行同盟大罢工，有万合勇、万头源和惠兴源等油坊商号的工人也参加了罢工斗争。他们不仅为了争取提高工资，而且也是对日伪政权的反抗。但是油坊工人的联合罢工并没有开展起来，只有两三家油坊工人参与了同盟大罢工，而万隆北油坊的工人因罢工被日伪政权逮捕，遭到关押和审讯。面对凶恶的敌人，罢工的油坊工人镇定自若，毫无畏惧，其他工人也团结一致，没有复工上班，表示不增加工资不上班，万隆北油坊就这样停产了半个多月，资本家损失很大。日伪政权只好与工人商谈复工条件，答应了为每个工人涨工资的要求。万隆北油坊工人的罢工最后取得了胜利。由此可见，在日伪政权时期，东北地区商号工人为了生存发展，不畏日伪强暴，采取不同形式与反动势力进行了不屈不挠的斗争。

黑龙江省明水县商号工人在日伪政权的压迫下，工资很低，为了生存下去，烧锅、油坊、木匠铺等商号工人停工停产进行罢工斗争。1936 年冬，全县的烧锅、油坊商号的工人举行了罢工，遭到日伪政权的严厉镇压而失败。1941 年 8 月，各商号工人重新制定了罢工的斗争策略，规定了罢工四条纪律："第一，没有大家同意，谁也不许回厂干活；第二，有家没家都搬到小店去住，不准单独行动；第三，不准暴露罢工组织者姓名；第四，必须统一行动，不准一家工厂单独开工。"[①] 由于商号工人们团结一致，坚持与日伪政权进行斗争，使日伪政权不得不接受工人的要求，提高了工人工资，改善了他们的伙食，并配发了相应生活用品，提高了工人工作和生活的待遇。由此可见，工人们通过罢工争取到了自己的利益，体现了工人阶级不畏日伪

---

① 蔡华伟：《我县日伪时期的三次工人罢工》，载政协明水县委员会文史资料研究工作委员会编《明水文史资料》第 2 辑，1987 年，第 48 页。

政权凶恶、敢于斗争的精神。

(二) 商号工人积极参与中国共产党领导下的罢工运动

中共中央 1935 年"八一宣言"提出了《为抗日救国告全国同胞书》,号召:"全国各党、各派、各界在亡国灭种大祸迫在眉睫之时,团结一致,共同抗日。""抗日则生,不抗日则死,抗日救国,已成为每个同胞的神圣天职!"① 1937 年 12 月 7 日,中共中央召开的瓦窑堡会议提出并号召全国人民团结起来一致抗日。毛泽东同志明确指出了建立抗日民族统一战线的必要性和可能性,"使全国人民有力出力、有钱出钱、有枪出枪、有知识出知识","动员一切爱国力量组成最广泛的打击日本侵略者的统一战线"。毛泽东同志指出:"帝国主义和中国封建主义相结合,把中国变为半殖民地和殖民地的过程,也就是中国人民反抗帝国主义及其走狗的过程。"② 日本帝国主义及其走狗日伪政权对中国人民进行了残暴压榨,并疯狂镇压中国人民的反抗斗争,但是中国工农各阶级在中国共产党领导下进行了不屈不挠的斗争。这是中国共产党依靠群众、信赖群众、从群众中来到群众中去的伟大战略的具体表现。中国共产党在东北地区积极领导工农阶级建立抗日民族统一战线,反对日本侵略者的暴行,进行抗日斗争也是中国共产党领导东北地区工人运动的重要内容。所以说中国共产党地下组织领导的东北商号工人罢工也是抗日民族统一战线的重要组成部分。

1932 年 7 月,东北当局积极贯彻中共中央"北方会议"决议,东北各级党组织在领导城市工作和工人运动中,积极号召和指导东北各地商号罢工、罢市。1933 年 1 月 26 日,中共驻共产国际代表团以中共中央的名义向中共满洲省委发来一封题为《论满洲状况和我们党的任务》的重要信件,即"一·二六"指示信,明确地提出了党在东北地区组织抗日民族统一战线的策略方针及当前的中心工作任务。并指出由于"日本帝国主义用全部的力量把满洲变为它垄断的殖民

---

① 中共陕西省委党史研究室:《中共中央在延安十三年史》上,中央文献出版社 2016 年版,第 81 页。

② 《毛泽东选集》第 2 卷,人民出版社 1991 年版,第 632 页。

第四章　东北地区商号的抗日活动

地"，致使东北各阶层广大群众的政治经济地位日益恶化，其中对于东北工人抗日运动，指示信强调要"尽量扩展和指导无产阶级各式各样的群众斗争"。1933年5月15日，中共满洲省委召开省委扩大会议，决定执行"一·二六"指示。随后，中共满洲省委迅速组织成立了满洲总工会，领导东北地区的工人运动，并号召："全满的工人群众，组织工人自己的工会，准备召集全满工人的代表大会，成立真正的满洲工人总工会，来领导全满工人反帝反资本家的斗争！"① 从此，东北地区工人运动在中国共产党地下党组织领导下发展起来。

在日伪政权越来越残暴统治的情况下，东北地区工人反抗觉悟也不断提升。商号工人罢工开始由某一商号的单独罢工斗争，逐步发展到联合起来的同盟罢工，从关注自身工资的罢工，逐步走上了武装反日斗争的道路，这与中共满洲省委认真贯彻中共中央"一·二六"指示信，并提出建立抗日民族统一战线的精神是统一的。同时"东三省游击运动汹涌的发展，一般民众的反日民族游击运动的高涨"，也是"引起城市内工人斗争情绪的积极"② 的重要原因。由于中共满洲省委正确贯彻执行抗日民族统一战线策略，扩大了中国共产党在反日斗争中的政治影响，影响了商号工人对中国共产党抗日斗争的认识，使其开始自觉地在中国共产党正确的领导下进行抗日活动。

中国共产党领导的东北商号工人罢工斗争一定程度上震慑了日本侵略者的侵略气焰。1931年，"九一八"事变后日军迅速占领了沈阳，并对沈阳城内的粮食物资搜刮掠夺，以为侵略战争需要。奉天兵工厂的工人们在党支部书记梁永盛的组织领导下开展了与日军的抢粮斗争，并将从日军抢到的粮食送给抗日联军，"奉天火柴厂的上千名工人闯进了南满火车站，将日本抢劫的军粮夺回"③。这些工人的斗

---

① 中央档案馆、辽宁省档案馆、吉林省档案馆、黑龙江省档案馆编：《东北地区革命历史文件汇集》（1929—1944年）甲19本，中央档案馆1991年版，第223页。
② 华西里：《满洲工人阶级的情形与革命职工运动的任务》1934年，载中央档案馆、辽宁省档案馆、吉林省档案馆、黑龙江省档案馆编《东北地区革命历史文件汇集》（1929—1944年）甲20本，中央档案馆1991年版，第167页。
③ 刘贵田：《中共满洲省委史研究》，沈阳出版社2001年版，第278页。

近代东北地区商号的发展与时局应对

争不仅沉重打击了日军的侵略行为,还援助了抗日武装力量。此后在沈阳地下党组织的领导下,沈阳各行业商号的工人罢工斗争开展得如火如荼,罢工斗争波及范围越来越广,影响也越来越大,打击了日军的侵略气势,鼓舞了工人们的抗日斗志。中共长春特别市党支部按照中共中央和满洲省委的指示,提出了"没收敌人武装,拿起刀斧、梭镖、单枪,由小到大动员和组织群众起来抗日"①的口号,深入到各工厂工人中开展抗日宣传工作,揭露日本帝国主义的侵略行径,号召和带领工人们敢于与日本帝国主义侵略者对抗。1933年5月,长春市党组织建立了油坊特支,组织长春市油坊商号工人群众搜集日伪政权重要情报,输送革命力量。长春市油坊特支还积极领导了制油、火磨、窑业、砖窑、建筑业等各行业商号工人的抗日活动,从经济斗争入手,在群众中开展宣传抗日思想、发动工人暴动等工作,并全力支援抗日义勇军。从1932年12月到1933年7月多次发动和组织了全市性的工人大罢工,参加人数达到一万多人。日伪政权惊呼:这是"满洲建国以来从来没有的大罢工"②。由此可见,中共领导下的商号工人罢工有力打击了日伪政权的统治与压迫。

1932年1月,根据日本侵略东北形势的变化,中共满洲省委由沈阳迁到哈尔滨,更加有力地指挥了东北人民的抗日斗争。随着工人运动的开展,1932年后,中共党组织在哈尔滨各商号"如老巴夺烟厂、同记工厂、裕庆德毛织厂等建立了支部"③,领导商号工人运动。党支部组织和参与工人罢工抗日活动,提升了商号工人的抗日力量。1945年,大连总工会为维护工人阶级的利益,设立了大连职工总会,制定了工会工作纲领,全力组织各工厂工会反抗日本侵略者对工人的剥削,迫使日本侵略者交出一定数额的剥削资金,工会把这些钱分给了工人,由此,工会获得工人们的信赖,提高了威信,工人们踊跃要

---

① 中共中央党史研究室编写:《中流砥柱:中国共产党与全民族抗日战争》上,中共党史出版社2005年版,第404页。
② 王刚:《中国共产党在长春组织的抗日斗争》,《溥仪研究》2013年第4期。
③ 舒晓丹:《一九三一年——一九四五年期间哈尔滨抗日活动纪略》,《黑龙江档案》1995年第8期。

第四章 东北地区商号的抗日活动

求参加工会,"不到一个月,全市就组织起300多个基层工会组织,会员达12.9万人"①。各行业商号工人还在中共地下党组织领导下进行了反对日伪政权势力压迫的罢工斗争。其中大连益昌商号在中共地下党组织和领导下,联合在西岗、香炉礁、黑嘴子等地的商号工人举行了同盟大罢工。罢工工人有3000人左右,罢工口号是:"反对警察、刑事随意捕人,保证工人人身自由;反对警察、刑事、腿子对工人的敲诈勒索;反对警察、刑事、腿子调戏妇女等。"② 参加罢工的工人们以木棒、铁棍等为武器,与日伪政权反动势力进行了武装斗争,在工人们的坚决反抗和团结斗争下,罢工最终取得了成功。所以说中共领导商号工人的罢工斗争不仅打击了日伪政权势力,还团结各行业商号工人,体现了工人阶级联合的力量。

中国共产党为了领导和发动东北地区更多的工人反对日本帝国主义的殖民统治,不仅组织和领导本地商号的工人罢工,还在日资企业中建立党支部,领导和发动工人反抗日本侵略者的剥削压迫。大连地下党组织为发动各行业工人运动,提出了响亮的"反帝、反军、组织工人团体"等革命口号。1929年中共满洲省委为加强对旅大地方党组织的领导,派中共党员张干民同志任大连特别支部书记。张干民在大连经常到工人群众中去,宣传党的抗日政策,并借机发展了新党员,成立了工人工会。1931年3月,中共满洲省委又派王永庆来大连开展地下党的工作,王永庆先后到三泰、三菱、日清等日本油坊企业发展党组织。在"三泰油坊"发展了"王云聪、王新贵、张宪珠、王长来、韩树渠、赵金堂、金连荣、窦仁堂、王安久等人"③ 成为中共党员,并成立了三泰油坊党支部,制定了支部任务是:团结教育工人,组织罢工斗争,扩大党的宣传,发展党员等。1931年4月中旬,中共大连市委常委讨论并通过"五卅"活动工作计划,发动日资油坊业工人为提高自己的工资而斗争。在油坊党支部直接领导下,大连

---

① 顾明义等主编:《大连近百年史》,辽宁人民出版社1999年版,第1686页。
② 顾明义等主编:《日本侵占旅大四十年史》,辽宁人民出版社1991年,第651页。
③ 陈士聪:《大连油坊业的沧桑与反日工潮》,载政协辽宁省大连市委员会文史资料研究委员会编《大连文史资料》第1辑,1984年,第40页。

| 近代东北地区商号的发展与时局应对

部分日资油坊商号工人进行了第一次工人大罢工。三泰油坊首先爆发大罢工，为提高工资与日本资本家展开了激烈的斗争，并得到了三菱、日泰等日资油坊工人们的纷纷响应，组成了一支400多人的浩大罢工队伍，迫使大连各日资油坊商号停工、停产。日本侵略者只好答应工人的罢工要求，提高了工人工资。可见，中共地下党组织在日资企业中建立党组织并发动工人运动的正确性和重要性。随着三泰油坊等工人罢工胜利消息的传播，大连部分民族油坊商号同泰、同聚厚、福聚恒、天兴福等的工人也参与到斗争中。在工人罢工斗争中，大连油坊商号的党组织还利用有利时机，积极发展工会组织，宣传党的政策，开展党的工作，发动工人投身到抗日救国运动中，如大连油坊工人黄振先还参加了大连抗日放火团的行动。1932年年初，中共大连特别支部组织了一场规模宏大的工人罢工，"罢工坚持了三天，参加罢工的工人多达六百余人"①，在罢工斗争中，油坊业中共地下党支部还组织基层一些骨干分子到群众中开展宣传工作，不仅鼓舞了工人的斗志，还团结和教育了工人，提高了工人觉悟，提升了工人斗争的力量。

东北地区商号工人还积极参加中国共产党领导的大规模工人运动。中共领导的吉海铁路工人和西安煤矿（即今辽源煤矿）工人抗日活动影响最大。吉海铁路工人在吉林省磐石县委的领导下于1932年9月成立了工会，开展各种形式的反压迫、反迫害的抗日斗争。除通过罢工维护自身利益外，工会还组织工人配合参与磐石县红军游击队破坏铁路运动，袭击日军列车，干扰敌人运输，为游击队代购药品、布匹、食盐、文具纸张等，并且帮助解决游击部队的给养困难、传递文件、搜集情报和接待、掩护来到抗日游击区的党的领导干部及地下工作人员等。据统计，仅"1933年3月至9月的六个月中，在磐石县境内破坏铁路和袭击（日军）列车事件达20次之多"②，使敌

---

① 陈士聪：《大连油坊业的沧桑与反日工潮》，载政协辽宁省大连市委员会文史资料委员会编《大连文史资料》第1辑，1984年，第41页。

② [日]守田利远：《满洲地志》中卷，"丸善会社"1906年版，第505页。

第四章 东北地区商号的抗日活动

人极为恐惧。辽源西安煤矿工人则在党的特别支部领导下,利用各种关系,采取多种办法,帮助抗联军队解决手术器械、药品及胶鞋等物资供给困难,并积极动员和号召工人捐款,大力支援抗日部队,数次选派工人直接参加人民革命军,为东北地区抗日活动做出了贡献。大连地区很多有爱国觉悟的商号工人还参加了中国共产党领导的抗日放火团行动。大连放火团在中共党员秋世显、赵国文的指导下,积极吸收进步工人加入组织,壮大了放火团的力量。其中有"油漆工人高绪慎、油坊工人黄振先、码头红房子工人王金泰"[1] 等人,为抗日活动做出了贡献。

还有一些商号工人举起了抗日的武器,直接与日本侵略者进行抗争。如黑龙江省桦川县驼腰子金矿祁致中、尤成禄等5名矿工,于1933年6月下旬进行了武装反日压迫暴动,反抗日本侵略者对工人的剥削和压迫,打死了多名日军,并夺取了数支枪械。他们还召集团结当地的工人成立"东北山林义勇军"进行抗日活动,1936年5月,在中国共产党的引导教育下,这支工人抗日队伍被改编成东北抗日联军独立师。另外,还有吉林省延吉县八道沟金矿数十名工人也参加了延吉反日游击队,有力打击了日本侵略者对工人的残暴统治。1933年7、8月间,黑龙江省鹤岗煤矿和金矿的百名工人直接参加了抗日义勇军,哈尔滨土木行业的千名工人要求加入抗日义勇军。10月,海克铁路(自今黑龙江海伦市经北安市至克山县,日伪于1932—1933年修筑)工人不堪忍受日伪压迫,"20余工人夺取日军机枪后,参加了义勇军"[2]。以上各行业工人加入抗日义勇军直接参加抗日行动,为东北抗日活动增添了革命的力量。

以上中共东北地下党组织领导的东北地区工人罢工运动,对抗击日本侵略发挥了重要的作用。这不仅体现了东北地区工人阶级的爱国热情和责任担当,更突出表现了中国共产党在全国各地建立抗日民族

---

[1] 朱诚如主编:《辽宁通史》第5卷,辽宁民族出版社2009年版,第342页。
[2] 东北沦陷十四年史总编室:《东北沦陷十四年史研究》,辽宁人民出版社1991年版,第104页。

近代东北地区商号的发展与时局应对

统一战线的重要性和必要性。毛泽东指出："在抗日战争中，我们在全国的方针是抗日民族统一战线的。"① 他还指出："要达此目的，必须采取发展进步势力，争取中间势力，反对顽固势力的策略"，"发展进步势力，就是发展无产阶级、农民阶级和城市小资产阶级的力量"，"争取中间势力，就是争取中等资产阶级，争取开明绅士，争取地方实力派"②。可见，中国共产党的抗日统一战线是团结一切可以团结的力量，领导他们共同抗日。如在中共满洲省委领导下，黑龙江省桦川县大赉岗镇成立了一个"以商人和知识分子为主要成员的抗日救国会，这是党的抗日统一战线政策得以落实的一个具体标志"③。抗日救国会成立后，由商会会员带头，募捐伪币三千元，有力地支援了抗日联军。而且抗日救国会会员中有农民、油坊工人，还有进步的伪警察，可以做到里应外合，彻底有效地打击敌人，所以说这些抗日团体组织在抗日斗争中发挥了举足轻重的作用。

在中国共产党的领导下，东北地区工人阶级正确认识到自身抗日力量的重要性，体会到参与抗日队伍的迫切性，感受到揭露和打击日本侵略暴行对维护自身利益和民族利益的重要意义。这不仅是作为中国人在民族存亡紧要关头应该有的行为，他们更深刻认识到只有坚持和拥护中国共产党的领导，只有团结在一起形成斗争的队伍和力量，才能在反抗日本侵略斗争中有所作为。进而言之，工人阶级只有在党的领导和组织下，才能发挥抗日中坚力量的作用，才能提升自身的政治觉悟和综合素质，才能更好地认识自己和社会。工人不是具体某个商号的工人，工人阶级要认识到自己是中国的工人，没有国也就没有厂（号），也就没有家。只要国家需要，工人阶级就要走到前头，要发挥工人阶级的先进性和斗争性。而且工人阶级只有在中国共产党的领导和组织下，才能凝聚成伟大的力量。因而，东北地区商号的工人们积极参与抗日救亡运动，充分体现了工人阶级的大局观、

---

① 《毛泽东选集》第 2 卷，人民出版社 1991 年版，第 756 页。
② 《毛泽东选集》第 2 卷，人民出版社 1991 年版，第 745—746 页。
③ 梁文玺编著：《黑龙江抗日战争时期地下交通》，哈尔滨工业大学出版社 1992 年版，第 63 页。

国家观以及爱国主义精神，也充分体现了工人阶级参加中国共产党领导下的斗争的正确性和前瞻性，这些斗争具有伟大的历史意义和现实价值。

第五章　解放战争时期东北地区商号的发展境遇与应对

第一节　商号在东北地区光复和新中国成立前后不同的发展境遇

一　东北光复后商号在国民党摧残下继续衰落

1945年8月15日，日本帝国主义宣布无条件投降，国民党政府急切地对东北地区进行接收，代表大地主官僚、大资产阶级的国民党仍然对东北地区民族资产阶级采取压迫和掠夺的态度。1946年，国民党政府虽然在东北各城市成立了接收委员会，派了若干官员到东北进行接收。但由于分工混乱与争夺利益，国民党军队与政府、中央与地方同时插手接收，致使国民党政府在东北各城市的接收机关众多，接收名目繁多。国民党的一些贪官污吏还趁接收之机中饱私囊，侵占和掠夺了很多工商业商号（如侵占了丹东大昌染织厂，对吉林福源馆商号抢劫一空等），使东北地区商号从希望到失望。东北地区商号没有实现复产的愿望，有的甚至难以维持经营，面临破产。而且国民党政府还在东北各地区征收各种苛捐杂税，这更加重了各地区商号发展的困难，使东北地区经济无法得到复苏，东北多个城市经济崩溃，加重了东北地区人民的灾难。更令人感到愤慨的是国民政府在东北地区滥发纸币，大发横财。国民党官员杜聿明在东北地区发行"盖章法币"（即在法币上盖上杜聿明的官章），就可以与东北流通券及伪满洲币等值流通，致使东北各地区物价暴涨，广大商民遭受更大的经济损失，而国民党官兵却借机发了横财。国民党官员熊式辉在任东北行

第五章 解放战争时期东北地区商号的发展境遇与应对

营主任期间,通过在东北开设的私人银行,"汇入关内的款项共达3000亿法币"[①]。从中可以看出国民党对东北的接收纯粹是经济掠夺,无视东北地区经济的复苏发展和人们的生活安定,使人们生活苦不堪言,当时东北民谣"盼中央,望中央,中央来了更遭殃",表达了东北地区人民在国民党接收东北后的黑暗生活。

国民党政府军队进入东北各个城市时,采取暴力接收的方式,甚至公然抢掠,根本不顾东北地区经济的复苏和发展。如国民党接收吉林市时,对福源馆等商号进行资产抢掠,导致很多商号处于倒闭的边缘。国民党接收长春市时,没收了日本统治时的工商企业,长春经济由以前的"'帝国主义殖民地的经济体系'一跃变为半殖民地半封建的蒋家私人经济、官僚资本主义经济的榨取对象"[②]。国民党政府对东北地区工商业接收的原则是"只接资产,不负欠款之责",因而把长春益发银行亏欠伪满中央银行的款项全部接收占有,而伪满中央银行欠益发银行的款项则另案办理。这样的掠夺式接收不仅使益发银行的现金枯竭,而且连仓库中的库存实物也被一扫而空,导致益发银行陷入了经营困境。此外益发合"所存解放军面袋款项,有七十万元收在农产公社加工费内,被接收人员全部提出,为苏军加工大豆一百二十万元的工缴费也记在农产公社加工费内,接收人员说不应公司得,也给提出,一千个油桶及面糠等也照同样方法拿走"[③],通过种种霸道方式,国民党政府的接收官员在益发合共"'劫收'走东北流通券245万元之多"[④]。本来在东北光复后的益发合流动资金就很拮据,再经过国民党政府的"劫收",益发合的流动资金更加紧缺,并且东北光复后物价暴涨,使益发合陷入了困境,其下属的制粉厂、制米厂、造酒厂、制油厂等纷纷停工停产。国民党这种掠夺式的接收,使长春的泰发合、东发合、益发银行、益通银行

[①] 全国政协文史资料委员会编:《文史资料存稿选编》第7辑《抗日战争》下,中国文史出版社2002年版,第783页。
[②] 中共长春市委地方党史资料编委会编印:《中共长春市地方革命斗争史参考资料》,1959年。
[③] 刘益旺、贾涛:《长春益发合兴衰始末》,载政协吉林省长春市委员会文史资料研究委员会编《长春文史资料》第9辑,1985年,第78页。
[④] 《呋商之路》编写组编:《呋商之路》,中国社会科学出版社2010年版,第219页。

近代东北地区商号的发展与时局应对

等商号相继歇业。"据统计,到 1948 年 10 月,长春市各行业的商号仅存 200 余家。"① 可见,东北光复后,长春市商号面临着更为艰难的生存发展环境。

除掠夺接收外,国民党官僚资本还用管制、停贷、统购统销、重税等种种经济手段掠夺和控制民族商号,使弱小的民族工商业经受了更加沉重的打击。因此,东北各地各行业商号面临破产倒闭,或被官僚资本吞并成为其附庸的命运。国民党为了加紧对东北经济的掠夺和对人民的压榨,在东北地区单独发行并大量印刷了不可兑现的"信用纸币"流通券,只限在东北地区流通。这严重影响了东北各地区工商业商号的正常运营,可见官僚买办资本对东北民族工商业的摧残。民族工商业在官僚资本垄断经营下生存危机日益深重,长春地区仅裕昌源、积德泉、益发合、泰发合等少数规模较大的民族工商业商号艰难维持营业,其余大部分商号被严重打击,甚至倒闭。特别是在国民党逃离长春时,商号财产被国民党掠走,长春市货源断绝,物价暴涨,市场混乱,长春市民族商号生产全部陷入了停顿状态。

1946 年 3 月,国民党政府接收沈阳地区后,官僚买办资产阶级操控市场,或囤积居奇,或买空卖空,市场秩序混乱,民族工商业继续遭到打击、排挤。由于国民党在沈阳征收各种苛捐杂税,使各商号资金短缺、货物紧缺。如中和福茶庄因茶源断绝,而销售停滞,经营遭受打击。国民党接收当局还发布公告,禁止在市场上进行黄金交易,只允许白银类产品交易,这意味着凡属黄金类的产品都不能进行交易,使得金银行业商号如萃华金店营业停滞。国民党又实行金圆券币制,以金圆券搜刮黄金,导致金银行业完全陷入瘫痪状态,萃华金店与其他从事金银行业的商号都相继停业。沈阳经济再次遭到重创,1946 年 10 月,"沈阳市工商业商户有 11195 家,其中资本在 30 万以上的商户有 263 家,其中只有极少数开工"②。1947 年下半年,国民

---

① 孙乃民:《吉林通史》第 3 卷,吉林人民出版社 2008 年版,第 574 页。
② 张涛、张志强、张龙海主编,郭春修、郭俊胜分卷主编:《沈阳通史》现代卷,沈阳出版社 2015 年版,第 480 页。

第五章 解放战争时期东北地区商号的发展境遇与应对

党政府在东北的统治后期,沈阳的工商业商号发展更为衰退,"1948年10月全市商业行业由1947年上半年的66个减少到41个,商业企业总户数减少到6861户,减少了57%。1947年,全市百货行业商户由当年7月的1491户,锐减至275户,1948年7月再减至47户,至10月仅剩有32户,且大部分陷入了半歇业状态"①。由于国民党的经济封锁,大连地区物资来源奇缺,工商各业的商号举步维艰,都处于停顿状态,油坊商号的大部分工人被遣散。鞍山曲铁工厂在国民党统治期间被军队占用,强制为国民党修理军械。国民党军队从鞍山撤走时还蛮横地将工厂的电动机、电火箱、机床皮带和轴承等设备全部抢走,使鞍山曲铁工厂无法继续经营发展下去。由此可见,国民党政府对待东北地区工商业的方式除了利用就是掠夺,根本无视东北工商业商号的生存和发展。

国民党政府在进入黑龙江省哈尔滨市接收过程中,同样是横征暴敛,强行接收和占有各行业商号,使很多工商业商号无法正常营业,导致哈尔滨经济濒于崩溃。以榨油、制粉、酿酒为代表的民族工业,原本就处在艰难维持的状态,而国民党的到来致使"大批工业停产、众多工人失业"②,再加上哈尔滨市物资粮食短缺,商品价格暴涨,人民基本生活难以保障,民族工商业商号的数量也大大缩减,"1945年国民党接收时哈尔滨工商业开业者403家,到1946年4月民主联军接管哈尔滨前开业者310家"③。可见国民党接收哈尔滨过程中对民族私营工商业的摧残。

国民党为了扩充军费,加重对东北地区民族工商业的税收,使日趋凋敝的民族工商业商号濒临破产。国民党对东北商民征收的苛捐杂税,一方面用于战时财政,另一方面也被官员们中饱私囊。如国民党鞍山市政府将原隶属于辽阳的税收查征所破格提为税收专局,以便增大税收的权限。国民党在鞍山市征收的苛捐杂税名目繁多,有契税、

---

① 沈阳市人民政府地方志办公室:《沈阳市志》第9卷《商业》,沈阳出版社1999年版,第44页。
② 李士良等:《哈尔滨史略》上篇,黑龙江人民出版社1994年版,第335页。
③ 辽宁省档案馆:《哈市15个行业创业年代调查录》,长期卷,第121号。

近代东北地区商号的发展与时局应对

营业税、房捐、屠宰税、牌照使用税、营业税、宴席税、娱乐税、牲畜税、果实捐、接待人捐、不动产取得捐、皮毛捐、电气捐、渔业捐、草帽捐等若干种类。国民党政府在鞍山市"1946年征税2800万元（东北流通券）"①，鞍山商民苦不堪言，难以维系正常的商业营业。所以说，国民党时期对东北地区工商业商号的税收，"不但不再调节扶持生产，反而极大限度地阻碍社会生产力的发展，起到了摧残社会经济的作用"②。

国民党官员在对东北各地区进行接收的过程中，不仅中饱私囊，而且暴力破坏，致使很多商号变为废厂。国民党在接收辽宁省本溪市时，各大小工厂设备除被苏军拆走的以外，"遗留的本溪工厂设备，尽遭国民党变卖"。国民党"接收情况十分混乱……一则有争抢工业设备的情形，二则抢占公共建筑和房产"，"更有甚者，得手的竞争者非但不曾尝试使这些工厂开工，而且已将其拆卸一空，把拆散的机器当废铁卖掉"③。可见国民党在东北地区的暴力接收，仅为满足其私利服务。正如国民党安东省④主席高惜冰在向东北行营主任熊式辉提出的辞呈中描述道："农民疾苦未除而倍增，工人失业未减而愈重，商家贫困无术依旧停业，行旅因道路阻险而裹足不前。"⑤ 由此可见国民党对东北地区商民搜刮之严重以及对东北经济破坏至极。

国民党还在东北地区大规模征兵，以"出钱代兵"的形式掠夺东北地区商号的财产，致使一些民族商号衰败并倒闭。如"国民党对奄奄一息的益发银行征兵，要求如果不出兵可以出钱解决，明码标价

---

① 姜涛、丁江、董逊等编著：《解放战争时期的鞍山》，鞍山市地方志办公室、鞍山市地方志学会1987年版，第47页。
② 铁岭市税务志编纂委员会主编：《铁岭市税务志（1664—1990）》，1994年，第755页。
③ 朱诚如主编：《辽宁通史·现代卷》，辽宁民族出版社2012年版，第272页。
④ 1947年国民政府将伪满洲国时期的安东、通化二省合并为安东省，省会设于通化（今吉林省通化市）。新中国成立后设立辽东省（安东市），1954年撤销辽东、辽西二省，恢复辽宁省。
⑤ 《东北日报》1947年8月17日，转引自朱诚如主编《辽宁通史》第5卷，辽宁民族出版社2001年版，第42页。

50万元一个兵。这样益发银行花了250万元才免除征兵,后来国民党又出了新政策,要求规定长春商号内35岁以下的伙计都要当兵,益发银行又花了2000万元才避开了第二场兵灾"①。面对国民党的残酷统治,益发合在长春的所有企业相继停业。吉林市同芳照相馆原有照相师傅和徒弟共15人,而国民党占领吉林市后物价上涨,人们生活更加穷困潦倒,同芳照相馆生意日渐萧条,在国民党强制征兵后,同芳照相馆"员工仅剩下了5人"②。鞍山钢铁工厂除了动力部门外,员工全部被征服役,使生产完全陷入停顿。还有的商号因为担心店里伙计被捉去充军,而被迫停业。由此可见,国民党接收东北各地区后采取的暴政,不仅未能使东北商号从日伪政权排挤压制困境中走出来,反而更加凄惨,所以说国民党的经济暴政完全是为了维系其存在而进行的欺诈勒索行为。

二 新中国成立前中国共产党的经济复苏政策及东北商号的发展

东北地区解放,中国共产党实行东北地区经济复苏的政策,各地区商号迎来发展转机,有了重整旗鼓的机会。东北地区商号在党和政府的支持鼓励下发展起来,为东北地区经济发展、社会稳定、人们安心生活做出了贡献。

解放战争时期,中国共产党对民族资本主义工商业的政策是肯定和鼓励的。1947年12月毛泽东在《目前形势和我们的任务》中提出:"由于中国经济的落后性,广大的上层小资产阶级和中等资产阶级所代表的资本主义经济,即使革命在全国胜利以后,在一个长时期内,还是必须允许它们存在;并且按照国民经济的分工,还需要它们中一切有益于国民经济的部分有一个发展;它们在整个国民经济中,还是不可缺少的一部分。"③东北各级政府根据中央的指示,于1948

---

① 李荣亭:《京东第一家》,《乐亭文史资料》第6辑,政协乐亭县委员会1996年版,第96页。

② 邓兴业:《同芳照相馆》,载政协吉林市委员会文史和学习委员会编《吉林市文史资料》第15辑《吉林市老字号》,1997年,第115页。

③ 《毛泽东选集》第4卷,人民出版社1991年版,第1254—1255页。

近代东北地区商号的发展与时局应对

年2月提出《东北局关于东北经济构成及经济建设基本方针的提纲》,并指出:"我们目前对于私人资本主义经济的方针,就是把必然要发展的私人资本主义经济引导到有利于无产阶级领导的国计民生的方向,并限制在有利于无产阶级领导的国计民生的范围以内。除努力把私人资本引导到国家资本主义的轨道上去以外,其他私人资本,都应使之为革命战争与人民生活服务。我们的各种经济政策,应该做到这样的程度,即是:凡属于有利于无产阶级领导的国计民生的私人资本,都使其有利可图,因而都能生存与发展;凡属无利或有害于无产阶级领导的国计民生的私人资本都使其无利可图……这就是我们对于私人资本鼓励与限制的标准,也即是联合与斗争的标准。"① 更明确地指出了支持和发展有利于解放战争和人民生活的私营工商业。1949年6月,中共中央在对待私人资本主义政策上对东北局进行了指示,"强调一切有益于国计民生的私人资本主义生产在目前及今后一个长时期内的进步性、建设性与必需性,强调利用私人资本主义的积极性来发展生产,强调要联合愿意和我们合作的资本家"②。可以说,在中国共产党这样明确鼓励支持的政策下,东北各地区商号一定程度上得到了恢复,社会经济有了新气象。

1948年11月,中国共产党和各级人民政府贯彻执行了"发展生产,繁荣经济,公私兼顾,劳资两利"的方针政策。长春市政府制定了保护中小商号的发展政策,其中有禁止没收中小商号财产的说明,如长春市政府发布公告:"保护和发展工商业,保障私人合法经营之财产权,为中国共产党及民主政府既定不移之政策。"③ 同时政府又对反动商号予以取缔,接管了"天德印刷所、德庆永粮米铺、义源昌

---

① 《东北局关于东北经济构成及经济建设基本方针的提纲》,载中国社会科学院、中央档案馆编《中华人民共和国经济档案资料汇编(1949—1952)》工商体制卷,中国社会科学出版社1993年版,第55—56页。
② 《东北局转发中央关于对待私人资本主义政策问题给东北局的指示》(1949年6月3日),载朱建华主编《东北解放区财政经济史资料选编》第3辑,黑龙江人民出版社1988年版,第225页。
③ 《长春特别市市政府关于严禁擅自没收私人财产的通令》(1948年11月14日),载赵占民《长春解放》,中国档案出版社2009年版,第152—153页。

碱厂"①等。可见，党和政府是要保证各行业商号向着有利于国计民生的方向发展。长春市政府为使工商业商号有休养生息的机会，使其能够发挥繁荣本地区经济的作用，提出了有利于工商业商号恢复的具体措施。如"三个月免除征税；扶助被国民党摧残待毙的工商业；拨发工商救济款"，"鼓励有门面的正当商业，适当予以少量贷款，对于无利有害的则加以限制，如代理店、金店、银楼业等，一般商业，则由其自己力量恢复"②。诸如积德泉、益发合、裕昌源等商号陆续复工、复业。长春市政府为恢复经济、保障人民正常生活，还为商号复业提供资金扶助。如长春市政府为帮助益发合商号恢复生产工作，决定拨给益发合2亿元的东北币贷款，用于恢复厂房、机器和其他生产设备。在人民政府的支持和援助下，益发合以最快的速度恢复了生产，1948年益发合制油厂首先恢复生产。1948年至1949年间，长春益发合商号各工厂生产经营不仅得到恢复，还得到快速的发展。"1950年底，益发合盈利人民币（旧币）339.2万元。这是自1944年以来的第一次盈利。"③所以说在政府的支持援助下，益发合走上了复苏之路。党和政府对东北民族工商业的关怀与扶持，使益发合商号又焕发了生机。其生产的粮油除供给长春市民外，还满足了附近的九台、农安等地城乡人民生活的需要。所以说，进步商号在有利于发展的环境里会为国家和社会做出更多的贡献。

1949年，鉴于东北地区百业待兴的时局，各行业商号复业，发展生产，为社会服务。党和政府把恢复社会生产和安定人们生活作为首要任务，极力号召工商业恢复生产。如长春市东兴染色厂为了国家经济发展的需要，以及出于工人就业生活出路的考虑，响应政府的号召，决定恢复商号生产。东兴染色厂积极向政府提出复业申请，获得

---

① 《长春市人们政府关于接管反动封建会门房产、商号等财产的布告》（1949年8月22日），载赵占民《长春解放》，中国档案出版社2009年版，第164页。
② 《关于资本主义工商业政策执行情况的检查报告》，载中共长春市委党史研究室编《长春资本主义工商业的社会主义改造》，1992年，第42页。
③ 温杰：《胜友懿范各千秋：长春市各民主党派人物传》，载长春市政协文史委员会编《长春文史资料》第3·4辑，1991年，第40页。

近代东北地区商号的发展与时局应对

政府支持。从此，东兴染色厂又开始了新的生命。长春协力棉布工厂改名为新力棉织厂，并于 1950 年开始复工生产，其生产规模及经营管理水平仍居长春同行业之首。新力棉织厂"于 1952 年生产棉布 160 万公尺，超过该厂历史最高产量的一倍，并能生产色织格子布等十几种花色，填补了长春市生产色织布的空白"①。长春市义大铁工厂在中国共产党工商业政策影响下，也开始投资开工生产。1950 年 7 月，积极响应党的号召，与同行业的 11 家工厂组成联营机械厂，扩大生产规模，为长春市国民经济恢复做出了重大贡献。

吉林市解放后，各行业商号也在政府政策引导下复工复产。吉林市世德堂药店在政府"发展经济，保障供给""城乡互助，内外交流"的方针指导下，经营状况开始复苏，药店盈利逐渐好转。永德堂药店也获得了新生，永德堂药店大量收购人参（指山参）、鹿茸等药材，然后安排从业人员精心加工制作成药品后出售，"永德堂药店一跃成为全市营业额最高的药店"②。志诚利药店重新调整了内部经营结构，赢得了百姓的信赖，更好地为百姓生活服务。吉林市制油业因为原料充足也有了很大发展，1949 年吉林市油坊商号有 92 家。1948—1949 年，吉林市棉业得到一定的发展，电力织布机厂新增加了十余家，裕华、永吉、兴源、裕兴德等纺织商号还增加了加工订货业务。1948 年后，中国共产党把裕华工厂的机器等财产保护起来，并提供贷款使裕华工厂恢复生产加工，使裕华工厂为吉林市的经济恢复做出了贡献。在党的经济政策扶持下，政府贷款扶持、拨给棉布，吉林市忠信织染厂由停产状态迅速恢复生产，增添了纺织设备，并扩建了织染厂，满足市场需求，解决了东北地区工人失业问题。吉林市同芳照相馆在中国共产党扶持民族工商业政策的感召下，装修了摄影室，增加了立体摄影布景，改进了灯光配置。为更好地丰富老百姓的业余生活，同芳照相馆还增加了剪影拍照、影中人拍照、照片套花边

---

① 矫正中：《吉林百年工商人物》，吉林文史出版社 2004 年版，第 69 页。
② 徐铁汉：《吉林中医百年》，载政协吉林市文史委员会、吉林市卫生局编《吉林市文史资料》第 10 辑《吉林中医百年》，1991 年，第 235 页。

第五章 解放战争时期东北地区商号的发展境遇与应对

图案、照片着油彩和着水彩等多种新业务,受到顾客的青睐和赞誉,照相业务得到进一步发展,提升了人们的生活质量。

辽宁省各地区解放后,各地政府贯彻执行党中央的"发展生产、繁荣经济、公私兼顾、劳资两利、城乡互助、内外交流"政策,在以发展国营经济为工作重心的同时,保护与引导私营资本主义工商业向有益于国计民生方向发展。沈阳市政府在发展私营工商业中采取了一系列措施,如"在经营范围、原料供给与销售市场等方面,初步调整公私关系,使各种经济成分在国营经济领导下分工合作,国营经济积极扶植有利于国计民生的私营企业;向私营企业加工订货、供应原料与推销产品;积极扶植的财政政策,通过发放贷款,解决产销难题等。沈阳市政府还宣布免征私营工商业营业税三个月"[①],并发放救济性贷款。由于政府有针对实际情况的扶持政策,沈阳私营工商业得到一定的恢复和发展,一些工商业商号相继开业生产。如老天合商号迅速恢复原来的招牌,开始营业。鞍山曲铁工厂积极响应政府号召,立即开工,积极生产和加工军用装备和马鞍,为恢复鞍山钢铁生产和支援抗美援朝做出了贡献。辽阳市老世泰糕点商号在1948年后恢复生产,积极从事生产经营,并且踊跃参加政府组织的拥军支前、按章纳税、捐献飞机大炮等活动。铁岭市百货业商号德盛号在1948年后响应政府政策和各项号召,发展生产,努力经营,遵章纳税,在城乡物资交流等方面取得了一些成就,得到政府和人民群众的认可和赞许。

1949年,中国共产党和人民政府为做好恢复国民经济的工作,充分利用和发挥私营工商业有利于国计民生的积极作用,党和政府采取了相应措施,帮助私营商号解决经济发展中出现的问题,大力支持私营民族工商业的发展。如辽宁省抚顺市在1948年前,工商业市场经营不规范,摊贩较多,管理混乱,价格满天飞,严重影响城市治理、经济发展和人们的日常生活。抚顺市贸易管理局加强了市场管

---

① 陈立英、陈雪洁:《社会主义改造与沈阳资本主义工业的历史变迁》,东北大学出版社2008年版,第78页。

近代东北地区商号的发展与时局应对

理,开展了对抚顺商业市场的清理整顿工作。1948年11月,抚顺市政府发布布告:"要求凡没有规定价格的商品,可参照赤金、粮食、布匹、油盐的价格合理作价;市场交易须以东北银行发行的本市及地方流通券为交换手段,其它如伪金圆券等,一律禁止流通。"[①] 1949年2月,抚顺市政府发布政令,要求各地摊贩必须到市贸易局申请登记,领取执照,才能进行营业,否则必须停业整顿,还规定凡是有门市的商号,全部集中到各个具体市场内从事经营活动。政府的整顿治理,不仅使市场混乱状态得到解决,也保护了个体工商者的正常营业,促进了抚顺市经济的发展和社会的稳定。

1948年10月,东北行政委员会公布了《哈尔滨特别市战时工商业保护和管理暂行条例》,其中有"承认公营、公私合营,私营,合作社经营之工厂,商店均为合法营业,政府保护其财产所有权及经营之自由权。在遵守政府法令的条件下,任何人不得加以干涉及侵犯","对支援战争及群众生活有重要贡献之工厂,政府可给以支持,其所需动力原料及成品推销,政府给以可能的帮助"[②] 的规定。党和政府实施了为工商业者着想的政策,赢得了他们的拥护和支持。

1948年11月后,黑龙江省哈尔滨市地方党委和政府积极贯彻执行党的经济恢复和发展的政策,哈尔滨市委确立了"恢复经济、发展生产、支援前线"的经济工作指导方针,并出台了一系列保护、扶持民族工商业发展的政策法规,公布了"保护工商业者的财产及合法经营不受侵犯""发展生产、繁荣经济、公私兼顾、劳资两利"等经济方针,"豁免了日伪统治时期对工商业商号征收的30余种苛捐杂税"[③],特别是在"东北各省市(特别市)民主政府共同施政纲领"的第4条中,直接写明:"保护奖励与扶植民族工商业,恢复并发展

[①] 佟明宽主编,抚顺市商业局商业志编纂办公室编:《抚顺市商业志(1840—1985)》,辽沈书社1993年版,第18页。

[②] 《哈尔滨特别市战时工商业保护和管理暂行条例》,载朱建华主编《东北解放区财政经济史资料选编》第3辑,黑龙江人民出版社1988年版,第66页。

[③] 哈尔滨市道外区地方志编纂委员会:《道外区志》,中国大百科全书出版社1995年版,第280页。

第五章 解放战争时期东北地区商号的发展境遇与应对

公营企业，发展合作事业，改善工人、职员与技术人员的生活；发展生产，繁荣经济，保障资本家的合法利润，建立统一与合理的税收制度，减轻人民负担，调整地方金融，以促进东北经济建设事业的发展。"① 这一纲领成为哈尔滨市恢复和发展工商业经济的政策导向和发展目标，有利于哈尔滨各行各业商号的发展，哈尔滨市政府还采取一系列保护和扶持民族工商业的政策，使一些商号能够在短时间内恢复并发展起来。

哈尔滨市政府还指出，对于"一般的工商业和社会经济必须依靠全体市民和私人工商业资本家的资本，使他们在合理的盈利、服从新政府法令、改善工人生活待遇和改变旧的管理方法的原则下，应予他们很多的便利条件如交通运输、原料购买、市场销路、动力供给等，来帮助他们，这不仅对资本家有利，对工人阶级有利，即对政府的税收、整个的人民生活方面都是有利的"②。哈尔滨市政府于1948年1月制定了《哈尔滨特别市战时工商业保护和管理暂行条例》，提出了政府承认公营或私营的工商企业都为合法营业，政府不仅会保护其财产所有权及经营自由权，对于经营有方、对国家发展有贡献的工商企业，还会实行奖励措施等条款。在政府政策激励和号召下，同记商号迅速恢复营业，扩大生产，年销售额逐步增加。同记商号经理武百祥非常信赖和拥护中国共产党和政府保护民族工商业者的政策，响应政府号召率先恢复了同记工厂的生产，在扩大商场经营的同时，继续发扬了工商并举的传统，相继开设了"同记皮革厂、同记猪鬃厂、同记铁工厂、同记刷子厂、同记麻袋厂和百善牧养场"③ 等相关企业，为同记商场提供了充足的货源，这样同记商场也迅速恢复和发展，经营品种有棉布、针织品、服装、鞋帽、五金、化妆品、电器、药品、乐器等，到1951年同记的经营品种增加到5000余种。

---

① 陈一凡、赵舒天等：《东北解放战争中的哈尔滨》，载政协黑龙江省哈尔滨市委员会文史资料研究委员会编《哈尔滨文史资料》第2辑，1983年，第336页。
② 哈尔滨市档案局（馆）编：《1946.4.28哈尔滨解放》，中国文史出版社2017年版，第276页。
③ 秦亢宗：《抗战中的民国商人》，团结出版社2015年版，第208页。

| 近代东北地区商号的发展与时局应对

在政府政策的支持和引导下,哈尔滨饮食业也得到了迅速的恢复和发展。以前有名气的饭店也重新开业了,如新世界、厚德福、泰华楼、兴宾楼等;还有很多新开业的饭店,如和平饭店、光复饭店、永兴号等。由于中国共产党和人民政府对待民族工商业的政策是符合社会发展和工商业者利益的,而且措施得力,使商号有了恢复和发展的机会和空间。同时党和政府还及时援助发展有困难的私营工商业,如哈尔滨市双合盛制粉厂因资金不足,生产不景气,党和人民政府为了帮助其渡过难关,曾先后贷给双合盛制粉厂粮食数万斤,使双合盛制粉厂生产形势开始好转,很快成为当时最早为政府加工订货的私营企业之一。哈尔滨工商业得到迅速发展,据统计,"1948年2月进行的全市工商业共登记21368户,其中工业12092户、商业9276户,登记行业达156种之多"①,可见,1948年后,在党和政府扶植支持下,哈尔滨经济得到了恢复发展。

中国共产党和各级人民政府还在私营工商企业中推行劳资集体合同,施行"四马分肥"的分配制度,及时解决劳资争议,改善劳资关系,提高了劳资双方的生产积极性。党和政府还积极采取调整公私关系、产销关系等措施,有力促进了东北地区私营工商业的发展。如黑龙江省齐齐哈尔市"1951年末私营工商业户数发展到4633户,私营工业总产值比1949年提高170.6%,私营商业零售额比1949年提高1.3倍。哈尔滨市1950年私营工业产值,占全市工业总产值的64.7%,到1951年占70.7%,1951年私营商业销售额比1950年增长51.8%"②。哈尔滨商号天丰涌在党和政府的领导和号召下,建立了劳资协商会议制度,商号资本家和工人共同商讨企业的经营和管理、劳资双方的权利义务等问题,防止资本家抽逃资金,督促资本家搞好经营,保护员工利益,使党的"发展生产、繁荣经济、公私兼顾、劳资两利"经济政策在天丰涌商号得到落实。自哈尔滨解放后,

---

① 李士良等:《哈尔滨史略》上篇,黑龙江人民出版社1994年版,第343页。
② 黑龙江省地方志编纂委员会:《黑龙江省志》第71卷《民主党派工商联志》,黑龙江人民出版社1999年版,第569页。

第五章 解放战争时期东北地区商号的发展境遇与应对

天丰涌商号经营效益一直稳步上升。天丰涌商号对进货渠道进行了扩展，使货源充足。商号还实行了"分红制"，商号员工的收入也一年好过一年。后来分红比例过大出现偏差，商号收入绝大部分被分掉，影响了商号生产的发展和扩大经营，对支援全国解放战争不利。于是从1948年起政府又调整了天丰涌的分配方法，"用工资加奖励的办法取代'分红'制，店员每月发工资，年末每人另外再给两个月工资作为奖励。1949年又把年末奖励二个月工资改为奖励一个月工资，直到1950年实行了月工资制"[①]。调整收入分配后，天丰涌固定资金多了，重新焕发了生机。可见，中国共产党的政策方针都是从社会发展和商号经营的角度考虑和制定的。

  1948年11月后，党和政府不仅支持和鼓励各行业商号发展生产，还对无力恢复生产和经营的商号进行收购和改造，使其继续为国家发展和人们生活服务。如长春解放后党和政府接管了长春积德泉酒厂，使其成为长春当时的第一家国营企业，改名为长春市酿酒厂，"积德泉"成了新酒厂的注册商标，从而使这百年发展下来的私人商号成了国家财产。1948年后，党和政府收购了会源、水吉、恒泰泉三家烧锅商号，使其隶属于吉林省财政厅生产管理处。当年6月，三家烧锅恢复了生产，分别改称为吉林省国营一、二、三造酒厂。1954年年初，三家造酒厂合并成立了吉林市造酒厂，为东北地区造酒业发展做出了贡献。吉林市工商管理部门向商号"裕德祥投资8000万元（东北币）"[②]，并把被国民党抢去的机械设备还给了裕德隆，使其迅速恢复了生产，同时更名为吉林市裕丰制油厂。1951年，裕丰制油厂更名为吉林市粮食公司油米厂。1957年在市粮食公司油米厂的基础上成立了吉林市制油厂。1949年，沈阳市市政府企业公司全资收购了八王寺汽水公司，并更名为"沈阳市八王寺汽水厂"。1953年改为沈

[①] 梅金城：《哈尔滨山海杂货的老字号——天丰涌》，载中共哈尔滨市委统战部、中共哈尔滨市委党史研究室编《哈尔滨资本主义工商业的社会主义改造》，黑龙江人民出版社1990年版，第233页。

[②] 唐盛民主编，吉林市食品工业办公室编纂：《吉林市食品工业发展史略》，吉林文史出版社1995年版，第27页。

阳市酿造厂，后定名为"沈阳市汽水厂"。

此外，为了帮助私营工商业发展和减少资本家的顾虑，哈尔滨市政府还实行了与资本家签订劳动合同的形式。"劳动合同是劳资双方协商签订的保护双方利益的法律文件，劳资双方权益保障的基本法律凭证"①，政府通过这样的方式鼓励和支持私营资本家为城市经济恢复发展做贡献。哈尔滨市政府与公营及私营企业签订了集体劳动合同。如哈尔滨市天兴福制粉厂在党的工商业政策激励下，"在全市率先签订了'劳资合作合同'"②，推动了哈尔滨市的"发展生产、繁荣经济、公私兼顾、劳资两利"经济政策的有效落实，体现了哈尔滨市政府支持私营工商业发展的措施与力度。在天兴福制粉厂的影响下，哈尔滨的双合盛、义昌泰、成泰义、中兴福、天兴福5家火磨厂和义昌信、利民、双合盛、恒祥东、和聚公、永生和、源聚祥、兴东8家油坊商号也在1946年9月至10月订立了合作契约，使很多东北沦陷时期被破坏的商号恢复了生产。哈尔滨市政府通过这样的方式发展民族工商业，达到"劳资两利、发展生产"的目的，使哈尔滨市经济得到了恢复和发展。

东北地区经济复苏离不开中国共产党的正确指导方针和政策。1949年3月5日，毛泽东在中共第七届中央委员会第二次全体会议报告中提出："在这个时期内，一切不是于国民经济有害而是于国民经济有利的城乡资本主义成分，都应当容许其存在和发展。这不但是不可避免的，而且是经济上必要的。但是中国资本资本主义的存在和发展，中国资本主义的存在和发展，不是如同资本主义国家那样不受限制任其泛滥的。它将从几个方面被限制——在活动范围方面，在税收政策方面，在市场价格方面，在劳动条件方面。我们要从各方面，按照各地、各业和各个时期的具体情况，对于资本主

---

① 邓齐滨：《哈尔滨解放区"劳资两利"的城市法制实践》，中国铁道出版社2017年版，第69页。

② 高玲、肖书源、石方：《历史回眸：二十世纪的哈尔滨》，哈尔滨出版社1998年版，第26页。

第五章 解放战争时期东北地区商号的发展境遇与应对

义采取恰如其分的有伸缩性的限制政策。"① 可以说，利用、限制和改造是新中国成立前中国共产党对待民族私营工商业的总方针，积极引导和改造私营工商业为社会主义发展服务。1949年4月13日，毛泽东在人民政府委员会第七次会议上指出："《共同纲领》规定在经营范围、原料供应、销售市场、劳动条件、技术设备、财政政策、金融政策等方面，调剂各种社会经济成分在国营经济领导之下，分工合作，各得其所，必须充分实现，方有利于整个国民经济的恢复和发展。"② 所以说，党和政府发展私营商号也是着眼于整个国民经济的发展，而且商号私营经济的发展对东北地区经济复苏和人们生活安定有着重要的作用。

新中国成立初期，国家对私营经济仍采取"公私兼顾、劳资两利"方针下的"利用"政策，国家为促进私营工商业发展和维系社会安定，实施了一系列帮扶私营工商业发展的办法。如为私营工商业发放贷款、供给原料，以原料换成品、收购和代销成品，委托加工以及国家暂时出让一部分销售市场等办法，帮助私营工商业克服困难，恢复生产经营，使私营经济在新中国成立初期有了初步的恢复和发展。1950年6月6日至9日，中国共产党在北京召开第七届中央委员会第三次全体会议，毛泽东作了《为争取国家财政经济状况的基本好转而斗争》报告，指出："现有工商业的合理调整"是"获得财政经济情况的根本好转"三个条件之一。"在统筹兼顾的方针下，逐步地消灭经济中的盲目性和无政府状态，合理地调整现有工商业，切实而妥善地改善公私关系和劳资关系，使各种社会经济成分，在具有社会主义性质的国营经济领导之下，分工合作，各得其所，以促进整个社会经济的恢复和发展。"③ 还指出对民族资产阶级的政策仍然是又团结又斗争的政策，但是以团结为主，对民族资产阶级企业实行节制资本而不是挤走资本、消灭资本的政策，可见

---

① 《毛泽东选集》第4卷，人民出版社1991年版，第1431页。
② 中共中央文献研究室编：《建国以来重要文献选编》第1册，中央文献出版社1992年版，第32页。
③ 《毛泽东文集》第6卷，人民出版社1999年版，第70—71页。

近代东北地区商号的发展与时局应对

本次会议把调整工商业作为一项重要内容。经过半年多的调整，私营工商业商号很快脱离了生产和发展的困境。各地政府还积极帮助商号解决生产经营问题，如长春市益发合油坊在劳资关系上存在着很多问题，导致经营出现困难。为了解决这些问题，1950年5月，益发合油坊成立了劳资协商会议进行协调。长春市劳动局和总工会组成工作组进驻益发合油坊深入调查问题，讨论了油坊厂规、工人减薪、劳资双方管理分工等问题，并通过召开劳资协商会议，与油坊经理和工人进行协商，解决出现的问题，使益发合油坊商号能够迅速恢复生产。劳资协商会议的召开使得劳资双方团结在一起，共同进行生产，工人们复工后有了更高的生产积极性，更加关心商号的生产经营情况，工人们的生活得到了改善，益发合油坊商号也有了更好的发展机会和前途。所以说，国家对私营经济的"利用、限制、改造"政策，以及国家对私营商号生产的干预与帮助，大大促进了东北地区私营商号在国营经济领导下的"分工合作、各得其所"，从而获得了更大发展空间。

第二节 商号在解放战争时期表现的家国情怀

一 积极援助东北地区的解放战争

东北地区商号在经历了日本侵略者残酷剥削统治、国民党肆意妄为的"接收"、中国共产党的保护和鼓励几个阶段后，真正认识到了谁才是自己利益的维护者和保护者，解决了多年来应该跟谁走、支持谁的困惑。因而在解放战争期间，东北各地商号能够以最大的财力、物力、人力等资源支持和拥护中国共产党对东北的解放和建设事业。

东北地区商号能够明辨是非，坚持正义，不仅旗帜鲜明地支持中国共产党，而且还敢于与国民党的统治进行斗争。1946年，长春第一次解放时，益通商业银行总经理田芝年担任长春市商会会长，他号召长春工商界人士组成了拥军委员会，"共捐献军鞋10万

第五章 解放战争时期东北地区商号的发展境遇与应对

双，棉布 7000 匹，现款 3000 万元"①。在任长春市商会会长期间，为了维护长春工商业者的利益，面对国民党残酷压迫式"接收"，他还全力与国民党政府周旋，受到广大工商业者的爱戴。如国民党接收官员要求长春工商业各商号预缴 10 年税款，使各商号苦不堪言。他与国民党政府官员多次斡旋，积极反抗，最后成功抵制了这一掠夺式的无理要求，维护了工商界各商号的利益。积德泉商号的王玉堂被东北民主联军聘为商会顾问，负责筹集现款、布匹、鞋袜等军需物资。吉林省扶余县德顺兴商店经理郑砚耕为了支援解放军南下战役，积极参加了粮秣供应工作。在他的支持和影响下，当时扶余县很多粮业商号为解放军加工高粱米，也有油坊商号积极为解放军榨豆油。当油坊商号机器缺少柴油时，郑砚耕就派人去其他地方购买柴油或汽油，使得扶余县各商号为解放军前线作战支援了丰厚的粮食资源。吉林市忠信织染商号也极力支援解放军南下战役，在捐献军鞋等活动中走在了吉林市各商号的前列，为其他商号参与拥军活动做了表率。

黑龙江省哈尔滨市同记商号在拥军劳军中始终走在前列。1946 年 7 月，时任东北局书记的彭真同志到同记商号视察，他指出，"解放区人民应把支援解放战争作为一切工作的中心"。彭真同志鼓励同记董事长武百祥要积极发挥同记工商并举的优势，积极发展工商业，促进哈尔滨经济发展，成为解放战争的坚强后方基地。武百祥表示一定要让同记商号为解放战争献出一份力。武百祥几次召开董事会研究同记商号的发展计划，并提出要全力为解放战争提供援助。除同记铁厂为解放军部队加工"六零炮"支援前线外，同记牙刷厂还每月生产 5 万支白熊牌牙刷，供应给解放军。1947 年 1 月，哈尔滨市临时参议会向全市发出"拥军运动"的号召，同记商场经理徐信之是临时参议会的参议员，可见同记商号是积极参与拥军的。同记商场还"前后七次为解放军捐款，1946 年 8 月捐款 1 万元（东北流通券），1947

---

① 矫正中：《吉林百年工商人物》，吉林文史出版社 2004 年版，第 53 页。

近代东北地区商号的发展与时局应对

年 12 月捐款 100 万元，1948 年 2 月捐款 118 万元，另捐赠军鞋千余双"①。1947 年 6 月，同记商场成立文艺宣传队，走出商场，深入群众开展"拥军""劳军"宣传。还制定了以"拥军优属"为主要内容的《爱国公约》，规定对军烈家属购货实行九五折优惠，体现了拥军的诚意。在 1947 年的"五一"大劳军活动中，同记商场的员工都进行了捐赠。同年 5 月，同记商场的孙成林、张耕仁等人还直接参加了解放四平市的"战地服务团"，为解放战争出力。哈尔滨市天丰涌商号也为解放战争做出了一定的贡献。天丰涌商号曾联合道外地区各织布商号上缴白布，并负责染成灰色，供军服厂为前线解放军部队制作军服，受到了市委、市政府的赞扬。不仅如此，在解放战争时期，"天丰涌商号还派出 9 名人员随军南下和参加地方政权建设，输送了党需要的干部"②。所以说，东北地区商号为支援解放战争，不仅提供物力、财力支持，还进行了人力支援，体现了一片爱国之心。

东北地区工商业各商号在自身发展艰难的情况下，还全力为解放战争提供了财力、物力的支援。哈尔滨工商会为了给解放军筹集款项设置了"军民联络处"，哈尔滨天兴福第二制粉厂经理刘佩芝任"军民联络处"供给组组长，为解放军物资捐助、筹集捐款等做了很多实事。为使解放军战士们能够在脱掉棉衣后及时穿上单衣，"军民联络处"发动哈尔滨的布匹行、漂染业、被服业等行业，全力以赴赶制单军装和军服，"在不到一个月的时间，赶制出单军装五千套、被五条、军鞋十万双，使战士们及时地换下了棉装"③。还组织其他商号为军

---

① 王立民：《哈尔滨同记商场的历史演变》，载中共哈尔滨市委统战部、中共哈尔滨市委党史研究室编《哈尔滨资本主义工商业的社会主义改造》，黑龙江人民出版社 1990 年版，第 224 页。

② 梅金城：《哈尔滨山海杂货的老字号——天丰涌》，载中共哈尔滨市委统战部、中共哈尔滨市委党史研究室编《哈尔滨资本主义工商业的社会主义改造》，黑龙江人民出版社 1990 年版，第 234 页。

③ 金宗林：《哈尔滨工商界在解放战争中的贡献》，载政协黑龙江省哈尔滨市委员会文史资料研究委员会编《哈尔滨文史资料》第 8 辑《纪念哈尔滨解放四十周年专辑》，1986 年，第 138 页。

第五章　解放战争时期东北地区商号的发展境遇与应对

队做被服、军鞋、皮鞋等。"军民联络处"积极协助政府为部队筹集军粮及日常军需品,并由商工公会筹款,还积极组织铁工业工厂为部队加工兵器和马具等,有力地支援了部队。"1946 年哈尔滨工商各业商号送给(解放军)劳军款一亿六千万元之多。1946 年冬至 1948 年 6 月,解放军收到哈尔滨工商业的慰劳金品折合市价十四亿六千多万元"①,哈尔滨"双合盛火磨和兴东油坊一次捐献劳军费各 1000 万元(伪满币和苏联红军票,下同),天兴福第二制粉厂捐献劳军费 800 万元"②,1948 年其他火磨、油坊商号也都积极赶制军鞋,支援解放军作战,表达了哈尔滨工商界对解放军的拥护和爱戴。哈尔滨工商业商号还为解放战争的战勤做了很大贡献,如有的商号为军工生产所需物品,只收取很低的加工费。所以说,哈尔滨工商业者为城市解放做出了自己的贡献。

牡丹江市商号也积极支援解放战争,如三益隆杂货店陈孝德担任商务会会长时,为支援解放军解放牡丹江的战争,陈孝德号召全市商民要以实际行动支援解放战争。他说:"今天大家高枕无忧,做买卖得到安全保障。我们要吃水不忘挖井人,军爱民,民要拥军。"③ 他和其他商号用半个月的时间紧急征款 200 万元,送给牡丹江军区司令部,以给军队和地方武装发放军饷。为解决解放军冬季被褥服装问题,他积极主持商务会董事会筹措资金,征购布匹,组建被服厂,给工商业各商号分配任务,有布的出布,没布的出钱,很快为部队送去了大量的被褥物资。黑龙江省勃利县商务联合会在解放战争时期,积极捐款支援解放战争,热情慰问伤员,"每遇年节或每到一批伤员,县商务联合会领导都携带丰盛的慰问品慰问伤员,并带领业余剧团对全体伤员进行慰问演出,

---

① 哈尔滨市档案局(馆)编:《1946.4.28 哈尔滨解放》,中国文史出版社 2017 年版,第 481 页。
② 邹侃:《黑龙江省私营制粉制油业的社会主义改造》,载元仁山、王德馨主编《中国资本主义工商业的社会主义改造·黑龙江卷》,中共党史出版社 1991 年版,第 326 页。
③ 宋树清、王玉莹:《共产党的忠诚朋友,工商业者的楷模——陈孝德》,载元仁山、王德馨主编《中国资本主义工商业的社会主义改造·黑龙江卷》,中共党史出版社 1991 年版,第 509 页。

| 近代东北地区商号的发展与时局应对

受到了全体伤员的热烈欢迎"①。可见,勃利县商会下的商号一片爱国拥军之心。

  解放战争期间,辽宁省沈阳市的德顺成商号为东北军区后勤部制作扣子、皮带卡子、帽徽和马具等军需物资,表达了商号的拥党爱国之情。大连各行业商号除了为前线提供军火外,还积极做好后勤工作,全力以赴提供前线解放军所需要的各项物资,包括布匹、军用被服、军鞋、汽油、汽车等。1947年年初,旅顺商会为山东前线解放军捐出了十多辆"雪福兰"牌卡车。旅顺联华贸易公司大力收购废旧钢铁,运送到山东解放区,支援解放战争。"1947年6月,大连同利公司和旅顺联华贸易公司、旅顺工艺合作社及旅顺永兴贸易公司通过租借的苏军货船将80多辆'雪福兰'牌卡车及汽油运往山东,支援鲁南战役。"② 同样为解放战争贡献了力量。

  辽宁省锦州市的生生果园也为解放战争做出了贡献。1946年夏,生生果园经理李善祥利用经营果园之机,掩护了中共地下党员的工作。中共地下党员王世跃就以生生果园的职工身份为掩护,秘密进行搜集国民党军队、政治、特务等各方面的情报。王世跃还在果园里秘密印刷关于解放锦州的宣传品,并悄悄到各县城内散发。李善祥还保护了一位解放军侦察员在生生果园里秘密隐藏,对外宣称是自己的亲戚。国民党军队有一个营驻扎在生生果园的南山上,营部就设在李善祥家里。当时正是解放战争激烈之时,国民党军队查防严密,但这位共产党侦察员以李善祥亲戚的身份作掩护,出入相对安全方便,甚至还可以到葫芦岛市去了解情况。1948年年初,李善祥的女儿李又兰(中共党员)所在部队派中共地下党员马明德来到生生果园,李又兰为此给父亲写了一封密信,希望父亲能协助马明德侦察国民党军队在此的布防情况。李善祥也对外宣称马明德是自己的亲戚来此经商,并与其同吃同住以便于掩护。李善祥还派二女儿李锦则配合马明德做好

---

  ① 杜西林:《从民国到解放前后的勃利县商会》,载政协黑龙江省勃利县委员会文史资料研究委员会编《勃利文史资料》第5辑,1988年,第115页。
  ② 大连市旅顺口区史志办公室、大连市近代史研究所编:《中共旅顺口区地方史(1921—1949)》上卷,辽宁民族出版社2013年版,第422页。

情报工作，李锦则在马明德的指导下，通过细致侦察和到处搜集，得到了锦州市内及南山附近一些敌人的重要军事情报。她利用生生果园的旧地图，将南山附近的国民党驻军情况以及修建的碉堡工事等军事信息绘制成图，并将图纸缝在马明德的衣服里，由马明德安全带给解放军。所以说生生果园李善祥及其家人鼎力相助解放战争，为中共解放锦州市做出了一定的贡献。

东北地区商号为了大力支持解放战争，为解放军提供大量物资，自发组织开展了生产竞赛活动。如大连同利鞋厂开展拥军做鞋竞赛，"工人宋馥珍被评为特等模范"①。同利鞋厂还自编了《支援前线大生产》的歌曲："我们是同利做鞋工厂，我们尽着力量做军鞋送前方，渡过长江去解放受压迫的同胞，凭着两双勇敢的手，把生产的热情变成力量。我们是同利做鞋工厂，我们是前方的后备军，提高质量，减低成本，团结起来吧，工人们凭着两双勇敢的手来建设我们的新中国。"② 可见，东北地区商号支援解放战争的热情。

二 同心同力参与战后东北地区城市建设

东北地区商号不仅积极支援东北地区解放战争，还在东北地区城市解放初期，急需在经济方面稳定市场和安定社会秩序时，商号又与中国共产党和广大东北地区人民一起同心同力，共同为东北地区城市建设和发展做出了自己的贡献。

哈尔滨同记商号积极参与支援哈尔滨经济建设，同记商号经理武百祥深刻认识到党和政府实施的民族工商业政策是为商号发展服务的，他认为同记的发展是与党对民族工商业的政策分不开的，同记商号现在发展了，不能忘记党和国家的支持和扶助，要为国家发展和东北地区城市建设做出自己的贡献。为了支援国家对哈尔滨城市经济的建设，1950年武百祥以同记商场的名义"认购公债16.5亿元（东北

---

① 《关东日报》1947年5月28日第1版。
② 旅大文艺工作团编：《工人的歌声》3，大连新华书店1949年版，第7页。

近代东北地区商号的发展与时局应对

流通券)"①。1952年,佳木斯市国营针织厂在哈尔滨建立分厂时没有厂房,武百祥主动把同记工厂的厂房租让给国家,建立了松江针织厂。同记工厂的工人与管理人员也一同划归松江针织厂领导,为发展哈尔滨市轻纺工业做出了贡献。此外,在同记商号的带动下,"1947年,哈尔滨市的387家织布企业全部开工,所拥有的1019台电力织布机、1590台人力织布机也基本上全部开动起来。1948年,全市织布计36万匹(1匹等于108尺)"。② 可见,哈尔滨市私营民族工商业在支援前线、安定民生、促进社会经济发展方面做出了贡献。哈尔滨市纺织业的恢复和发展,不仅保证了军需民用,还解决了哈尔滨很多纺织工人的就业问题。这对安定民生、维持哈尔滨的社会秩序起到了积极作用。牡丹江市解放后,三益隆杂货店经理陈孝德大力支持战后城市建设,他代表工商界积极响应中共牡丹江地委关于战后建设的方针政策,积极带领商会成员大力经营和兴办军需民用工厂,开创当时工商界引以为荣的"五民"工业,即利民火柴厂、新民胶鞋厂、建民麻袋厂、福民毛织厂和裕民陶瓷厂。为解决民主政府城市建设的经费问题,他还带头以5.8万元(牡丹江实业银行券)购买了25万余平方米的地产。在他的带动和要求下,其他工商业商号也购买了一部分房地产,为民主政府提供了大量的资金援助。陈孝德还积极带头认购国家发行的公债,各工商业商号在陈孝德的带动下,"认购折实公债30389分,占全市公债总额的85%,共折合东北币395亿元(1万元合人民币1元)"③。而且陈孝德还积极响应政府号召,组织工商业商号捐款修街道、建市场、装修电影院和商场等,为牡丹江市城市建设做出了贡献。佳木斯市福增庆商号在日伪政权统治时期拒绝与日本合作,在解放战争时期也没有帮助国民党搜刮民众。解放战争后,福

---

① 王立民:《民族资产阶级的开明人士——武百祥》,载中共哈尔滨市委统战部、中共哈尔滨市委党史研究室编《哈尔滨资本主义工商业的社会主义改造》,黑龙江人民出版社1990年版,第387页。

② 陈一凡、赵舒天等:《东北解放战争中的哈尔滨》,载冯宝昆、张福山主编《哈尔滨党史资料》第2辑,1987年,第338页。

③ 陈国礼、陈绍勤:《陈孝德简传》,载政协黑龙江省牡丹江市委员会文史资料研究委员会编《牡丹江文史资料》第5辑,1989年,第273页。

第五章 解放战争时期东北地区商号的发展境遇与应对

增庆商号选择了积极拥护中国共产党的城市建设,把商号的三楼借给佳木斯市人民政府使用,成为市政府的办公室。此外福增庆、公利源、福顺太等商号的营业室,还被人民政府指定为"集团商场",小商小贩们可以在这里摆摊经商,促进了佳木斯市市场经济的稳定和发展,可见这些商号为解放初期繁荣本地经济和稳定社会秩序发挥了一定作用。

1948年10月,长春市解放,益通商业银行田芝年认购建设公债5亿元(东北币),积极支援和投入长春的城市经济建设,体现出了一个民族工商业者的爱国情怀。长春协力棉布工厂在解放后积极响应政府号召,改为新力棉织厂后复工,其经营规模和生产能力居同行之首,"1952年生产棉布160万尺,超过该厂历史最高产量的一倍,并能生产色织格布等十几种花色,填补了长春市生产色织布的空白"[①]。长春解放后,泰昌钟表眼镜行经理李玉洪认识到电力恢复对于恢复长春的正常生产、生活秩序的重要性,鉴于长春没有电器制造企业,电器材料短缺,于是他与振兴昌五金行合资兴办了建新电器厂,主要生产产品有电流电压表等40多个品种,为长春市电力发展填补了空白,为恢复长春市经济生产和人民生活秩序做出了贡献。吉林市解放后,裕华织布工厂得以恢复生产,还带动了其他织布机厂和织染厂如永吉、兴源、裕兴德、忠信、兴业等也开工生产,它们在政府的号召下,均由自产自销转为国家加工订货,使吉林市的棉布和织染行业呈现出欣欣向荣的气象。其中忠信织染厂在为国家加工织染棉布的过程中发挥了很大的作用,其加工产品质量很高,畅销吉林地区,并成为当地有名气的企业。忠信织染厂还积极响应国家号召,带头推动其他商号积极纳税,遵章守法,为恢复吉林市经济做出了自己的贡献。此外还有洮南县的胜业商行积极响应党和政府"发展生产、繁荣经济"的号召,积极发展有利于国计民生的工业,筹备建设建业造纸厂,充分利用了当地资源,促进了吉林省西部经济的发展。此后建业造纸厂联合其他工厂积极带头认购公债,支援国家建设和本地城市

---

① 矫正中:《吉林百年工商人物》,吉林文史出版社2004年版,第69页。

近代东北地区商号的发展与时局应对

建设。

沈阳市解放后,沈阳市私营工商业在政府"发展生产、繁荣经济、公私兼顾、劳资两利"政策指导下,积极经营和发展,并向有益于国计民生方向发展,为恢复生产与活跃市场经济做出了贡献。大连市解放后,大东油坊把变卖金银饰物的款项全部购买了"爱国建设公债",有力支援了城市经济建设。之后其还踊跃购买政府陆续发行的全国性和地区性的各种经济建设公债,并为各种救灾积极捐助捐献。大东油坊"认购公债和各种捐款之多,居当时工商界之首"①,足以说明大东油坊为城市建设和社会秩序稳定所做出的贡献。1948年2月,鞍山解放后,曲铁工厂积极响应政府"发展生产、繁荣经济、公私兼顾、劳资两利"的政策号召,立即开工生产,为支援鞍钢恢复生产而积极加工生产。并于1949年4月,与技术力量雄厚的大治铁工厂并厂联营,改为建国铁工厂,壮大了发展实力。辽阳市解放后,老世泰商号积极从事生产经营,按章纳税,踊跃认购国家经济建设公债等,为辽阳市城市经济恢复贡献了力量。铁岭解放后,德盛号积极响应政府各项号召,发展生产,努力经营,还积极宣传党的方针政策,在爱国守法、遵章纳税、稳定市场、平抑物价、认购国家经济建设公债、救灾捐献、开展城乡物资交流等方面都起了模范带头作用。

由此可见,东北地区商号在解放初期,以自己的力量和能力表达了对国家经济恢复、地区城市建设和人民生活的关注和热心,体现了私营民族经济在国家发展和地区城市建设中的价值和社会作用。

---

① 大连市工商联:《爱国的民族工商业者徐敬之》,载政协辽宁省委员会文史资料研究委员会编《辽宁文史资料》第26辑《辽宁工商》,辽宁人民出版社1989年版,第324页。

第六章 东北地区商号的地域特色与社会价值

东北地区商号在独有的社会环境里,呈现出与关内商号不同的地域发展特点。东北地区移民多,因而移民商帮建立的商号遍及东北各个地区;商号为在纷繁复杂的社会环境中生存发展,建立了具有地域特色的团体组织;东北地区特殊的政治、经济形势决定了当地商号复杂的社会关系,使有的商号带有多重身份。商号作为经济实体在发展过程中,促进了东北地区经济的发展,并推动了东北地区社会进步。商号为求得生存发展而在经营上不断革新进步,加快了东北地区商业经营的现代化;商号的兼营属性决定了其发展是与农业、工业、商业、金融业、对外贸易等行业同步发展的,因而又促进了具有商业特色的城镇等区域空间的建设与发展;不同行业商号发展过程中形成了不同特点的商俗文化,在近代化过程中,也进行了传承与革新,进一步促进了东北地区商业文化的发展。

第一节 商号的地域特色

一 移民商帮建立的地缘商号

传统商号的乡土观念是极为浓厚的。东北地区有的商人由于籍贯相同而具有相同的口音、生活习惯,甚至相同的思维习惯和价值取向,从而形成同乡间特有的亲近感。商帮就是建立在地缘基础上的商人组织。东北地区开禁之后,关内移民大量涌入,使得东北地区与关内的商业贸易繁盛起来,东北地区经济的发展为移民从事工商业提供

近代东北地区商号的发展与时局应对

了机会，人口的急剧增长也为商业发展提供了一个巨大的消费群体。在东北地区的关内各地商业移民因其生存发展需要形成了商帮。商帮是"以地域为中心，以地缘、乡谊为纽带，以会馆、公所为其在异乡的联络、计议之所的一种亲密的、自发形成的商人群体"①。近代以来，东北地区的商帮以山东帮（鲁商）、山西帮（晋商）、河北帮（冀商或呔商）居多。《奉天通志》列表商号4040余户，其"资本主直、鲁、晋、豫人占十之六七，本省只占少数"②。吉林、长春、哈尔滨等地"各市场大商店65%是他省商人"③。据粗略统计，"在19世纪70年代的10年时间里，长春市区内至少接纳了来自山东、河北、山西三省的3万名商业性移民"④。可见，东北地区工商业除了部分为外国经营，大多或为移民所创，或在经营上借助移民的力量，如奉天"一切商业农业皆赖客民经营"⑤。20世纪20年代初，哈尔滨的滨江商会和总商会共有58名会董，按籍贯划分，"山东、河北人占总数的86%，东北人只占14%"⑥，可见哈尔滨商号由关内移民创办的占绝大多数。吉林省"商贾山东省人最多，其次直隶、山西省人"⑦，其所占比例分别是"山东人占29.4%，山西人占18%，直隶人占17%"⑧，可见，关内各商帮在东北地区创办了众多商号，为东北地区经济发展做出了不可磨灭的贡献。

（一）山东帮及其在东北地区经营的商号

山东商帮在东北地区经济势力最为强大。山东商人经营的商号以

---

① 张海鹏、张海瀛：《中国十大商帮》，黄山书社1993年版，第1页。
② 王树楠、吴廷燮、金毓黻等纂：《奉天通志》3，东北文史丛书编辑委员会1983年版，第2593页。
③ [日] 中西正树：《吉林通览》，东京：熊田印刷所1909年版，第191页。
④ 曲晓范：《1893年长春商人抗捐罢市事件述评》，《长春师范学院学报》2001年第3期。
⑤ （清）徐世昌：《退耕堂政书》卷5，文海出版社1968年影印版，第220页。
⑥ 《东省经济月刊》1925年第5卷第10号，第11页。
⑦ "南满洲铁道株式会社社长室调查课"：《满蒙全书》第5卷，"满洲日日新闻社"1922年版，第6页。
⑧ 长顺修，李桂林纂，李澍田点校：《吉林通志》，吉林文史出版社1986年版，第474页。

第六章　东北地区商号的地域特色与社会价值

实业为主，如油坊、烧锅、粮食、杂货等行业。1858年《天津条约》开牛庄为港口后，山东商人在此设立油坊等行业商号，如西义顺、永远兴、天增栈、仁裕、兴茂福、通顺泰等。东北各地的公议会是由本地商业界的著名商号人士组成，控制着整个城市的商业发展。1905年山东商人占营口公议会成员的三分之一，可见山东商人在营口的地位和影响。奉天"在商场上占有势力者则多为山东帮及关里帮，金融界多系关里帮，实业界多系山东帮"①。奉天是东北地区的政治经济文化中心，无论清朝还是日伪统治时期，大小官员都在此居住，因而布匹杂货类日用品等消费格外多，山东黄县（即今山东省龙口市）人在此先后建立了以"天、吉、兴、洪、裕"五字为商号字头的数十家丝房（百货业）商号，其营业规模位于商号之首，垄断了沈阳的百货业。黄县人单文利兄弟创设的老天合丝房是奉天丝房商号中规模最大、货物最全的商号。山东商人在沈阳还从事票行、钱庄等，如山东人张采廷开设商号志诚信票庄，"每年获利十万两"②。大连因其地理位置的优势，"山东帮经营的商号大半"③，多经营油坊、钱庄、杂货等行业。大连商务会由山东帮的李子明和张本政担任协理，可见山东帮在大连的商业地位非同一般。清末长春地区大小商号有1200多家，其中当铺、绸缎、粮业等行业都被山东商帮垄断。山东黄县人王荆山于1905年在长春开设裕昌源油坊，又在头道沟分设粮栈，1914年在长春头道沟开设制粉商号，"维时欧战，猝发麦粉价昂，获利三倍"④。黑龙江省也是山东帮开设的商号最占优势，清末哈尔滨有山东帮商号4000多家，其中油坊、绸缎、烧锅、皮货等实业商号有500多家，由《哈尔滨油坊同业商号表》可知哈尔滨17家油坊商号中有13家是山东人开办的。⑤民国初年，哈尔滨商会会员共20人，

---

① 中国银行总管理处编印：《东三省经济调查录》，1919年，第39页。
② 辽宁省档案馆编：《满铁调查报告》第3辑，广西师范大学出版社2008年版，第386页。
③ 中国银行总管理处编印：《东三省经济调查录》，1919年，第222页。
④ 迟适夫撰，郭宗熙书：《王荆山先生事略》，首都图书馆藏，1921年手抄本。
⑤ 《哈尔滨油坊同业联合会为拟定章程并职员表等函哈尔滨涉员》，吉林省档案馆藏，全宗号：J101-19-1779。

近代东北地区商号的发展与时局应对

都是山东人,可见山东帮在哈尔滨的实力之强。黑龙江省桦川县"商人以山东黄县人为多,约占全数十分之七八"①,当时该县有"小黄县"之称。黑河市商人也以山东帮为最多,他们开设的商号计有600余家,② 大都从事粗细杂货、收买沙金等行业。所以说,在东北各县市镇大都有山东帮设立的商号,为东北地区人们的生产生活带来了极大的便利,提高了人们生活水平,促进了东北地区经济的发展。

(二)河北帮及其在东北地区创办的商号

河北帮在东北地区被称为呔商(老呔儿),是指乐亭、昌黎、滦县等在东北经商的商人,也称直隶帮,是一支规模庞大的经商群体,在清末民初时期"闯入"东北地区发展工商业,成为后起之秀。据记载,东北地区商号"十(有)九是掌握在(河北)昌黎、乐亭、滦州、抚宁诸县人的手里"③,一度成为东北地区私营工商业的发展主力。河北商帮在东北地区创办的商号分布在各县市乡镇,经营大车店、百货店、粮栈、烧锅、油坊、金融、饮食、服装等各个行业,但以实业和杂货业居多。有"京东第一家"之称的河北刘家开设的益发合商号是长春近代最为著名的商号,经营的行业有百货、金融、大车店等。1902年乐亭县人李存阁在哈尔滨创办会顺兴、全川顺、会昌广等商号,后又在全川顺的基础上,建起大兴昌烧锅,生产大豆油和烧酒,"资本金有30000大洋"④。河北昌黎人刘慎卿在营口开办永茂号,"经营钱粮业"⑤。河北毛庄镇人刘存儒在锦州创办益昌永商号,是当时锦州最大的皮货店。河北人金文轩在安东开设通聚合杂货店。⑥ 河北帮在东北地区开办的百货业深受当地人民欢迎。哈尔滨最大的百货商号是河北人武百祥创办的同记商场,开业后"第一年销售

---

① 朱衣点总纂:《桦川县志》卷2,重庆图书馆1928年版。
② 中国银行总管理处编印:《东三省经济调查录》,1919年,第300页。
③ 穆木天:《谈"太平歌"》,《申报》1934年3月2日第17版。
④ "南满洲铁道株式会社兴业部商工课"编:《满洲商工概览》,"满洲日报社"1928年版,第69页。
⑤ 营口总商会编印:《营口总商会会务汇刊》,1934年,第1页。
⑥ "南满洲铁道株式会社兴业部商工课"编:《关于安东商工业的现状》,"满洲日日新闻社"1927年版,第240页。

额就达 300 万现大洋"①，在哈尔滨各商号中独占鳌头。天丰涌是乐亭县人李云亭在哈尔滨安埠街创办的，② 经营山海杂货业。沈阳内金生鞋店是昌黎人康豫州创办的，所设计的布鞋样式新颖，别具一格，而且做工精细，深受人们喜爱，远近闻名。润记帽店前身是庆丰润，是由抚宁县人姚锡三创办的，制作的帽子质量很高，人们流传着"头顶庆丰润，脚踩内金生"的佳话。河北帮在长春开办的百货商号还有"毛庄镇人刘存信创办的汇合昌，乐亭人钟沛霖创办的宝泰昌，抚宁人杜辑五创办的东发合"③ 等。河北帮在东北地区的饮食业也占有一定的市场。老边饺子是河北任丘人边福在沈阳创办的，因其选料讲究、制作精细、口味鲜醇而久负盛名，深得沈阳老百姓的青睐。沈阳中和福茶庄是由河北冀县人李成堂创办的，主要经营花、红、绿、素四大茶类，各类茶叶均由自家焙炒加工销售，色、香、味都别具一格，深受好评。老世泰是河北人曹氏在辽阳市创办的馃店，讲究真材实料，择优选用，因而远近驰名，市场效益良好。吉林省梨树县的李连贵熏肉大饼创始人李连贵是河北省滦县柳庄人，他在中医名家的帮助下，在熏制工艺中添加十多味中药饮片作为香料，成就了熏肉大饼的特色工艺。河北帮经营的金融业在东北地区也占有重要地位，"1899 年长春城内钱庄仅 10 余家，至 1904 年增至 28 家，占多数的是乐亭帮商人"④，如益发钱庄、东发合、万发合、协成玉等，益发钱庄 1939 年改组为益发银行。⑤ 沈阳的萃华金店由河北抚宁县人祝玉堂创办，以制造和销售金银首饰为主，金条、银元宝、珠石翠钻为辅。还有河北沧州人王辅臣开设的福顺长金店等。⑥ 此外，河北帮在制铁业、药店业、理发业、浴业等都有很大成就。总之，河北商帮在东北地区发挥了其经营商号的特长，赢得了市场，受到了人们的

---

① 文史办汇集：《同记商场》，载政协黑龙江省哈尔滨市委员会文史资料研究委员会编《哈尔滨文史资料》第 12 辑《哈尔滨老字号》，1988 年，第 89 页。
② [日]宇山兵士编：《大哈尔滨》，"哈尔滨特别市公署"1933 年版，第 3 页。
③ [日]尾藤正义：《大新京经济观》，"新京商工会议所"1937 年版，第 51 页。
④ 《呔商之路》编写组编：《呔商之路》，中国社会科学出版社 2010 年版，第 32 页。
⑤ "满洲国经济部金融司"编印：《满洲国银行总览》，1939 年，第 203 页。
⑥ 奉天市商会编印：《商业汇编》，1933 年，第 16 页。

欢迎。

(三) 山西帮及其在东北地区经营的商号

山西帮在东北地区从事工商业起步最早。清咸丰年间，齐齐哈尔市有八旗官兵、居民等两万人左右，为解决官民兵丁生活之需，政府从山西、山东、河北等地招来一些商贩和手工业者，因此便有"汉民至江有贸易，以山西为最早，市肆有逾百年者，本巨而利亦厚，其肆中执事，不杂一外籍人，各城皆设焉"①。咸丰以后，齐齐哈尔市各行业商号纷纷出现，经商"多晋人，铺户多杂货铺，客居应用无不备"②。山西巨商在铁岭开设粮栈、钱庄、当铺等商号，已有"七八十年，资本甚大，根底巩固，非寻常小商铺可比，故近年诸巨商仍获利数倍"③。山西帮擅长经营金融业商号，因而山西票庄在东北地区发展很快，控制了当地的金融业。如山西人赵子维、岳会亭、王寿村、岳秀成等在安东市开设大德恒、三晋源、大盛川、义源、大成号、永顺号、源丰、庆余等金融商号，④ 影响很大。

近代以来，山西帮在东北地区开办的商号无论是在数量上还是在经营范围上都大规模增加和扩大，到清末达到顶峰。沈阳的老龙口白酒是由山西太谷县商人孟子敬创立，采用祖传酿酒之术，逐步演变成了具有北方独特风格的老龙口酒酿造方法。太谷县商人武贵亮在沈阳开设20多家商号，⑤ 涉及粮食、绸缎、烧锅、当铺、药材等行业。山西人创办的天益堂药店名列当时沈阳城药房之首。山西元吉村人张炽昌在沈阳开设了义聚号商店，山西清徐县人时成德在沈阳创办功成裕杂货铺，山西交城县人赵连成在黑龙江双城县开创裕成涌烧锅，在酿酒行业技术遥遥领先，打造了"裕成涌"高粱酒品牌。山西清徐县人白树升在间岛市开办了大顺号染坊，经营项目扩展到了酒坊、木材

---

① 徐宗亮撰：《黑龙江述略》卷6，1891年。
② 西清撰：《黑龙江外纪》卷5，1894年。
③ 《巨商多出山西富户》，《盛京时报》1906年10月24日第3版。
④ "南满洲铁道株式会社兴业部商工课"编：《关于安东商工业的现状》，"满洲日日新闻社"1927年版，第91—94页。
⑤ 王仲荦：《历史论丛》第3辑，齐鲁书社1983年版，第315页。

加工、日用百货等行业。山西票号在东北地区各地共开设分号 24 家，其中"沈阳有 9 家，锦州有 2 家，安东有 1 家，营口 9 家，黑龙江 1 家，长春 1 家，吉林 1 家"[1]，这足以反映出晋商票号在东北发展势力之大。1821 年，山西人牛金玉在吉林市开设源升庆杂货铺，经营百货为主，经营门类有绸缎、毛皮、山珍、海味、粮食、瓷器、金店、药店、货栈、烧锅、油坊、木匠铺等，"在吉林城内有 20 多处分号"[2]，号称"船厂牛家"。山西人娄言信与山东人姜维清等人合伙，在大孤榆树屯开设功成德商号，以经营杂货为主，后扩大经营制油、酿酒、金融、当铺等行业。1885 年，山西人在营口开设同昌利、协顺和、永顺长等染坊商号。齐齐哈尔的鼎恒升商号是由几个山西人合股开办的杂货店，1821 年改为药店，其生产的"史国公酒"是当时著名药酒，畅销东北各大城市，远销京津等地。[3] 鼎恒升商号还开设钱庄、当铺，拥有牧场，不仅在齐齐哈尔有总号，在海拉尔市还开设分号。山西帮将其经营金融等行业的优秀经验带到东北地区，推动了金融等行业商号的发展和进步。

二 建立地域特色的团体组织

随着市场竞争的加剧，东北地区商号在自身发展的同时，为了共同的利益寻求互助，注重联络，团结合作，自发地组建了一些团体，壮大了商号团体队伍，增强了竞争实力。如以地缘关系形成的同乡会、会馆组织，是在同一地区的同乡商号组建的团体组织。

（一）同乡会与会馆

东北地区商业移民巨多，多来自山东、河北、河南、山西等地，传统商人乡土观念重，多以乡土关系结帮外出贩运行商。各地商帮为

---

[1] ［日］根岸佶、片山精一、大原信：《清国商业综览》第 4 卷，转引自冯天瑜、刘柏林、李少军选编，李少军译《东亚同文书院中国调查资料选译》上，社会科学文献出版社 2012 年版，第 277 页。

[2] 牛淑章：《忆先父吉林巨商牛子厚》，载政协吉林省委员会文史资料研究委员会编《吉林文史资料》第 15 辑，1987 年，第 97 页。

[3] 梁乃发、缪德骏：《老字号鼎恒升药店的始末》，载齐齐哈尔市政协文史资料委员会编《齐齐哈尔文史资料》第 24 辑《齐齐哈尔工商史料》，1996 年，第 174 页。

近代东北地区商号的发展与时局应对

了联络本地区的同乡人，达到团结共事、排忧解难的目的，自发地建立了商业组织。19世纪前期各商帮以设立同乡会、会馆为主。同乡会是异乡人在某一地域聚会或议事的组织团体。会馆原是同乡人在外埠的寄居场所。随着商品经济的发展，贩运贸易有了比较稳定的市场，商号就借用会馆的形式，"在通商大埠营建房舍，作为来往住宿、贮货、交易以及酬绅、议事、宴乐的场所"[①]。会馆是同乡会所设置的组织机构，是一种地方乡土性的商人组织。商人通过会馆组织，扶植本地区本商帮的势力，壮大商号实力，抵制其他商帮的竞争，同时也办理一些同乡公益的事情，达到联络感情、团结发展的目的。东北各地区会馆建设众多，如沈阳有直隶、山西、山东、三江（江苏、江西、浙江）四会馆，盖平有山东、山西、三江、福建会馆，金州有山东会馆、安徽会馆。[②] 营口在19世纪中叶已有"三江、广东、福建"[③] 三个会馆。海城的"山东、直隶、山西三个会馆合并为三江公所"[④]。海城还有三籍会即"山东、山西、直隶三籍铺商所组织之公共团体"[⑤]。会馆大多以商帮为基础组建，是以地缘关系为基础的乡亲关系的组合体。东北地区以山东商帮、河北商帮建立的同乡会和会馆居多。

1. 同乡会、会馆的设置

东北各地商号同乡会、会馆设置不尽相同，根据商业移民时间先后和数量多少而不时变动。在营口，凡是侨居本地的商民都是各会馆、同乡会的成员，其中山东会馆原名保安堂于1851年创建。1922年，山东商人吕慧川等联络莱州帮筹备组建大规模同乡会，并将简章及说明书散送给本地山东帮商人，以达到"各同乡联络之极

[①] 王静、许小牙：《中国民间商贸习俗——捐客·行商·钱庄》，四川人民出版社2009年版，第106页。

[②] 曾有翼纂修，贵筠编辑：《沈阳县志》卷1，1917年，第11页。

[③] "满洲帝国地方事情大系刊行会"：《奉天省营口县事情》H第七号，1937年，第74页。

[④] 廷瑞修，张辅相纂：《海城县志》卷1，海城大同书局1924年版，第19页。

[⑤] "海城县公署县志馆"编纂：《海城县志》卷4，"海城县公署总务科"1937年版，第110页、220页。

第六章　东北地区商号的地域特色与社会价值

大目的"①。1928年春，由山东同乡会会董王季梁、李恒春等倡议各商号募款，重新修建山东会馆，使其规模居营口各会馆之首。1911年，黑河地区山东同乡会成立，"选举出正会长刘应昌，副会长张沛雨、张叔郁、丁彭年、梁官臣，理事长成寿堂、丁佐贤等，评议员四人，调查员四人"②。岫岩县山东会馆在西山真武庙西边的天后宫。1923年，大连的山东帮商民聚会讨论筹备山东同乡会，"参会者有80余人"③，共同联名申请成立文案，并且印刷简章分布各界，希望达成一致意见。山东会馆在东北地区的不断设立体现了山东商业移民的增加。

河北帮是继山东帮后在东北地区兴起的第二大商帮。东北地区各城市都有河北帮（也叫直隶帮）的商号。长春位于东北地区经济中枢，山海关内各省来此地经商人数众多，河北帮商人为最，直隶商人占长春商人"总数的十分之七八，总计人数不下四五千万"④。河北帮商人建立的商号也在长春市场占有重要席位，因而河北帮建立同乡会馆有很大的必要性。1910年，长春地区的直隶同乡会讨论筹款建筑会馆等事宜，以达到团结本地商人、发展商业的目的。1913年，奉天的直隶永遵县商民组建同乡会，"选举大会到者千余人"⑤，声势浩大，显示奉天地区的河北帮团结一心，壮大了本地区河北帮商号实力。1916年，在黑河的直隶商人成立了顺直同乡会，⑥使本地区的商民有了自己的团体组织。东北地区还有很多其他商帮，为了相互联系、团结一致，也建立了自己的会馆。如1911年，广东商帮"遍发传单，以征集建筑会馆的捐款"⑦，后在奉天建立同乡会馆，会馆定期召开商民会议，以维护会馆利权，保护广东商民利益。岫岩县西山会馆由山西帮商人劝募捐资建筑，由山西帮商人"分班值年，商会帮

---

① 《山东同乡会近讯》，《盛京时报》1922年2月17日第5版。
② 孙蓉图修，徐希廉纂：《瑷珲县志》卷2，1920年铅印本，第33页。
③ 《成立山东同乡会》，《盛京时报》1923年6月2日第5版。
④ 《直隶同乡会之进步》，《盛京时报》1910年1月15日第5版。
⑤ 《永遵旅奉同乡会成立》，《盛京时报》1913年4月20日第6版。
⑥ 孙蓉图修，徐希廉纂：《瑷珲县志》卷2，1920年铅印本，第33页。
⑦ 《旅奉鄂人定期开同乡会》，《盛京时报》1911年3月2日第5版。

同管理"①。1913 年，在奉天经商的海城商人也组织建立同乡会以"联络而厚感情"②。1915 年，奉天商人在黑河创立同乡会。1918 年冬，吉黑两省的商人在黑河共同组织同乡会。这些同乡会的成立，是商人共同诉求的结果，发挥了其应尽的职能义务，切实起到了帮助本地商号发展的作用。

2. 同乡会、会馆的职能

旧式商号在经营组织上多采取家庭式管理模式，子承父业、亲族相帮，形成一个颇具凝聚力的经济共同体，因而以地缘关系为基础的乡亲关系式团体——会馆或同乡会被广大商号接受。会馆将同乡者团结起来，达到"保护共同利益，保护增进之目的"③。营口和大连的山东帮分别设立同乡会，以"达同乡联络之目的"④。这些具有乡土气息的传统商业团体，加强了商号之间的联系，促进了同籍商人之间的互助。会馆的作用有两大方面：一是团结同乡，共同议事，以应对与外乡商人的竞争，谋求商号发展。会馆内各商号"同乡者，同业者团体结心，相互保护救济"，加强了商人们横向的社会交流，促进了同籍商人之间的互助，使其较好地适应了近代社会的变迁和急剧动荡。二是为同乡人做慈善事业提供救济，为客居外乡的同乡提供聚会、驻足和联络乡谊的场所，以解其乡愁。如山东会馆除供鲁籍商人聚会外，还时常"向埠内的贫民施舍赈济，每年冬季开设粥场接济贫民"⑤，并组织慈善直鲁难民救济收容所，帮助同乡人解决生计问题。20 世纪二三十年代，山东、河北各地连年荒灾，所以来到东北地区的两地难民日益增多。1929 年，山东同乡会成立了直鲁难民救济收容所，经费由山东同乡会负担，当然各商号也"慷慨以助善举而维人道"⑥。此所成立后，"凡难民老幼残废无告者可入所内食宿，如有疾

---

① 刘景文修，郝玉璞纂：《岫岩县志》卷 2，1917 年铅印本，第 65 页。
② 《同乡会相继而起》，《盛京时报》1913 年 4 月 20 日第 6 版。
③ [日] 东亚同文学院、根岸佶编纂：《清国商业综览》第 1 卷，"丸善株式会社" 1906 年版，第 10 页。
④ 《山东同乡会近讯》，《盛京时报》1922 年 2 月 17 日第 5 版。
⑤ 王志民编：《山东重要历史人物》第 6 卷，山东人民出版社 2009 年版，第 10 页。
⑥ 《附设直鲁难民收容救济所》，《盛京时报》1929 年 1 月 22 日第 5 版。

第六章 东北地区商号的地域特色与社会价值

病得随时医治,倘有死亡购棺掩葬,此所成立,难民不致无所归矣"①,为山东难民解决了很多的生活问题。1927 年,沈阳四平街东直鲁同乡会因由大连转来的难民日益增多,特备款项赈济难民,每天派人到车站为难民发放救济款,"不论男女老幼个人给暨奉票一元"②。东北地区的同乡会还为家乡的灾难捐款。如山东省登州市因战事频繁,加上虫灾、水灾不断,人民生活困苦,大连的山东同乡会组织募捐,"募捐手册达十本"③,帮助登州难民渡过了难关。各地会馆不仅关注自我发展,还联合团体力量抵制外来侵略,为民族独立和国家发展做贡献。1910 年,长春市直隶同乡会举办学堂开展"教育同乡子弟、创办实业,挽回外溢利权"④ 等事宜。因而可以说,同乡会、会馆在帮扶本帮商号经营发展的同时,还对本帮同乡人的生计伸出援助之手,更以国家利权为重,体现出了其不仅具有同乡互助之精神,还具有强烈的爱国情怀和社会责任感。

(二) 同业公会与公议会

1. 同业公会与公议会的设立

近代以来,由于外国资本主义的刺激,东北地区商品市场进一步扩大,商号在保留传统行业组织基础上,开始打破地域限制,逐渐自发地建立了以行业为团结体系的组织,如同业公会、公议会等。同业公会是同一行业商号为行业发展自主建立的组织,也称同业联合会,是由普通同业商号联合而成,商号设立同业公会"须由同一区域同业者四分之三以上参与方可"⑤。其宗旨在"矫正营业上之弊害,增进利益,其职务则约束同人,使勿为无理竞争,兼互通消息"⑥。如奉天设立蚕业同业公会,以"振兴养蚕改良缫丝"⑦ 行业。1922 年,哈

---

① 张元俊修:《抚松县志》卷4,太古山房1930 年铅印本,第31 页。
② 《赈济难民》,《盛京时报》1927 年5 月11 日第5 版。
③ 《山东同乡会募捐》,《盛京时报》1929 年7 月7 日第7 版。
④ 《直隶同乡开会志盛》,《盛京时报》1910 年1 月22 日第5 版。
⑤ 《哈尔滨油坊同业公会规章商号职员表及吉林省长官公署指令》,吉林省档案馆藏,全宗号:J101－07－1269。
⑥ 东北文化社年鉴编印处编纂:《东北年鉴》,1931 年,第1111 页。
⑦ 《为呈请创设奉天蚕业公会由》,辽宁省档案馆藏,全宗号:JC010－01－007072。

近代东北地区商号的发展与时局应对

尔滨火磨同业联合公会和当业公会成立，负责管理哈尔滨的火磨业和典当业。1920年，哈尔滨油坊商号依法组织成立了油坊同业公会，除了东亚油坊一家没有加入外，其余油坊商号如同发隆、新泰、德义成等都加入了同业公会，1928年成立油坊同业联合会，并订立了章程。1929年，黑龙江省火磨业商号成立了火磨同业公会，其宗旨是"图谋公共福利"。1931年，辽宁省各地各行业的商号也都设立了自己的同业公会。沈阳市有天和祥、洪兴栈、裕成德等商号成立的面粉业同业公会；有天益堂、春和堂、同和堂等商号组成的中药业同业公会；有庆丰润、同升合、福升元等商号设立的帽业同业公会等，沈阳市"共计有51个同业公会"[1]。大连油坊业兴旺发达，商号之间竞争激烈，为维护本行业的既得利益，成立了"大连油坊业联合会"[2]。吉林省长春市泰发合等商号设立了绸缎杂货同业公会；裕昌源等商号建立了粮商同业公会；裕成当等商号成立了当商同业公会等。1936年，长春粮业同业公会成立，主要会员有"裕昌源、增发兴、德增长等共13家商号"[3]。有的地区同业公会也称为商业会议所，如1920年长春市设立商业会议所，1928年改名为长春商工会议所，以"改善和发展长春工商业"[4]为目标。1922年，奉天商业会议所还制定了本所规则23条。[5] 1923年，大连、铁岭、长春、安东、营口、哈尔滨等地商工会议所相继成立，其中"大连商工会议所有411家商号"[6]。可见，东北各地各行业同业公会建立广泛，各地商号也积极响应加入同业公会组织，注重团体组织力量的建设。

---

[1] 《辽宁省城各商号设立同业公会及章程、会员册》，辽宁省档案馆藏，全宗号：JC010-01-003635。

[2] 《油业联合会开会》，《盛京时报》1927年4月23日第4版。

[3] [日]尾藤正义：《大新京经济概观》，"新京商工会议所"1937年版，第85—87页。

[4] [日]半田敏治：《满洲地方事情（第8号）》，《长春县事情》，大同印书馆1935年版，第78页。

[5] [日]鹤田恒雄：《奉天事情》，文古堂书店1922年版，第130页。

[6] [日]门间坚一：《满洲商工事情》，"南满洲铁道株式会社地方部商工课"1933年版，第119页。

第六章 东北地区商号的地域特色与社会价值

还有同一城市同一行业或不同行业组织的商业公议会，公议会是"一个纯粹的经济性机构"①，职能是稳定物价的标准、预防银行的破产、融通金融、筹谋当地某一行业的发展和振兴等。公议会是由当地数家商号组成，控制着一个城市一个行业或不同行业的商业组织。如营口公议会会员都是当地屈指可数的富商巨贾，而权力掌握在少数商号手里。如山东帮商号有元茂盛、同兴宏、天合远、兴岭魁②等，其"掌会之首十三家，虽有外帮在会，而所谓上会之会必山东人，故山东帮常弄把持之术"③。营口商业公议会负责"商号事业以及宗教、土木、卫生、慈善各事业，掌管营业税、家屋税征收"④等业务。牛庄、沈阳和盖平的江苏、浙江、江西三省商人都建有三江会所即商业公议会。1862年，沈阳各商号在钟楼东北的长安寺内组织公议会，达到"调解经济纠纷"的目的。1905年，齐齐哈尔商号把当时负责商业的"二十四牌"⑤设为公议会，由钱店、粮栈、店铺、当铺、杂货五个行业组成，这一组织基本掌控了对各行业商号的管理。由此可见，东北地区同业公会、公议会的设置，体现了同一地域的同行业商号注重团体建设，形成团结互助的良好营业氛围。

2. 同业公会与公议会的职能

同业公会、公议会是商会的雏形或前身，以谋求共同发展为宗旨。如吉林商工公会的指导精神是"协同工作"⑥。哈尔滨油坊公会还因为"外国最新制油法系用实进油混入大豆面得油后，乃将实进油提出其成分可百之十七，依旧式机械榨油法则仅为百分之十而已……

---

① ［日］守田利远：《满洲地志》中卷，"丸善会社"1906年版，第565页。
② "关东州民政署"：《满洲产业调查资料（商业、制造业）》，"金港堂书籍株式会社"1906年版，第74页。
③ 《商务总会之问题》，《盛京时报》1907年1月12日第3版。
④ 辽宁省档案馆编：《满铁调查报告》第3辑，广西师范大学出版社2008年版，第104页。
⑤ 清道光年，巨商崔公招山西商户二十四家入驻齐齐哈尔城，故有"二十四牌"之名，后专管商业之事。见徐宗亮：《黑龙江述略》卷2。
⑥ 《吉林市满商的商事习惯》3，载"吉林商工会"编《吉林商工月报》1939年第2卷第1号，第19页。

近代东北地区商号的发展与时局应对

国人不知改机械方式为化学方式之优胜"①，因而组织商号出洋考察学习新法共求同业发展进步。哈尔滨当业公会负责统一管理哈尔滨的典当业商号，规定公会职责有："筹划哈埠当业的改良发展事项；关于同业的征询及通报事项；国际典质的介绍及指导事项；当业的统计及调查编纂事宜；详议遵守之公约及和解同业之争执；遇有市面恐慌等事接济贫困应急银钱事宜；筹设公共事业以减轻同业之担负等。"②可见，同业公会职责广泛，有力地指导和协调哈尔滨典当商号的发展。吉林延吉市烧商同业会规定对于一切事务的决定与协调均公开讨论，表决后才认定为有效。如粮价增高后，其他商品大都一一提价，只有烧酒仍按照原价（七元五角）出售，烧商同业公会开会讨论烧酒增价事宜，讨论后决定烧酒"每日售价日洋十元"③，并规定各烧酒商号不许暗中低价出售，违者重罚。所以，同业公会的设置是利于商号的正常运营和发展的。

同业公会、公议会还负责协调商号之间的矛盾。哈尔滨面粉同业公会规定其有"同业议价，限制任意涨落，协调同业主之间的矛盾"④的职责。1926 年，乌珠县经济发展兴盛，商业发达，除车店粮栈外开设旅馆客栈的有 32 家商号，因而商号组织设置了旅店业公会，以"店业既多品类不齐，倘有破坏行规妨害他人营业者，公拟规章交警察司办"⑤为目的。黑龙江省讷河县粮业商号设立粮业公会以"保持同业权利及解决纠纷"⑥为目的，团结和促进本行业商号发展。同业公会还组织商号罢业，以维护共同利益。如自奉天军阀将长春、哈尔滨、公主岭的天合盛钱铺的经理三人及掌柜的二人枪毙后，长春各钱业商号"愤军阀之专横，痛同业之惨死"⑦，召开同业公会决议，决议"自二十日

---

① 连濬：《东三省经济实况概要》，华侨实业社 1931 年版，第 197 页。
② 东苑、袁学军：《哈尔滨的典当业》，载中国人民银行哈尔滨市分行金融办公室编《哈尔滨金融史料文集（1896—1945 年）》，1989 年，第 218 页。
③ 《烧酒加价》，《盛京时报》1931 年 8 月 15 日第 5 版。
④ 上海市粮食局等编：《中国近代面粉工业史》，中华书局 1987 年版，第 244 页。
⑤ 《店业立会》，《盛京时报》1926 年 1 月 26 日第 5 版。
⑥ 《粮商议设同业会》，《盛京时报》1928 年 12 月 12 日第 5 版。
⑦ 《长春通信》，《申报》1926 年 8 月 28 日第 10 版。

起一律闭门罢业",并且通知其他各埠同业一致行动,要求当局给出合理的善后办法。因而,同业公会的设立为本行业商号经营发展和维护利益起到了很大的作用。

(三) 商会在东北地区的设立及其职能

1. 商会在东北地区设立的概况

清末政府开始重视工商业发展,成立商部,编订商法,设立商会。1903年,商部奏定的《商会简明章程》第二十六条规定:"凡属商务繁盛之区"可设"商务总会","商务稍次之地"可设"分会",并将以前所用"商业公所"等名目,一律改称"商会"[①]。商会是近代商号典型的社会团体组织,商业及商号发展繁荣的重要标志之一就是商会的广泛建立。东北地区虽然有直隶、山东、山西等商帮建立的会馆组织,然而各行业如钱行、粮栈、丝房等互不联系,"商智之蔽塞,商情之涣散,交相为病,遂以酿成此萎靡不振之现象"等,要扭转这一状况,最为急迫的是筹设商会,而"商会之设,实为商界治本之本"。1906年,东三省总督徐世昌针对各商帮"不相维系",各行业"不相联属","每帮会馆、每行公所每有聚议,一呼百应不可得"的现状,主张设立商会,革除"难于联合、难于提倡、难于解释"[②]的局面和改变市面萧条的现状。1906年2月,哈尔滨道台杜学瀛禀呈"哈尔滨商埠已臻极盛,为吉、江两省商货汇归之所,且为外国交易之中心点",但"商情涣散,未能固结团体",各城镇"仍各自为会,何以收群策群力之功"。他建议在哈尔滨设立总商会,在其他各城镇设立商务分会,各分会隶属于总商会,"以通声气而结团体,俾与总商会互相维持"[③]。在他的建议下,哈尔滨、奉天、长春府等地设立商务总会,其他各地设立分会。东北地区"工商业务虽有不同,

---

[①] 《商部奏劝办商会酌拟简明章程折》,《东方杂志》1904年第1卷第1号,第201页。

[②] 徐世昌等编纂,李澍田等点校:《东三省政略》,吉林文史出版社1989年版,第6441—6445页。

[③] 《开埠局档案》,黑龙江省档案馆藏,全宗号20,目录号9,亲卷号33。

近代东北地区商号的发展与时局应对

却相为辅助"[1]，因而与工商会合并，归商会统一负责。东北各地商号在公议会和同业公会的基础上，开始筹设商会，以"保护增进商业之利益"。可以说，凡是有商号的城镇多半都有商会，而且商会也发挥了其特有的职能，使东北地区商号得到很好的保护和发展。

1906年3月，奉天商务总会宣告成立，当时入会商号有2600家。此后，商会迅速在东北各大小商业城市蔓延开来。奉天商务总会派员赴各属地劝办商会，视其"为商政之机关"[2]。奉天省各地成立商会共有50余处，其中奉天省城、营口、安东三地为商务总会，[3]锦州、盖平、辽阳、铁岭等38处成立了商务分会，[4]铁岭下设东路、南路、西路等商务分会，锦州下设绥中、宁远、义州等16个商务分会。[5]此外，还有顺县商务分会（建立时间为1901年，下文括号内时间为各会建立时间）、海城商务分会（1907年）、桓仁县商会（1907年）、锦西县商会（1907年）、沙夫镇商务分会（1909年）、开原商会（1906年）、抚顺县商务分会（1909年）、辽中县商会（1907年）、绥中商务分会（1906年）、铁岭县商会（1906年）、兴城县商务会（1906年）、兴京县商会（1907年）、陵街商会（1906年）、岫岩商务会（1907年）、安图县商会（1909年）、北镇县商会（1906年）等。[6] 1907年，吉林省城、长春府、哈尔滨分别成立商务总会，1908年，珲春、延吉、伊通、农安、榆树等地商务分会相继成立，此外还有海龙县商会（1907年）、怀德县商务会（1909年）、辉南县商会（1912年）、榆树台镇商务会（1910年）、三岔河商务会（1911年）、

---

[1] 裴焕星等修：《辽阳县志》卷4，奉天第二工科职业学校1927年铅印本，第89页。
[2] 《东三省之商业》，《东方杂志》第21卷第10号，第43页。
[3] 任君实：《安东商工述略》，《中东经济月刊》1931年第7卷第6期。
[4] 王树楠、吴廷燮、金毓黻等纂：《奉天通志》三，东北文史丛书编辑委员会1983年版，第2585页。
[5] 徐世昌等编纂，李澍田等点校：《东三省政略》，吉林文史出版社1989年版，第1630页。
[6] 《顺县志》卷3，《海城县志》卷4，《锦西县志》，《桓仁县志》卷10，《开原县志》，《抚顺县志》，《辽中县志》卷4，《绥中县志》卷6，《铁岭县续志》卷4，《兴城县志》卷7，《岫岩县志》卷2，《安图县志·实业志》，《北镇县志》卷5。

临江县商务会（1911 年）、东丰县镇商会（1912 年）、抚松县商会（1907 年）等。① 黑龙江地区创立了省商务总会及宁古塔、瑷珲等 18 个商会。② 此外还有望奎商会（1901 年）、呼兰县商会（1906 年）、桦川县商会（1906 年）、肇州县商会（1913 年）、宝清县商会（1916 年）、巴彦县商会（1904 年）、兰西县商会（1910 年）等。1911 年，奉天省商会有 58 个，吉林省有 30 个，东北地区设立的商会总数已经达到 106 个，各通商要埠全部设有商会。民国后，东北各地商会迅速发展，1917 年，奉天省商会有 66 个，吉林省商会有 35 个，黑龙江省商会有 27 个。③ 1935 年，黑龙江省商会有 24 个，包括甘南县商会、富裕县商会等。④ 可见，商会的设立已经很普遍，也可看出东北地区商号发展状况不错。

2. 商会的职能与作用

商会是近代资本主义和资产阶级发展到一定阶段的产物，是商人的群众性组织。其会董及职员由各商号公选，会费由各商号按份均摊。商会的宗旨是处理商务问题、保护和增强商业利益、联络工商、调查商情、兴办商学、维持市场运行、受理商事纠纷等，以振兴和保护商业为出发点。商会在民国后改组为委员制，其职责和性质与之前相近，依旧是"负责研究工商业促进之方法，调查商品优劣价格低昂，调处工商债务纠葛争竞等事"⑤。日伪时期改为"商工公会"，也是以"改善商工业发达之目的"⑥。如长春头道沟商务会负责营业税代征事务，调停商务纠纷，对破产贷借事务、突发经济问题的交涉事

---

① 《海龙县志》卷 10，《怀德县志》卷 8，《辉南县志》卷 3，《梨树县志》卷 4，《临江县志》卷 4，《东丰县志》卷 3，《抚松县志》卷 4。
② 黑龙江省档案馆藏，第 62—63 卷，第 1455 号。
③ "南满洲铁道株式会社社长室调查科"：《满蒙全书》第 5 卷，"满洲日日新闻社"1922 年，第 175 页。
④ "满洲国国务院总务厅情报处"：《省政汇览·龙江省篇》第 2 辑，1935 年，第 115—117 页。
⑤ 《敦化县商会依法改组拟具的试办章程》，吉林省档案馆藏，全宗号：J101 - 05 - 1981。
⑥ [日] 江原又七郎编：《奉天经济事情》，"奉天商工公会"1938 年版，第 104 页。

务的处理等。商会把涣散的本地商人组织起来，既便于官府的管理，也有利于商号之间议事和共同抵御外商势力的压迫。可见，商会是商号"相互信任极深，商人团结力之巩固"①的表现。

（1）上下沟通，共同议事

商会是介于政府和工商业者之间的服务机构，主要是为政府和商号服务的。商会是在政府政策保护下设立的，因而要对政府负有一定责任，不仅要安定市场，而且还要负责收取商号营业税，增加政府收入。商会还要协调政府与商号、各商号之间的关系，推行政府的政策和法令，保护各商号的经营权利和利益等，为商号的发展提供一些便利条件。

税收是政府的重要收入。当时东北地区商业由各省政府实业部统管，县内税收由税捐局通过商会向各商号收缴，征收商号营业税等税种的任务就由商会担任。这既利于政府收缴商号的税捐，又便于商号缴纳自己的税务。如吉林商务总会分别于1913年2月和1925年12月收缴各商号营业税数目达上万吊，如"天义店商号上缴四千五百零六吊七百九十六文"②，"十美香商号上缴三百二十三吊九百文"③等，保证了政府的财政收入。商会还负责传达中央和地方政府的指令，是政府和商号的"媒介"。1930年，安东商务总会在接到中央工商部商号账簿禁用阴历，改用阳历的规定后，当即通令当地"各商号一体遵照所用账目阳历"④。1931年，辽宁省台安县时局变动，部分奸商乘机高抬物价，不仅影响商号的正常运营，而且影响百姓们的生活，县长为维持金融稳定，谕令商会"平定粮米价格，不准私自高抬，倘有奸商提价，一经查出，即加处罚"⑤，商会将此谕令传达给各商号。1927年7月，辽阳县署命令商会设立商团，以维持社会治安，商会

---

① 《商业之进步观》，《盛京时报》1910年6月2日第2版。
② 《吉林商务总会为送民国二年营业税存票清册》，吉林省档案馆藏，全宗号：J162 - 01 - 0004。
③ 《吉林总商会各商号营业税》，吉林省档案馆藏，全宗号：J109 - 14 - 1531。
④ 《商家账目用阳历》，《盛京时报》1929年10月31日第7版。
⑤ 《县长令商会平抑物价》，《盛京时报》1931年10月8日第5版。

第六章　东北地区商号的地域特色与社会价值

马上组织各商号开始筹办商团。营口税捐总局在整顿查办过程中，发现有商号每天出售货物缴纳的销场捐（一种出销货物需要上交的地方税）以多报少，因而税捐总局照会商会，营口商务总会通饬各商号"照例纳捐，万勿希图捡漏，查出按例科罚"①，从而稳定了税收市场。安东商务会接到国税厅"印花税票五千元"，发给各商号，要求"卖货时超过十元以上的发票上粘贴印花税票，以符定章，税务将来必能兴旺"②。第一次世界大战后，俄国羌帖（一种纸币）流入中国东北，致使部分商号因为金融紊乱而倒闭，政府命令奉天总商会调查奉天省的羌帖情况，奉天总商会制定了"禁止各钱号买卖羌帖，并传至存羌帖者到会报告"③。1910 年，奉天总商会通知各商号从"11 月 20 日起，粮价一律以元角分计价，废除以银两、制钱、铜钱计价"，这样，很大程度上稳定了金融市场。商会还代表政府规定注册费用，奉天总商会规定商号"每季交注册费一元二百"④。可见，商会在遵从中央指令，调查市场，维护市场秩序等方面发挥了重要作用。

商会既要上为政府负责，又要下为商号发展利益服务，并且协调双方矛盾，促进和谐发展。如商工两民"受有屈抑"，商会就"与各官府交涉，以维持商工界之发达"⑤。商会有时也要为商号利益而反对政府政策，如国税厅拟改税款以大洋为准，而奉天全省税款原以小洋报纳，奉天商务总会为保护商号利益，而向政府表示"奉省市面悉以小洋交易，独税款改作大洋，则商民之直接损害殊非浅鲜，谓国税厅无理要求，殊失公允之道"⑥，迫使政府作废。商会不仅服从中央劝导商号纳税，也会为商号请求减税。如长春各商号蒙受重税之苦，加上钱币紊乱，商号营业疲滞，长春总商会赴吉林省城请愿减税，并

---

① 《营口商会集议销场捐》，《盛京时报》1908 年 9 月 23 日第 2 版。
② 《商家提倡实行印花税》，《盛京时报》1913 年 10 月 30 日第 6 版。
③ 《商会调查羌帖确数》，《盛京时报》1920 年 8 月 13 日第 3 版。
④ 《商会规定注册费》，《盛京时报》1925 年 7 月 23 日第 4 版。
⑤ 《哈尔滨总商会简明章程》，黑龙江省档案馆藏，全宗号 C20，目录号 9，宗卷号 9112。
⑥ 《商会反对税款征收大洋》，《盛京时报》1913 年 11 月 14 日第 6 版。

近代东北地区商号的发展与时局应对

表示政府如不同意,"惟有牺牲一切实行罢市"①。1931年,长春商务会再次向省政府请愿"减少征税十分之一"②,可见商会也为商号利益考虑。商会如对地方政权不满,还会代表商号赴京向农工商部呈请诉求。如哈尔滨商会以地方官员"无保护之心",派商董赴京向农工商部呈请改设商务总会,并拨给关防,"以重商业而结团体,庶可自卫而抵制官权"③。商会也会请求当地政府安定社会以利于商号发展。如1931年,四平市商务会鉴于中日矛盾发生以来,匪贼乘机横行,请求当局设立临时地方市政维持委员,"以保治安之为愈"④,为商号发展提供安定的社会环境。总之,商会因是各商号的集合体,亦为商号的共同利益服务。

(2) 联络商情,处理商务

商号发展"首推同济之谊,尤贵联情"⑤,因而设置商会"以联络同业情谊,广通声息……通力合作,以收集思广益之效"⑥。政府颁布的《商会简明章程》特别指出:"各省各埠设立商会,以为众商之脉络也。"长春商务会建立的初衷是"联络商情,团结巩固,剔除散漫,排挤旧习,商业发达,希图公共利益"⑦。1928年,磐石县商会设立,目的是"共同促进工商业和对外贸易的发展"⑧。哈尔滨商会的建立是为"保全商途上之公共利益""和谐商情,以调息商讼"⑨,以为各商号联络情谊和商情、协调商号关系、团结团体而力求商业进步为宗旨。因而商会主要负责调查市场,维持市面秩序稳定。如日本在东北地区实行金建制后,奉天省商务总会通知各商号:

---

① 《总商会请愿减税》,《盛京时报》1928年12月2日第5版。
② 《商务会请愿减征营业税》,《盛京时报》1931年5月2日第4版。
③ 《商会讲请关防》,《盛京时报》1908年7月5日第5版。
④ 《商务会向当局请愿设置维持治安机关》,《盛京时报》1931年10月4日第4版。
⑤ [日]东亚同文会:《支那经济全书》第2辑,1907年,第663页。
⑥ 《劝业商会谕帖》,《东方杂志》1904年第1卷第5号。
⑦ [日]中西正树:《吉林通览》,东京:熊田印刷所1909年版,第209页。
⑧ 伪国务院总务厅情报处:《省政汇览·吉林省篇》第1辑,1935年,第113页。
⑨ 徐世昌等编纂,李澍田等点校:《东三省政略》,吉林文史出版社1989年版,第6446页。

"凡在朝鲜银行借款者,乘将金票价格平稳之际如数还款,倘若无法筹措,当由商会代向银行号借贷以免受影响无形之亏累。"① 最大限度减少商号的经济损失,可见商会是为商号服务的。

处理商号之间的事务是商会的主要职责。有的商号合并,商会要为其出具证明等。如长春裕昌源合并了裕滨火磨,长春总商会为其出具证明书。② 商会还要处理各地分会事务,各地分会根据当地商情及时商讨并向总会汇报咨询。如黑龙江省穆棱商务分会看到市面流通的"大洋银币五角、二角、一角甚多,而外埠各处该等银币皆按九扣"③,为防止奸商从中渔利,因而穆棱商务分会向总会询问是否应清理银币市场等事宜。1931年,商会还体恤商号经营艰难,规定"凡市内新开商号,对于所报资本决不再加限制"④。商会还发挥规定税票、监督商号实行的职能。如奉天商会规定从规定日期开始一律施行花税票,要求"凡商界范围以内者需用印花税票,均应到本会购买,以昭划一,而免分歧"⑤。商会还帮助商号传达信息,如吉林公昇庆钱庄经营亏空,所欠债务无力归还,该号恳请商务总会传饬各股东"若不加添资本,惟有破产归还"⑥,该会批准照办。商号倒闭需要到商会报闭,如旭昇店连年生意失利,资本亏空,无法经营下去只能破产,旭昇店破产后到商会进行报闭登记。商会还为商号提供贷款服务等,1905年,奉天总商会代表各商号向日本横滨正金银行贷款20万元,扶持各商号复苏。营口总商会还以商会名义向银行借款。⑦ 1930年,西安县(今吉林辽源市)商会因新粮食已陆续进入市场,而各商号金融紧张而无力购买,因而以商会名义向东三省官银总号、

---

① 《商务会传单内容》,《盛京时报》1921年10月4日第2版。
② 《长春裕昌源制粉股份有限公司为送股东名册的呈及吉林省政府指令》,吉林省档案馆藏,全宗号:J101-20-0414。
③ 《穆棱商务会议》,《盛京时报》1924年8月19日第4版。
④ 《商会体恤商艰》,《盛京时报》1931年1月18日第4版。
⑤ 《商会通告各商户购用印花税票》,《盛京时报》1913年9月4日第6版。
⑥ 《省亘商业之悲境》,《盛京时报》1910年2月2日第5版。
⑦ 《总商会开会内容》,《盛京时报》1919年12月2日第5版。

边业总银行贷款,"请各银行接济各县商家"①。资金雄厚的商会还自己设立银行,支援商号发展。1914年,奉天省城商务总会拟设立商业银行"以活泼市面之金融,各城商会每处交股二万元"②。商会还帮助商号推迟偿还贷款,帮助商号渡过难关。如吉林总商会因市面商业萧条,资金紧张,为救济商号而使商号免受凋敝,同中国银行、交通银行及永衡官银号及东三省官银分号商议缓期商号偿还贷款,并请求各银行"仍酌量情形放贷"③,可谓是濒临破产商号的"救星"。

商会为促进商号发展,还建立研究机构,帮助同业商号共同发展。如1912年,吉林省总商会鉴于烧锅商号设在农村,不仅形如散沙,没有联络机关,而且彼此唯利是图,"希图避税",为"保商裕税",经各县烧锅商号公议表决,在省城商务总会附设酒商研究所,"以资提倡而维进行"为目的,并制定《吉林全省酒商研究所简章》,规定本所"以联络本行商情,发达本行业务,并增进同业智识为宗旨"。1917年改为吉林全省酒商同业公会,以"联络吉林全省烧锅同业,维持利益,矫正营业上之弊害为宗旨"④。商会还会为商号发展谋福利,如黑龙江省实行营业牌照捐,省商务总会以各商号无力负担,请求政府批准试办一年,并商定纳捐方式,"规定捐额依资本大小分为三等九级"⑤,这样就为商号发展提供了良好的条件和环境。

(3) 排解纠纷,稳定市场

东北地区商号在发展过程中,难免发生矛盾纠纷,而且商号良莠不齐,也有商号为谋取私利,公然做出违法乱纪行为,破坏经济发展的良好氛围。商会也有稳定市场秩序、解决商号之间纠纷、严惩商号违法行为、营造良好的商业氛围的职能。商会重在"提倡商略,排解事情"⑥,因而商会会及时处理商业事务和纠纷。长春头道沟商务会

---

① 《商会请贷款》,《盛京时报》1930年10月4日第4版。
② 《商业银行定期开办》,《盛京时报》1914年4月2日第6版。
③ 《总商会救济市面》,《盛京时报》1924年11月2日第4版。
④ 《商务总会为酒商研究所选举、改组等事宜》,吉林省档案馆藏,全宗号:J101 - 01 -0156。
⑤ 《实行营业牌照捐》,《盛京时报》1927年4月14日第4版。
⑥ 程道元修,续文金纂:《昌图县志》卷4,1916年铅印本,第131页。

第六章　东北地区商号的地域特色与社会价值

主要业务之一就是"调停商务纠纷"①。如 1915 年，奉天市庆升平、庆源茂、宝丰、永集祥、福增永各巨商联名呈请商会，举报德兴隆、聚盛兴等商号利用买空卖空，高抬市价，恳请商会"将本年买空一律取消，永远禁止，以杜弊害"②。1920 年，东北军阀张作霖查封河北"京东刘家"在东北地区开设的"合"字号的时候，益发合经理孙秀三就是通过商会出面，致函吉长道署和长春县警察局，为刘家进行申诉，才使益发合免受破产之灾。营口粮商贩运粮食都依靠牛槽装载，每当粮食数目不符时，就会产生争端。商号呈请商务总会校准斗斛，以希望粮食买卖整齐划一，免致争端。该商会各分会认真办理，"所有栈斗自当从速较真，免船家藉端弄弊蒙混客商，一经查出，从重究罚"③。1930 年，哈尔滨油坊部分商号将少量沙土掺入大豆，使油坊制出的豆饼成色恶劣，营业大受影响，哈尔滨商会决定"一律须过筛子净豆，方可出售"，提高了豆品质量，同时转告其他十处商会，设置粮食检查委员会，切实执行，"以保商界之信用，而谋营业之发展"④，保证了哈尔滨油坊商号的正常发展和经营。商会为更好地解决商业纠纷，还设立了商事公断处，以"处理商号纠纷和商号诉讼，以维持交易，促进商业市场发展"⑤。公断处对商号争议进行仲裁，以"息讼和解为主旨"⑥。1914 年，农商部鉴于公断处"各地异制，办法纷歧，尤非整齐划一之道"⑦，制定了商事公断处办事细则六十一条，并规定了公断处的权限，不能独立评判。如哈尔滨商会公断处细则规定："评议员在评判事理时不可自为之，要函请滨江县审检所

---

① ［日］渡部奉纲：《长春事情》，"南满洲铁道株式会社"1932 年版，第 78 页。
② 《商号呈请禁止买空卖空》，《盛京时报》1915 年 1 月 15 日第 7 版。
③ 《营口商会较斗之认真》，《盛京时报》1908 年 9 月 19 日第 5 版。
④ 《提高元豆质品先声》，《盛京时报》1930 年 12 月 7 日第 5 版。
⑤ 辽宁省档案馆编：《满铁调查报告》第 3 辑，广西师范大学出版社 2008 年版，第 105 页。
⑥ 《哈尔滨商务总会为送商事公断处细则情形的筹呈》，吉林省档案馆藏，全宗号：J101-02-0591。
⑦ 江苏省商业厅、中国第二历史档案馆编：《中华民国商业档案资料汇编》第 1 卷上，中国商业出版社 1991 年版，第 138 页。

近代东北地区商号的发展与时局应对

会同吉林铁路交涉局共同评议。"① 东北各地商会都先后设立了公断处，如奉天总商会设立商事公断处受理的案件有"公布德盛发商号的债权分配还款数目单"② 等。1925 年，西安县商务会设置商事公断处，同年，瞻榆县商务会也设立商事公断处，规定"凡工商业中有争议暨债权务纠葛时得公断处之"③。辽阳县商会也设立了商事公断处，经办商业争议及债务纠葛商讼等事件，"计会议五十一次，议事一百一十九件"④。可见，商会设立的商事公断处是卓有成效的，为商号发展解决了一些纠纷，有利于稳定本地商业发展的市场环境。

商会不仅要维持市场交易的稳定，还要维护金融市场的稳定。东北地区纸币多样，金融市场异常混乱，有时甚至影响到商号的正常交易。商会有稳定市场价格和金融市场秩序的责任和权力。如奉天粮价昂贵，奉天总商会召集各粮商号商议平定粮价事宜，商会认为当下时局不稳，民食艰难，因而议定"秫米每斗以奉洋二元"⑤ 为准，稳定了粮食市场。奉天总商会鉴于市场商品物价不稳定，影响正常交易，因而组织"平定物价委员会"规定粮米、白面、药品、肉行、靴鞋行、缎呢绒布、点心等各行业商品的参考价格，要求"各货价目均由明日一律遵照实行，勿得抗违"⑥。开原县商会为稳定金融市场，规定"将现洋每元作奉大洋五十元，不得随意提高贬价"⑦。西安县商务会鉴于币制紊乱，物价飞涨，极力整顿金融，规定"现洋金票行市，并在取重金区中津现洋以备商家购买货物"⑧。新民县商会为平抑物价，规定"凡百物价售一元者落至八角或七角，不准私抬高价，

---

① 《哈尔滨商会设商事公断处细则》，吉林省档案馆藏，全宗号：J101 - 02 - 0592。
② 《商事公断案件》，《奉天市商会月刊》第十六号，1938 年 2 月，第 35 页。
③ "海城县公署县志馆"编纂：《海城县志》卷 4，"海城县公署总务科" 1937 年版，第 310 页。
④ 裴焕星等修：《辽阳县志》卷 4，1927 年铅印本，第 90 页。
⑤ 《商会规定秫米价》，《盛京时报》1925 年 12 月 23 日第 4 版。
⑥ 《总商会平价续志》，《盛京时报》1926 年 8 月 26 日第 4 版。
⑦ 《商会通告三则》，《盛京时报》1931 年 7 月 14 日第 5 版。
⑧ 《令各商平抑物价》，《盛京时报》1926 年 8 月 27 日第 4 版。

第六章　东北地区商号的地域特色与社会价值

如现洋价目再落,物价仍当随之低减少"①。法库县商会鉴于市场钱法紊乱,物价膨胀,因而召集各粮商商号商议平定粮价,规定"秫米每文十六元,小米二十六元,粳米五十元,荞面每斤九角,豆油四元,酒二元六角,面一元六角,各商号一体遵照议定粮价出售,不准提高以维民食"②。西丰县"大洋"价值跌落,然而各商号仍然按原价出售商品,因而商会命令各商号"按照钱法定价,如有奸商抗违者按新法严惩",要求各商号物价"应随现洋本位核减,以体现公平公正",商会还将"大概物价及工人工价均行规定印刷草单"③发放,以此来监督和平定物价。1929 年,"大洋"价值又暴涨,商号物价也随之而涨,使人们生活困苦,因而西丰县商会规定:"现行小米每斗一百零五元,秫米每斗七十元,粳米每斗一百七十元,从此许落不准高抬。"④ 1931 年,奉天总商会以奉票超出法价,导致各种货物涨价,影响商号出售商品,商会决定请政府实行"六十元之法价"⑤,协助商会平定物价,以稳定市场。

还有的商号趁时局动荡,不遵守商业道德而哄抬物价,以致物价飞涨,影响其他商号正常运营。因而,商会会对奸商进行惩罚,以稳定物价。如黑龙江省尚志市石头河子镇新豆上市,各商号争先恐后购买,"以备补助空卖"。巨商永盛玉商号暗出高价,并使用大秤称重,被人举发,商会按章"罚大洋二十元,奖举报人十元"⑥。铁岭县因奸商垄断,高抬物价,造成市场金融吃紧,钱币混乱。商会布告通知:"嗣后如再私自高抬物价垄断金融,一经发觉定行惩处。"⑦ 此后钱法日趋低落,物价也日渐稳定。沈阳市商会调查"现洋票兑换现洋折价票二十元,皆由奸商牟利所致",因而规定各商号"不得用洋票折价,一面派员分往各关调查,倘有故意者,拘往至警局,按扰乱金

---

① 《商务会平抑物价》,《盛京时报》1926 年 9 月 6 日第 2 版。
② 《商务会平抑物价》,《盛京时报》1928 年 1 月 13 日第 4 版。
③ 《商务会平抑物价》,《盛京时报》1928 年 8 月 1 日第 4 版。
④ 《商会长平抑物价》,《盛京时报》1929 年 5 月 24 日第 2 版。
⑤ 《商会议决平定物价》,《盛京时报》1931 年 6 月 30 日第 4 版。
⑥ 《商会平抑物价》,《盛京时报》1929 年 10 月 24 日第 7 版。
⑦ 《县商会平定物价》,《盛京时报》1928 年 9 月 20 日第 5 版。

融洽罪,决不宽饶"①。商会为稳定市场秩序,严厉惩罚扰乱市场稳定的不法分子。长春总商会以"时局平稳,而不良分子时而造谣,淆惑听闻,特传知各商号,皆不肖之徒任意造谣,已被兵队问责"②。延吉县商会因"本地时局不稳,不良分子造谣,淆惑所闻",一方面整治这些不法分子,另一方面"传知各商号安心营业"③。还有部分商号不遵守商业法规,违法乱纪。商号违法乱纪之首要行为是偷税漏税,磐石县商号恒兴泉烧锅兼营油坊,为谋取利润,设置私账,卖酒、油即收到私账上,"自从开办至今,隐匿油酒税不下吉大洋二千余元"④。被人举报后,商会勒令其补齐税款,并全县通报,以惩其恶行。可见商会的职责能够有效制止和惩治商号的违法乱纪行为,并能做到以儆效尤,稳定市场秩序。

由上可知,商会在保证商号经营发展和处理事务上发挥了巨大的作用,制定和实施了很多有显著成效的政策,保护了商号的正当利益,促进了商号的有序发展,稳定并繁荣了市场,并且也在一定程度上保护了当地的人们的消费利益等,因而这一团体组织的存在和发展具有重要的历史职能与作用。

(四) 商团在东北地区的设置与建立

商团是商号建立的团体武装力量,清末民初开始在全国范围内形成。近代以来,不同阶层的人们在革命武装影响下出现了尚武思潮,商人亦不能例外,而且在动乱的年代,商人越来越感到仅依赖官府力量并不能保护其财产、人身安全,必须建立自己的武装,"四民职业虽殊,同处一方,安危与共,自卫莫如团练,合群赖有同人"⑤。因而出现了商人自办的武装力量——商团,"商团是商人组成的一种具有准军事特征的新式社会团体"⑥。东北地区商号处于战乱频繁,土

---

① 《沈市商会派员调查奸商牟利折价》,《盛京时报》1931年10月11日第7版。
② 《商会传知各商号安心营业》,《盛京时报》1931年10月22日第5版。
③ 《商会传知安心营业》,《盛京时报》1931年10月30日第5版。
④ 《匿名禀控磐石烧商恒兴泉隐匿账簿透漏税捐》,吉林省档案馆藏,全宗号:J109-16-0261。
⑤ 李根源:《吴县志·兵防考二》卷54,文新公司1933年版。
⑥ 朱英:《辛亥革命时期新式商人社团研究》,中国人民大学出版社1991年版,第114页。

匪肆行，偷盗、抢劫等不安定事件时有发生的环境下。如奉天永庆长商号被"手持木棍的五名匪人百般威赫，抢去小银元四百六十余元奉票数百元"①，鞍山商号富春长被窃贼"盗去洋面数袋，并有零碎物品共损失奉洋六百元"②。而当地警察并不能保证商号的安全，如海城杂货商号同合祥被持手枪的土匪闯入后大肆搜翻，当地警察闻讯赶来时"匪等已远逃"③。奉天永增兴烧锅夜间被"四十余名胡匪手持毛瑟枪，抢去银元毛票二千三百元现银三十两，毛瑟枪四杆，衣服百余件，并将柜伙打伤，该管巡警侦知早已远逃"④。在东北地区政局不稳的情况下，商号生存在恐惧不安的社会环境下。于是，各地商会集合商号自发组建武装力量即商团。商团始于各地商会为加强消防工作而自行组建的群体组织，后来由于地方兵力空虚，为维护商会利益和配合军警维持城镇地方秩序，才成为官督商办的地方性群众武装力量。商团由商会会长直接统辖，下设团总、团副、队长等，商会供应给养、武装设备、弹药等，团勇在教练指导下演练、巡逻堵卡、维持地方治安等。随着商业的发展和维持市面秩序的需要，商团武装有时能够代替军队和警察，成为维护城镇地方治安、保护商号利益的一支武装力量。1917年3月，全国商会联合会呈内务、陆军、农商三部批准，颁发了《商团组织大纲》，统一了有关组建商团的各项规定，由此东北各地政府和商会积极组织建立商团。

1. 奉天省的商团设置

奉天省各地按《商团组织大纲》规定进一步组建了商团。规定商团以保卫商民、维持治安为宗旨。1921年，奉天省实业厅提出了整顿商团实施办法，其中规定：各地方长官要对商团进行监察，商团团长、队长以下各职员的选用，要经过地方长官核准，地方有变故时，商团归地方长官节制与调遣，并下发了商团编制，商团设团长、团副、教练长、稽查员、庶务员和书记各1人，所属团丁按照陆军编制

---

① 《商号被抢》，《盛京时报》1928年4月11日第5版。
② 《商号被窃》，《盛京时报》1928年11月20日第5版。
③ 《商号被抢》，《盛京时报》1926年11月14日第4版。
④ 《大帮胡匪强抢烧锅》，《盛京时报》1913年8月8日第4版。

近代东北地区商号的发展与时局应对

进行编组。商团的团丁由各商号从16—35岁的店员中挑选。经费由商会筹措，枪支由商会购买，其主要任务是协助军警维持市面秩序，镇压乱匪。沈阳市商会要求凡5人以上的商号，均出1人编成商团，并制定了《沈阳市商团简章》。1910年，安东商会组建商团，并呈请东三省总督饬拨枪支，要求各商号"抽丁切实操练，寓兵于商，有事则守望相助，无事则各勤职业，有益地而不费饷粮"[1]。1914年，梨树县商会组织商团，由各商号"酌量出人六十名，夜向四街巡查，以资防卫而保治安"[2]。1919年，顺县设立商团，"团丁十人，维持商号千余户"[3]。1923年，绥中县商会令各商号派柜伙一人，组建商团，队长率领"定期操练，以资自卫"[4]。1924年，盖平县商会招募商团，"团丁三十名，枪械伙食均由商号自备"[5]。西丰商务会令商务分会从各商号内抽编团丁，组织商团，"以作自卫，所有军服子弹均由总商会发给"[6]。1925年，铁岭县商会筹设商团，设立"团丁三十名，以辅警力之不足，维城乡之防卫"[7]。1926年，北票商务会组织商团，"团丁三十名，日夜巡查"[8]。1927年，法库县商会成立商团，由各商号"出丁共计一百余名"[9]，轮流放哨以维护社会治安。1927年，辽阳商会组织全城商号成立商团，"团丁有二百名，以四十名为一队，分作五期轮流值役，每期一个月，以资协助而保治安"[10]。1927年，锦县商民决议设立商团以求自卫，城内外共招"团勇六十多"[11]，饷械均由商民担负。1929年，西安县商务会组建商团，要求"每家商

---

[1] 于云峰纂修：《安东县志》卷8，1931年铅印本，第130页。
[2] 《商团成立》，《盛京时报》1914年9月3日第6版。
[3] 《顺县志》卷3，民国钞本。
[4] 《令商民组织团练》，《盛京时报》1923年4月28日第4版。
[5] 《招募商团》，《盛京时报》1924年11月5日第5版。
[6] 《商务会编制商团》，《盛京时报》1924年11月6日第4版。
[7] 《呈为商会组织商团补助警察防卫城乡情形由》，辽宁省档案馆藏，全宗号：JC010-01-018587。
[8] 《组织商团》，《盛京时报》1926年8月16日第2版。
[9] 《整顿商团》，《盛京时报》1927年9月27日第5版。
[10] 《设立商团》，《盛京时报》1927年7月19日第5版。
[11] 《商团成立》，《盛京时报》1927年12月27日第5版。

第六章 东北地区商号的地域特色与社会价值

号出丁一名,有枪械者持枪械,无枪械者出服装,以期补助行政警察"①。同年,锦州县沟帮子镇商务会成立商团,经常在街上巡逻,维护地方秩序。四平市茂林站商会成立商团,有"团丁二十名,每天在外巡逻,一能补助警察公安,二能保护地面"②。1931年,开原县商会遵奉县长命令创办商团,"添招团丁三十名"③,还张贴广告,招募当地民丁加入商团,以维护社会治安。1931年,台安县商会成立商团,"团丁十名,尽夜巡视,以保治安,而防匪患"④。商号建立商团的积极性也证实了商团发挥了不可替代的作用。

2. 吉林省的商团设置

1911年,长春商会筹办商团,由各商号挑练团勇160名,器械等经费也由各商号自备,"编为六团,分任各乡镇,专任巡逻城乡内外,防遏土匪窃发用,辅巡警之不足"⑤。同年,通化县成立商团,其职责也定为"保地方治安"⑥。1918年,扶余县因取消所有保卫巡防马步队,社会秩序异常混乱,严重影响县内商号的经营和发展,因而县商会招募壮丁组建商团,所需的枪弹和各种饷项均由绅商自行筹备,以"辅助军警维持市面为宗旨"⑦。1920年,珠河县成立商团,招募"团丁三十名"⑧。1922年,扶余县驻防军队调往他处,由商号出资组织商团,"招团丁二十名,专事查街以为自卫之计"⑨。1923年,东丰县商务会为保卫商家起见,"招募商团百余人"⑩。1924年,松原市商会筹办商团,招募"团丁五十名,以资补助军警"⑪。1924年,安图

---

① 《商务会抽办商团》,《盛京时报》1929年7月18日第7版。
② 《商团成立》,《盛京时报》1929年8月4日第7版。
③ 《商会议添自卫团》,《盛京时报》1931年9月6日第5版。
④ 《成立商团》,《盛京时报》1931年7月11日第5版。
⑤ 《吉林长春国民保安分会附设商团简章十六条》,吉林省档案馆藏,全宗号:J001-37-0240。
⑥ 李春雨、李镇华、邵芳龄:《通化县志》,1927年铅印本,第86页。
⑦ 《扶余县临时办理商团暂行章程》,吉林省档案馆藏,全宗号:J101-07-0234。
⑧ 孙荃芳修,宋景文纂:《珠河县志》卷13,1929年铅印本,第67页。
⑨ 《扶余商团实行成立》,《盛京时报》1922年7月22日第5版。
⑩ 《东丰商团成立》,《盛京时报》1923年1月27日第5版。
⑪ 《商团成立》,《盛京时报》1924年12月11日第5版。

各商号因"地处边陲,胡匪猖狂,警甲力单,临时莫济,成立商团二十五名"①,以维护地方秩序,商号表示"有此商团,我安邑可高枕无忧矣"。1929 年,长春下九台商务会因本站陆军步兵三营全部调防国境,"招补商团百名,以资保护治安,藉补军警之职务"②。每日有队长、教练操练团丁,夜间团丁巡逻放哨,以防止土匪扰乱。1929 年,富锦县因赤俄造乱,人心惶恐,商务会决定成立商团,"共有二十名团丁,按门防守,以作自卫之计"③。可见,吉林省商团成立广泛而且效果显著。

3. 黑龙江省的商团设置

1917 年,黑龙江省依兰县设立商团,以"辅助军警维持市面,弹压乱匪为宗旨"④。1917 年,克山县商会奉全国商会联合会的指示,根据县实际情况,由各商号抽出人丁组成武装商团,以预防贼匪出入县城。商会招募团丁 10 人,团丁白天训练,夜间巡逻,"有事聚结成兵,无事散可为商"。1931 年,又组建一增补商团,有队员 50 人,以维护城内治安,保护商号正常营业。1922 年,呼兰县商会成立商团,"以资保卫,经费由各商号分摊"⑤。1924 年,绥兰县商团成立,招募"团兵二百名"⑥。1929 年,青冈县恢复商民团,"各招兵三十人"⑦。1930 年,依安县望奎商会成立商团,"团丁八十名,后又添五十名,共一百三十名"⑧。黑龙江省各地商团成立后,各地区市面稳定了很多,一定程度上保证和促进了本地区商号的正常经营和发展。

商团的设立壮大了东北地区的商人力量,更好地促进了商业发展。中国东北地区不仅是兵家必争之地,也是各个商家竞争之地,是

---

① 《商团成立》,《盛京时报》1924 年 10 月 3 日第 5 版。
② 《商团成立》,《盛京时报》1929 年 8 月 20 日第 7 版。
③ 《商团成立》,《盛京时报》1929 年 9 月 4 日第 6 版。
④ 《依兰县商团规则、履历、队兵课程表枪械数目册、计算书》,吉林省档案馆藏,全宗号:J101-20-0603。
⑤ 廖飞鹏修:《呼兰县志·财政志》,哈尔滨新华印书馆 1930 年铅印本,第 39 页。
⑥ 《绅商界募团自卫》,《盛京时报》1924 年 11 月 7 日第 4 版。
⑦ 《商民团正式成立》,《盛京时报》1929 年 8 月 22 日第 7 版。
⑧ 梁岩修,何士举等编辑:《依安县志·舆地》,重庆图书馆 1930 年铅印本,第 131 页。

外商集聚的商业战场，而且关内商业移民在东北地区建立了很多商号。然而，中国东北地区商业起步比较晚，商人力量薄弱，而且一直没有自己的武装力量，无法保护自己的切身利益。在战争发生、匪徒出没的动乱时期，经常遭到来自各方的骚扰和盘剥，商人处于弱势地位，无法进行抵御。自成立商团之后，中国东北地区的商人开始拥有自己的武装，一定程度上帮助了商号的正常经营和发展。随着商团的逐步扩充与壮大，商人在很大程度上能够以自身的力量保护自己的利益，而且商团的存在也促进了商号之间的交流和团结，保护了商号之间的正常交往与交易。如安图县商团"保地方"的同时还"兼护送往来客商"①，东丰县商团也是"保市廛之安宁"②。因而商团的存在，不仅提高了商品交易的安全，繁荣了当地工商业的发展，而且还提升了商人经商的自信，壮大了东北地区商号群体的力量。

三 复杂社会关系与多重角色

东北地区复杂的社会环境造就了当地商号独特复杂的社会关系与多重角色。近代以来，东北地区被列强瓜分侵占，洋行充斥于东北市场，当地又有军阀掌权，面对复杂的社会环境，有的商号囿于发展模式，自产自销或只代销其他商号产品，退缩为发展规模较小的作坊或铺户；有的商号试图冲破列强和地方势力的压榨和束缚，依赖独特的经营技术和策略，发展成大规模企业或公司；有的商号与当局或军阀相联系，使其成为商号生存发展的"保护伞"；有的商号试图和外国洋行或列强搞好关系，依赖其资本或业务往来，成为洋行在东北地区的代理商；有的商号还成为列强经济侵略的"工具"，走上了一条"不归路"，自然也就在列强被驱之时发展到了尽头。

东北地区商号起初都呈前店后场、自产自销的生产发展态势。有的只做批发，有的批发兼零售，如天丰涌商号批发兼零售，但"批发

---

① 陈鸿漠、陈国钧、孔广泉、臧文源：《安图县志》，1929年铅印本，第41页。
② 邢麟章、王瀛杰、李耦：《东丰县志》，1931年铅印本，第12页。

近代东北地区商号的发展与时局应对

业务大约占销售额的百分之七十到八十"[1]，这些批发零售商号多为满足民众日常生活之需求。如黑龙江省依安县的恒兴顺、日新号、新大号、福盛永、日升茂、福泰成、裕泰成、庆顺祥、福兴合等商号经营的火柴、食盐等业务。还有的商号代销其他地区商号的产品，如黑龙江省五常县的聚兴永是哈尔滨聚兴永设立的分号，经营业务主要是为哈尔滨的双合盛、天兴福、玉昌源等火磨商号代销砂子粉（精制麦芯粉）以及红天官、三羊、绿马等品牌面粉，还为专卖署代销海盐、白糖等。奉天省城（今沈阳市）油坊商号有48家，"每年输出豆油约300万斤，豆饼221万枚，有烧锅13家，每年生产烧酒400万斤，消费输出各占一半左右"[2]。哈尔滨面粉产品是以面庄和粮米店代销形式销售的，通称大代理、小代理。大代理就是专门经营面粉的面庄商号，与面粉厂没有合同关系，只凭信用向面粉厂大宗订货，分批提货，陆续交款。这样的商号一般资本较大，信用卓著，有一定权威性。如德盛魁、聚兴永、双合义等，它们一般不经营零售业务，只是代销各个面粉厂的各种牌号的面粉，如天兴福的天宫、裕昌源的三羊牌等，代销面粉通常每包佣金五分。这些面庄商号操纵着哈尔滨面粉销售的市场，它们代销各种牌子的面粉绝大部分销往本市，如义昌泰的飞马牌面粉在哈尔滨市内销售占60%[3]。小代理是指经营规模小、代销面粉厂的数量较少的商号，经营零售业务，代销的名牌面粉不仅在本市内销售，还销往外地，这些商号一般与消费者关系较近，因而它们的经营一般不受外界影响，依靠自身力量，打造老百姓信得过的品牌，在自己能处理的关系范围内进行小规模经营。

　　商号发展离不开社会，商号要生存下来，除了自身经营外，还要与社会相融，必要时还要与政治势力相联系。东北地区有的商号就是依靠政治势力或军阀，获得政治上的"保护伞"。长春益发合商号的

---

[1] 张子玉：《经营山海杂货的天丰涌》，载政协黑龙江省哈尔滨市委员会文史资料研究委员会编《哈尔滨文史资料》第12辑《哈尔滨老字号》，1988年，第107页。

[2] "南满洲中等教育研究会"：《满洲事情》第1辑，"三省堂"1938年版，第154—155页。

[3] 上海市粮食局等编：《中国近代面粉工业史》，中华书局1987年版，第244页。

孙秀三结交了一批炙手可热的地方权贵,如吉长道尹蔡运升、奉天军政两署秘书长袁金铠、滨江镇守使李杜等,使益发合不但在政治上得到了庇护,在经济上也得到了更多好处。长春榷运局是主管吉林、长春地区的食盐的运销,益发合谋得了为长春榷运局代收盐款的业务,这不仅使榷运局省心省力,减少了往返送款的手续,也为益发合增加了 100 多万元的存款,"等于给商号增加了 100 多万的流动资金"[①],解决了其流动资金不足的问题。东北军军阀张作霖查封天合盛商号时,益发合也被列入了查办名单之列,幸好早有结交的东北军长官臧式毅出面力保,才使商号化险为夷。孙秀三在商界活动也是异常活跃,1917 年被选定为长春商会常务董事,1922 年当选长春总商会副会长,"九一八"事变前,一直担任长春总商会会长,更有助于益发合商号的发展。

东北地区被日俄侵占后,美、英、德等列强企图在经济上划分东北地区利益,纷纷建立了自己的企业。它们积极在东北地区寻求代理,帮助它们进行购销活动。有的商号就成为洋行在中国东北地区的代理,从外国批发商进货或者代外商销售商品。营口港开港后,英、美商人在东北地区经商业务增多,太古、怡和等外资轮船公司先后成立,东永茂油坊商号与太古、怡和等洋行取得联系,其产品由销往国内转向国外,获利丰厚。甲午战后,日本洋行派联络人在东永茂商号"长期驻在",即东永茂成为日本三井洋行在营口的代理,也就是说三井洋行通过东永茂在营口建立了活动基地,之后三井洋行在东北各地设立了分行。三井洋行在东北主要是收购大豆、杂粮等,然后销往日本或其他国家,所以说东永茂成为外国资本侵入东北地区的"引线人"。沈阳老天合丝房代理英美烟公司在东北地区推销纸烟。1913 年开始时为经销,即老天合只能选择英美烟公司出品的几种牌子香烟,如"粉刀王"(大红锡包)、"蓝刀牌"(强盗牌)、"红扇面"和"双十字"等,只要能打开销路,即给 5 年到 10 年总包销的权利,老天

[①] 中国社会科学院近代史研究所中华民国史研究室编:《中华民国史资料丛稿·人物传记》第 20 辑,中华书局 1984 年版,第 166 页。

近代东北地区商号的发展与时局应对

合从中提取1%的佣金（每元1分）。1915年改为总包销后，每年的销售额可达200万元左右，而1918—1920年是包销最盛时期，当时东北有几百个小代理店，都得由老天合办理代销和提货手续，"每年最高销售额曾高达7百万元，老天合提取的佣金额也达7万多元，获利甚厚"[①]。大连源成寿商号代理批发麦粉、杂货，经销英美烟公司产品。商号代理外国产品需订立合同，如营口市义顺利商号与华昌贸易公司订立合同："本号业与华昌贸易公司订立合同在东三省全境内独家承销百灵牌靛青，该牌经向上海税关及美领事署注册，无论何人不得私运混售侵及合同权利，倘有违反一经查觉自有相当对付。"[②] 瑞庆和商号在齐齐哈尔是独家代理美孚石油的，其经销品种有桶装煤油和汽油，销量很大，而且还是英美烟公司在黑龙江省的总代理。黑龙江省巴彦县商号王绳铺从日商三井洋行批发花旗、大尺、褡裢等样式的布匹，还有羊绒、洋货、洋白糖、洋粉、连纸等货物，销售给当地居民。巴彦县有的商号还挂着卜内门洋碱公司、亚细亚煤油公司、英美烟草公司等牌号，代理它们的产品。

也有的商号民族商业角色发生了重大的变化，它们甘愿与外商合股，成为列强经济侵略东北地区的工具。东北地区被日本占领后，部分商号投向了日本侵略者的怀抱，和日本商人或企业合股，成为日本侵略者的"走狗"，在日本投降后落了个破产关闭的狼狈下场。长春裕昌源的王荆山在日本帝国主义"工业日本，农业满洲"的侵略政策下，甘愿为日本掠夺东北大量的农产品，并在大连设立了裕昌源出口部，直接与日本的三井、三菱等大垄断财团相勾结，将掠夺来的大豆运往日本。他还依靠日本的支持，兼并了"拥有六十名工人、十五台碾子、日产二千四百袋面粉的吉林恒茂面粉厂"[③]。1941年，日本垄断资本"钟渊实业株式会社"，将其子公司长春"义大制粉株式会

---

① 上海社会科学院经济研究所编：《英美烟公司在华企业资料汇编》第4册，中华书局1983年版，第423页。
② 《申报》1923年4月9日第3版。
③ "日本工业化学会满洲支部"编，沈学源译，中山文化教育馆编辑：《东三省物产资源与化学工业》上册，商务印书馆1936年版，第203页。

社"、哈尔滨"福康制粉株式会社"折价 50 万元,作股 6170 股加入裕昌源商号,裕昌源与日本垄断资本直接结合,并受其控制,彻底变成了日本侵华的工具。日俄战争期间,大连政记轮船公司的张本政租用船只为日本运送军火物资,以此取得了日本的信任,为他以后"打着日本的旗号"[①] 行船提供了可能。1941 年,政记轮船公司拥有"大小轮船 39 艘,总运力达到 6.4 万吨,雇用船员 1600 余人"[②],成为大连"航业界的霸王"。张本政的卖国行为受到日本侵略者的多次奖赏,并让他担任大连市商会会长,利用他控制华商工商业。日本战败投降后,政记轮船公司也走到了尽头。

东北地区商号社会关系复杂、社会职能角色各异,商号在东北地区各色各类经济成分中扮演了重要的角色,促进了当时东北地区经济多元化的发展,但也暴露了部分商号单纯追求利润的本性,在列强资本的侵略下,丧失了民族本性。

第二节　东北地区商号的社会价值

商号不断革新进步,改善经营方式,提升了商业经营现代化,其兼营属性决定了商号的发展是与农业、工业、商业、金融业、对外贸易等行业共同发展进步的。商号经营要向当地政府纳税,如 1896 年吉林市 39 家烧锅商号每家"纳税钱二千七百六十九吊二百三十二文"[③],增加了地方财政的收入,促进了东北地区城镇、商业街区等区域空间的建设。而且商号发展也为人们留下了宝贵的传统文化,体现了东北地区"老字号"独有的文化价值,值得后人细细体味与传承发展。

[①] 武南阳编:《东北人物志》,"满洲报社"1931 年版,第 338 页。
[②] 唐树富、黄本仁:《大连政记轮船公司张本政》,载政协大连市中山区文史资料委员会编《中山区政协文史资料》第 1 辑《中山文史》,1992 年版,第 141 页。
[③] 《清光绪年二十二省财政说明书·吉林黑龙江卷》,全国图书馆文献缩微复制中心2008 年版,第 53 页。

近代东北地区商号的发展与时局应对

一 提升商业经营发展的现代化

商号现代化最主要的标志是生产力和生产方式的变革，即实现了生产力由人工、畜牧动力向机械动力的转变，生产方式由手工作坊生产向机器（机械）化生产的转变。东北地区商号因其兼营农业、工业、商业以及金融业的特性，注定了商号现代化发展必定带动和促进农业、工业、商业及金融业的共同发展。东北地区工商业出现时间晚，发展速度慢，商号多以家庭手工业、手工作坊为主。东北烧锅业商号"基本没有使用动力的，大多数使用畜力，电动机用在烧锅者不及十分之一"[①]。传统烧锅的手工作坊原始简陋，如哈尔滨增盛涌烧锅制酒过程是：使用人力将高粱米粉碎，然后埋在地下缸里发酵，蒸料设备也很简单，就靠空心锅、铁甑桶、锅盘等用具，将发酵好的原料装入空心锅里，在铁甑桶上部接一个流水管，铁甑桶口上盖一个锅盘，盘内盛满冷水当冷却器，而后在入火口烧水蒸馏，蒸气进入装有冷水的锅盘后，即凝成一串串的小水珠，从流酒管流出，就这样制成了烧酒。东北地区早期油坊商号都是采用牲畜力，利用石臼（碾子）将大豆压碎，蒸熟后再用楔式压榨器榨油等[②]。营口油坊商号使用原始方法即楔式压榨法制油，利用牲畜力拉石臼（碾子）将大豆压碎，蒸熟后制成饼，放入储木榨中，"所用榨油器具，均属粗笨陋劣，需工多而出油少"[③]。大连油坊"工厂规模狭隘，使用土法制出之品不见佳妙，制额较少"[④]。可见，传统商号的生产方式和技术的落后。

甲午战争后，外国资本侵入东北，近代科学技术、生产设备和经营手段迅速传入东北，对东北传统手工业造成巨大打击。商号也明白了"人巧不如家什妙"的道理，只有引进先进设备和人才，提升商品质量，才能在竞争中占有一席之地。机器大生产的生产方式逐渐兴

[①] "满洲国产业部大臣官房资料科"编：《关于酒类调查书》，1938年，转引自邢邑开《辛亥革命在辽宁》，辽宁教育出版社2011年版，第119页。
[②] ［日］天野元之助：《满洲经济的发达》，"满洲日报社"1932年版，第11页。
[③] 《东三省之实业谈》，《盛京时报》1913年11月28日第1版。
[④] 《关东油业之调查》，《盛京时报》1908年11月13日第5版。

第六章　东北地区商号的地域特色与社会价值

起，为适应新的时代发展潮流，东北地区商号不断从国内外购买先进设备和引进技术人才，采用新工艺和新设备，传统商号开始走向机器化时代。哈尔滨双合盛引进德国先进机械设备，如剖皮机、刮里机、挤皮机、把软机、打亮机等，拥有"蒸汽机动力的小麦粉碎机 4027 台，马力（指发动机输出的动力）数是一台 700 转（指发动机内部每分钟转动多少次），日产量翻番，达到 154000 公斤"[①]。该商号还不惜重金从德国引进硬化油设备，生产工艺严密，面粉质量优异，"含灰尘为 0.3%，而其他厂一般为 3%，相差 10 倍"[②]，面粉产量和质量在当时市场上均占据了优势，被公认为是黑龙江省的华商之冠，曾获得民国政府农业部的奖励。长春裕昌源商号也特别注重设备的现代化，火磨碾子是从德国、英国、瑞士和芬兰等地引进，产量都极高，"一尽夜制造最大能力是 3250 公斤"[③]。1924 年，长春成发合商号使用电动机制粉，生产能力提高，"全年产额七十二万六千袋"[④]。1919 年，哈尔滨天兴福商号"引进 18 部制粉机器，日产量达到 3800 袋，1925 年又到上海恒丰公司购买了 6 台美国研制的'脑达克'制粉机，日产量增加到 4200 袋"[⑤]。哈尔滨其他机械制粉商号还有成泰益、义昌泰、福兴等。[⑥] 齐齐哈尔振昌火磨从哈尔滨永丰公司引进成套的蒸汽锅炉动力设备，还引进美资上海丰恒公司出产的大型磨粉机五部，其生产的钟牌面粉质量优良，深受人们欢迎。可见，制粉商号引进先进设备和技术后，提高了商号生产设备的现代化水平，提升了经济效益。

清末时期营口油坊商号改用蒸汽动力将黄豆压碎，代替原手推螺

[①] "满铁实业部临时产业调查局"：《关于小麦制粉工业的调查书》，"满洲图书株式会社" 1937 年版，第 1 页。

[②] 吴玉忱：《黑龙江省制粉工业之冠——双合盛制粉厂》，载元仁山、王德馨主编《中国资本主义工商业的社会主义改造·黑龙江卷》，中共党史出版社 1991 年版，第 336 页。

[③] [日] 河村清：《北满的产业》，"满洲事情案内所" 1942 年版，第 223 页。

[④] 董香东编纂：《长春要览》，东三省时报社 1928 年版，第 59 页。

[⑤] 邵越千：《天兴福的创立和发展》，《中华文史资料文库·经济工商编》第 12 卷，中国文史出版社 1996 年版，第 737 页。

[⑥] "日满商工社"编纂：《满洲商工年鉴》，"大连商工会议所" 1942 年版，第 89 页。

近代东北地区商号的发展与时局应对

旋式铁榨,后又采用水压式(俗称冷气榨),完全不用人力,"效率比手推螺旋式压榨机更大"①。如怡兴源和怡东兴油坊商号分别于1899年和1900年抛弃了人力操作木榨,采用机器榨油。②东永茂油坊从5台人力机械式榨油机扩展到新式蒸汽榨油机60余台,产量提高30多倍。1906年,大连只有1家机器榨油商号,到1907年,机器榨油商号增加到17家,③如天顺福、福顺成、聚成香等。还有裕丰泰商号使用电力动力制油,双聚福、万庆昌商号都使用蒸汽动力。④1908年,肇州县德城川、天兴德油坊、公和利火磨均设置了蒸汽机。⑤开原油坊商号也由旧式榨油法改为用铁机火磨制造。⑥五常的义盛源商号引进日本锅炉、大烟筒、钢磙挤坯机、气力机、气锅以及油榨等技术设备,改变了传统榨油法,使义盛源商号具备了现代化生产能力。1920年,长春成发合油坊使用动力榨油机后,"每天八班,用豆至三十石之多,每斗出油四斤有余,比之它家获利多矣"⑦。吉林市同发隆商号采用螺旋式压榨器后,"一台一回最大能力是15000公斤,一日豆粕制造260个,最大能力一尽夜五回作业"⑧。可见机器动力在东北油坊业商号越来越普遍,提升了商号的现代化水平。

东北地区烧锅商号也开始引入现代化机器设备。如开原县烧锅商号在清末时期开始采用铁机火磨粉碎造酒原料。1908年,吉林市和源永、裕顺和商号购买俄商洋酒机器和磨面机器,开始制造各种酒品和面粉。民国时期长春城内7家烧锅,有6家使用电动力设备。黑河县振边商号引进俄制发电机、打酒机、抽水机、磨米机、汽油机、锅

---

① [日]天野元之助:《满洲经济的发展》,"满洲日报社"1932年版,第11页。
② 《经济半月刊》1928年第2卷第4期。
③ 中国银行总管理处:《东三省经济调查录》,1919年,第152页。
④ "关东厅临时土地调查课"编纂:《关东洲事情》,"满蒙文化协会"1923年版,第591页。
⑤ 张樾纂修:《肇州县志略·实业》,1930年钞本,第79页。
⑥ 李毅修:《开原县志·工业》,1917年续修本,第31页。
⑦ 《盛京时报》1909年7月15日第3版。
⑧ "满洲事情案内所"编印:《吉林事情》,1941年,第181页。

第六章 东北地区商号的地域特色与社会价值

脱机等8台机器，① 提高了设备的现代化水平。但也有商号仍使用传统方法，坚守着"名酒是手工艺品"的信条，认为不应将机械化程度视为酒品质量的重要标志。其他行业的商号也积极引进先进技术和设备，提升商号的现代化水平。东北地区丝纺织业商号将旧式木机改为铁机，"沈阳174家丝纺商号有织布机器3300台，长春260家丝纺商号织布机器1400台"②。1917年，沈阳天增利、至诚永、兴盛3家织布厂购进铁轮提花织机生产仿洋提花绸缎，花色新颖美观。沈阳老久华洗染店先后购置了干洗机、脱水机、平绸机、挂码机、立式锅炉等设备，如干洗机是包括脱油机在内的配套设备，毛料西装、女式翻毛大衣等干洗后油亮如新。1935年，吉林市同芳照相馆购入德国产的柯达牌转盘照相机，开始了百人以上室外大合影的拍照，冲洗最长的长条照片可达二米，又购入德国产的蔡司牌镜头，提高了拍照的清晰度。政府为振兴实业和抵制外货，对使用机器生产的商号予以免收课税的优待。如吉林省政府同意和源永、裕顺等烧锅商号购买俄商洋酒机器后"试办三年后……再请定课税"③ 的请愿，这样就更提升了商号使用新机器的动力，促进了商品生产的现代化。

东北地区商号为提升其现代化水平，还积极学习先进地区的经商经验，不断与时俱进，不惜财力改进设备、发明技术、引进和培养人才。其实这也是受东北地区商业移民的影响，"移民脱离或部分脱离了原有的社会土壤和关系圈后，容易摆脱传统的束缚，具有开拓性和冒险精神，商业移民在这方面更有突出"④，可以说这是商号一种开拓进取、不断革新的精神。同记的武百祥、徐信之等人认为"东北的工业落后，商业也很保守，而华中、华南、华东及海外的日本，工业较发达，商业也日日维新，很有必要学习外埠、外国的先进经验，借

---

① "满洲国国务院总务厅情报处"：《省政汇览·龙江省篇》第2辑，1935年，第114页。
② 屠哲隐：《东三省之工业》，南京书店1932年版，第13页。
③ 《吉林省为绥芬厅详商号和源永等呈请开设机器烧锅的批文》，吉林省档案馆藏，全宗号：J001-34-5532。
④ 龙登高：《从客贩到侨居传统商人经营方式的变化》，《中国经济史研究》1998年第2期。

近代东北地区商号的发展与时局应对

鉴人家的专长，融会贯通，形成自己更新更好的东西"[1]。于是1920年同记作出"破关出门、走出去、开眼界、求发展"的决策，武百祥、徐信之、于芳洲三人组成考察团，去了天津、北京、上海、南昌等地，又从上海东渡日本，在日本东京、大阪、神户、名古屋等城市考察各大商店、工厂，并派人赴苏联、波兰、法国、英国、德国等国考察学习，博采国内外经营工商业之长为同记所用。出外考察使他们眼界大开，思想更加活跃，坚定了他们革故鼎新的决心，于是他们创办大罗新环球百货店。大罗新商店吸收了欧、美、日等发达资本主义国家创办百货店的经验。从外部看，一栋欧式四层小楼，雕梁画栋，新颖别致，大橱窗，洋门脸；从室内看，设有电梯和商品陈列橱，力求与外国货店相仿，这在哈尔滨是首创。顾客说："到了哈尔滨，必去大罗新，电梯送上楼，满眼西洋景。"大罗新环球百货商店"事事遵行新法……业务得以日益昌盛"[2]。齐齐哈尔瑞庆和商号也先后派人到日本、大连、沈阳、长春、哈尔滨等地学习后进行改革，如商号"营业室设立了二柜，将时髦的商品突出摆设在明亮显眼的位置"等。1913年，裕昌源商号王荆山在日本考察了工商业发展的情况后"兴实业救国之决心"[3]，回国后在长春头道沟建设制粉厂。1911年，被公认为"东北铁工业之鼻祖"的大连顺兴铁工厂为改进机器设备和科学管理工厂，经理周文贵亲赴日本东京考察工业，并购买一台蒸汽机进行仿制。各地政府和商会也非常支持商号外出考察学习。1935年，龙江省公署实业厅主办"赴日商工视察团"，齐齐哈尔瑞庆和派代表学习后对墨守成规的传统经商方式进行了改革。1930年，奉天商工总会发起组织赴日商业视察团，"赴东京大阪等地参观一切，以资借镜"[4]。1931年，奉天商工会再次发起组织实业考察团，前往日

---

[1] 《武百祥与同记商场》，载车霁虹主编《黑龙江名人》（2），黑龙江美术出版社2006年版，第230页。
[2] 《东三省商报》，《盛京时报》1921年10月7日第5版。
[3] 迟适夫撰，郭宗熙书：《王荆山先生事略》，首都图书馆馆藏，1921年手抄本。
[4] 《商工总会发起组织赴日商业视察团》，《盛京时报》1930年5月22日第4版。

本考察实业状况。[①] 东北地区商号通过外出考察学习先进技术和经验，提高了商号经营方式现代化的水平。

东北地区商号还任用贤能，改进技术。哈尔滨同记商号的武百祥认为经营商号需要内行人，他重金聘请来自天津当铺的伙计——人称"赛诸葛"的徐信之，委以重任。沈阳内金生鞋店经理康豫州也不惜重金从城内另一家鞋店挖来技艺高超的制鞋能手。哈尔滨双合盛高薪聘请三个外籍技师，从原皮到成品整个工艺过程全由外籍技师负责，提高了产品品质。益发合也不惜高薪聘请外籍技师指导选购原料、产品加工以及检查产品质量等，提高了产品质量。顺兴铁工厂还将有十多年机械生产经验的蒋辑五、陈永德等人聘到周家炉，专门研制油坊生产机械，他们制造的机械动力火油机、液压榨油机被大连的中国油坊采用后，大大提高了油坊的生产效率。

虽然这一时期东北地区商号开始由传统手工业向机器生产过渡，但手工作坊仍大量存在，机器生产并没有也不可能全部替代手工业生产，因而商号出现了家庭手工业、手工作坊及近代机器工业等多种生产形式并存的局面，但总的趋势是机器工业商号逐渐占据了市场的优势。所以说，东北地区商号通过引进人才，革新技术，改善经营策略，提升了商业经营的现代化。

二 推动区域城市空间的现代化

东北城镇兴起较晚，商业的发展促进了城镇市场的繁荣，各地城镇大小商号林立，可以说商号推动了城市的发展，有的城市因当地商号的发展而名气大增。

（一）"先有老天合，后有奉天城"

奉天即现在的沈阳市就是因商号发展而兴起的城市。如"先有老天合，后有奉天城"[②] "先有内金生，后有沈阳城" "先有广生堂，后有沈阳城"等民间说法，说明商号对奉天城市建设具有重要意义。20

---

① 《商工会组织赴日考察团》，《盛京时报》1931 年 1 月 16 日第 4 版。
② 余同元、王来刚：《关东鲁商》，齐鲁书社 2009 年版，第 176 页。

近代东北地区商号的发展与时局应对

世纪初,随着"南满"铁路干线的相继建立,"南满"铁路贯通此地,安奉、京奉铁路也在此汇合,沈阳逐渐发展为东北地区最大的铁路运输枢纽和物资集散中心,"实占欧亚交通孔道中停留的重要地位"①,地理位置及交通的便利促进了本地商号的发展。1908—1909年,沈阳市商号共计1280家。② 最早的丝房商号老天合开始叫"天合利丝作坊",因当时丝绒在市场上需求量大,所以生意兴隆,发展较快。日俄战后,"天合利丝房"改名为"老天合丝房",即"天合"的老店之意。1924年春,"老天合丝房"把原来的旧门市房改建成新式楼房,挂上"老天合丝房"新匾,楼房内营业厅、拦柜、货架等焕然一新,商品琳琅满目,从呢绒绸缎到日用百货应有尽有,成为沈阳第一家新型的大百货商场。沈阳中街上的"吉顺丝房""兴顺线房"等纷纷步其后尘,扩大营业、建设新楼房,促进了沈阳城市建设的发展。沈阳的庆丰润商号制作兼经销四季应时的帽子,其帽子深受百姓欢迎,驰名关内外。内金生鞋店制作的鞋子也是深得民心,那时,当货币在市场贬值时,就会有人这么议论:"把钱存到银行里,不如买内金生的鞋合适,钱毛鞋不毛。"③ 可见人们对其产品的肯定,故有"头顶庆丰润,脚踩内金生"的佳话。商号的名品也提升了沈阳城市的名气。还有很多其他行业的商号,如萃华金店、亨得利眼镜行等,都为沈阳城市建设做出了很大贡献。因而可以说,商号的产品质量好,销售好,商号整体得到了发展,商号不断改善的建筑装饰也美化了城市建设,促进了城市经济的繁荣和文化的进步。

(二)"先有鼎恒升,后有卜奎城"

齐齐哈尔素有"先有鼎恒升,后有卜奎城"之说。鼎恒升始建于1644年,而卜奎城(齐齐哈尔市旧时称呼)建于1691年,可见鼎恒升商号早于齐齐哈尔城的建立。鼎恒升创建初期原名叫"鼎恒号"(兼营中草药),1821年,鼎恒号改为鼎恒升药店,前店后场,有门

---

① 王雨亭:《东北印象记》第2版,实现社1933年版,第636页。
② 《沈阳县公署档》,沈阳市档案馆藏,第L64-1218卷。
③ 冯守权、徐爱秋主编,第八届盛京城庙会组委会编:《中心庙·盛京古城》,2005年,第34页。

第六章　东北地区商号的地域特色与社会价值

市房 5 间，店员 14 人。1928 年，鼎恒升扩大了经营规模，有平房 15 间（门市房 8 间），店员增加到 24 人。齐齐哈尔的城市建设与商号发展有着密切的关系。1690 年，黑龙江将军将省城由墨尔根移驻齐齐哈尔，起初为解决八旗军衣食和日用品的问题，从山西、河北等地招来商人来此开店经商，使齐齐哈尔从单一的集市贸易发展到有了集中的商业街。1740—1752 年已有公和店、允昌发等较大店铺开业，1780—1820 年齐齐哈尔城内已是商肆林立。咸丰以后，齐齐哈尔各种铺户纷纷出现，有杂货铺、药铺、油坊、粮食铺、烧锅、客店、铁瓷铺、靰鞡铺、布摊、果铺、罗圈铺、宝石铺、荷包铺、酒店、饭店、成衣庄、帽铺、花店等，开始出现比较齐全的商业区。到清宣统年间，齐齐哈尔城内铺户林立，主要商号约有 126 家。[①] 其中较有名气的有公和店、允昌发、鼎恒生、瑞兴长、三义德、广益和、永和福、永发成、恒昌隆、福成栈等。商品市场也随之繁荣，"入土城南门，抵木城里许，商贾夹衢而居，市声颇嘈嘈"[②]。清末时期，齐齐哈尔市的商号达 1084 家，其中较有名气的商号 60 多家，成为当时黑龙江地区的商业中心，特别是西部地区的商品流通枢纽。"东清铁道"（也称中东铁路，即沙俄在中国东北修建的铁路）开通后，齐齐哈尔成为重要物资如小麦、大豆、高粱、粟及麦粉等农作物的中转地。1900 年，齐齐哈尔有粮食商号和丰店、公和祥、德和盛、万增店、永顺隆等经营谷物、谷粉、豆油；杂货商号有德庆源、三钱行、恒昌隆等；烧锅商号有福兴合等[③]，这些商号进一步促进了齐齐哈尔城市的发展。齐齐哈尔南大街有瑞林祥、洪昌盛等商号，东市场有长盛东、永义东、德顺永等粮米商号，中市场商号也不断发展，从杂货铺发展到了资本金达万元的大商号。民国时期，齐齐哈尔人口迅速增加，促进了工商业的发展，工商兼营的商号数以千计。1921 年，全

[①]《齐齐哈尔市商业志资料》第 1 期，转引自胡绍增等《齐齐哈尔经济史》，哈尔滨船舶工程学院出版社 1991 年版，第 68 页。

[②] 杨宾等撰，周诚望等标注：《龙江三纪》，黑龙江人民出版社 1985 年版，第 224 页。

[③] "南满洲铁道株式会社哈尔滨事务所调查课"编印：《齐齐哈尔背后地调查报告》其 1，1927 年，第 131—211 页。

· 233 ·

近代东北地区商号的发展与时局应对

城商号有1086家,[①] 如恒昌隆等,使齐齐哈尔成为东北地区重要的商品集散地。可见,商号在齐齐哈尔城市发展过程中扮演了重要的角色。

(三) 因"老呔儿胡同"而闻名的长春

长春也称宽城子,"因地处要冲,坦途四达,商贾云集"。商号的发展使长春城市建设发展很快。同治、光绪年间,宽城子出现盛极一时的"八大店"(广顺店、广益栈、顺升合、永横升、天合店、涌巨栈、永横德、同兴店),它们资金雄厚,多者四五十万吊,少者二三十万吊,经营相当活跃。营口开港之后,长春与国内国外贸易往来增多,商号发展迅速。在长春商埠地建设之前,长春老城就有一些具有一定规模的商号。来自河北乐亭的"老呔儿帮"发展势力最大,其经营的商号有益发合、东发合、金发合、成发合、文发合、涌发合等,涵盖了粮栈、大车店、草市、杂货、钱庄、茶店、烧锅等行业,后来著名的益发银行和泰发合就是多家"发"字号合资设立的。当时吉林商会董事会的19人中,"老呔儿帮"就占了9人,甚至在东三马路上有一个乐亭胡同,被老百姓俗称"老呔儿胡同"。1908年,长春拥有大小商号700余家[②],民国初期,长春城商号已增至800余家,其中最大的商号有公升合、裕升庆、顺升合、万发合、涌发合等,"资本都在官帖(注:旧时东北三省官银钱号发行的纸币)百万吊"。[③] 1912年,长春成为商业重镇,旅店业有了新发展,出现了有名的"十大店"(公开长、广顺太、广益栈、广运店、广盛店、益发和、庆升店、广隆栈、同义店、大通栈)。"九一八"事变爆发前,长春城市已经颇具规模,"建有16条马路和34条街巷,共有商号1488家,银行、钱庄88家,医院、茶馆、戏园62家"[④]。"九一八"事变后,长春市成为伪满洲国国都"新京",人口剧增,旅店业发展

[①] 黑龙江省地方志编纂委员会:《黑龙江省志》第35卷《商业志》,黑龙江人民出版社1994年版,第374页。

[②] 《吉林省行省档案》,吉林省档案馆藏,全宗号1-6-4,卷号1152。

[③] 张冲:《长春市志·商业志》,吉林文史出版社1995年版,第22页。

[④] 长春电视台编著:《百年长春》,吉林美术出版社2000年版,第33页。

较快，达到 160 家，[①] 较大的旅馆有悦来栈、福顺栈、日升栈等。1932 年，益发合在长春大马路和西四马路交会处修建起了一座三层楼房的百货商店，即泰发合（今第一百货商店），是当时长春中国人开设的营业面积最大、设备条件最好的商场，更加增添了长春城市的商业气息，推进了城市建设。1933 年，长春市织布商号有福和原、顺兴、源兴成、兴发、长发、老升祥、顺记等。1935 年，织袜商号有恒利、中兴大、公亿盛等。长春四道街有万发兴鱼店等，头道街有老源永鱼店等，永长路有同发合、万太店鱼店等，这些商号的发展促进了长春城市进一步的繁荣和发展。

（四）"没逛过同记就不算到过哈尔滨"

哈尔滨市也是因商号发展而兴起的城市。最为著名的商号应该是同记了。河北人武百祥创建的同记商号涉猎行业有百货业、制造业、服装业、钱庄等。在距哈尔滨商业中心不到三百米的地方，同记商场、大罗新百货店、大同百货店形成了三足鼎立的局面，"在当时仅有二十五万人口的哈尔滨，到这里的顾客就达到六百万人次以上"[②]，可以说其垄断了哈尔滨的百货市场。而且哈尔滨同记第一年"营业额就达 300 万现大洋"[③]，名列哈尔滨各商号之首。所以，人们都说"没逛过同记就不算到过哈尔滨"。由此可见，同记商号在哈尔滨的影响力。其他商号也助推了哈尔滨城市的发展。1900 年，纺织商号最先开始发展，永兴斋是哈尔滨市第一家经营纺织品的商号。1903 年，双合盛火磨在哈尔滨开业，永盛第一、第二面粉厂也相继设立。1904 年，政记、成泰益两家面粉商号成立。1905 年，清政府开放哈尔滨为商埠，从此人口激增，关外商人大量涌入，商号迅速增加。1906 年，陆续开业的商号有义昌信、福丰号、广兴和、聚丰合、同义庆、同发隆、天丰涌、四合庆、德聚永、广和成、天丰源、洪盛

---

① 陈振庭：《长春市的旅店业》，载长春市政协文史委员会编《长春文史资料》第 1 辑，1986 年，第 138 页。
② 辛培林：《武百祥传》，黑龙江省社会科学院历史研究所出版发行，第 3 页。
③ 孔令仁、李德征主编：《中国老字号》第 6 卷，高等教育出版社 1998 年版，第 117 页。

永、公和利等。到1921年发展到965家，1929年激增到1722家，哈尔滨成为黑龙江地区最大的商业城市。民国以后，哈尔滨共有大型火磨商号7家，成为东北地区机器面粉中心。与此同时，同记、同发隆、洪盛隆、公和利、天丰涌等商号相继在埠头区新城大街和傅家店南大街开业，它们成为当时哈尔滨百货业较大的商号。1932年日军侵占哈尔滨，商号完全停业。1934年原停业商号开始复业，也有新开业的商号，如"道里区开业商号567家，道外区1394家，开业者净增156家"[①]。哈尔滨油坊商号发展迅速，1928—1930年增至近百家，共拥有榨油机器设备4200台，"哈尔滨成为东北乃至全国民营资本榨油业的中心"[②]。正因为哈尔滨工商商号的发展，哈尔滨先后成为制粉、制油、纺织等中心，促进了哈尔滨与周边地区的贸易，如东北北部绝大多数县镇或新垦殖地区黑河、克山、海伦、绥化和呼兰等地，其市场销售的日用品十分之八九依赖于哈尔滨市商号供给，可见哈尔滨商号发展促进了商品经济的发达，使哈尔滨成为闻名中外的商埠城市。

（五）以东兴镇"东"字商号兴起的佳木斯

佳木斯旧名东兴镇，地处东北三江平原，其兴起也有商号促进的因素。东兴镇上的东升庆杂货铺、马家旅店是佳木斯地区最早的商号，1900年东升庆等商号的成立成为佳木斯市建设的肇始，从此商号的发展与佳木斯城市建设的兴起和繁荣相始终。1909年，佳木斯市已有商号20多家，其中京庄布匹商号8家，杂货商号10家。1910年，佳木斯市已有京杂货、布匹、杂货等共计26家商号。1911年，较大商号有福顺恒、东兴裕、吉顺兴、永春源、同源德等。民国时期，佳木斯商号有了进一步发展，1913年商号增为40家，1917年商号数量达到79家，佳木斯成为东北北部以粮食集散为主的商业中心城镇之一。1920年，饮食服务业商号已增至161家。商户集中的大

---

① 哈尔滨市地方志编纂委员会：《哈尔滨市志·日用工业品商业副食品商业》，黑龙江人民出版社1996年版，第118页。

② 东北物资调节委员会研究组编：《东北经济小丛书·农产流通篇》下册，中国文化服务社滨阳印刷厂1948年版，第94—97页。

街（今西林大街），西有福顺恒，东有福顺泰，其他商号林立两旁，大商号多兼营粮栈和其他商品批发业务，收购和输出粮豆而输入日用杂货，然后再向四周邻县批发。到 1925 年大小商号数量已达 169 家。1931 年前，商号发展到 266 家，南岗大街有信泰恒、广顺宏、恒发昌等；永安街有振兴茂、新盛东、同兴福等；通江街有永春祥、泰和祥、同发和等；松江街有天增源、复兴泰、恒聚祥等；顺成街有惠生福、新成泰、义兴祥等；新市街有公泰永、庆泰恒等；鼎业胡同有复盛永、万盛涌等；德祥街有协盛昌、福顺当等。[①] 到 1931 年 9 月佳木斯已发展到 400 余家商号，出现了以福顺泰为首的"八大家"商号，它们还都盖起了新式楼房，促进了佳木斯城市建筑的发展。东北沦陷后，佳木斯因其重要的战略地位，1937 年由县属镇升置为省辖市，并成为日伪政权控制整个三江平原的政治中心、交通枢纽和军事基地，"1934 年商号增至 331 家，1939 年商号增至 769 家"[②]。佳木斯市中央西大街的街道两侧商号主要有天兴油坊、南泰烧锅、民生酱园、梁家铁匠炉、史家铁匠炉、郭家木匠铺等，杂货商店主要有天增泰、天增祥、德发东、玉升祥等。

东北地区商业城市的形成体现了东北地区商业发展的盛况。而商业个体即商号在商业城市和街区中的存在和发展，不仅促进了以行业为区域的专业商业区的形成和发展，而且商号建筑和经营风格的进步也提高了区域城市建设的质量和水平。因而，商号作为东北地区经济中的重要的单位个体，在自身现代化发展和行业团队建设提升的同时，也提高了东北区域城市和街区空间建设的现代化水平。

三 促进商俗文化的传承与发展

东北地区商号的商俗文化体现在其内外装饰上，别具一格，很有特色。它不仅表现了中国传统文化的特征，而且具有很强的时代气

[①] 施宝才、赵正明：《建国前佳木斯商业纪实》，载政协佳木斯市委员会文史资料研究委员会编《佳木斯文史资料》第 6 辑，1986 年，第 28—29 页。

[②] 佳木斯市地方志办公室编：《佳木斯一百年》，黑龙江人民出版社 1988 年版，第 105—106 页。

息，体现了地方商俗。商号商俗文化包括招牌、幌子、楹联等，俗称"大栅栏"。招牌和幌子是中国传统店铺、行业的标识，统称招幌。招牌是以文字标志店名和字号的匾、联、牌，分为横式、竖式、吊式、立式等，分别悬挂在商号的门额、楹柱、墙壁上，或固定在商号外地面上、店堂内柜台上。招牌一般为木制牌匾，正楷横书。招牌字号是商店之名，如中和福悬挂着大红匾额，上书"中和福"三个金色大字。哈尔滨的同记商号室内放置了一块内置金字大匾，匾上"同记"二字十分耀眼。阿城的世一堂挂起一块铜制牌匾，上书"干菜茶庄"[①]，以表示其经销山珍海味和高级名茶。而且讲究的商号招牌一般要请名书法家书写，更能体现其价值。如沈阳的萃华金店总号有两方金匾，一方是出自驰名书法家杨佐才书翰，另一方是出自清末东三省军衙师爷、书法名手邹建鹏。亨得利眼镜行还请著名文人、上海大书法家李端卿在其招牌上题有"亨得利钟表眼镜行"一行特大的魏碑法书，提升了亨得利商号的名气。天益堂药店大厅上方有一块"天益堂"赤金黑地木刻横匾，是晚清举人、著名书法家梁成晢所书。招牌既是区分不同经济成分、不同经营特色、不同服务方式的标识，又是经营者注重商业道德，讲求服务质量与信誉，招徕顾客的象征。"商店信誉胜万金，招牌无声却有魂。"[②]可见，招牌的重要影响和地位。

　　幌子也称"望子"，是商号宣传自己生产或经营的商品的标志性装饰，是以展示实物、模型、图画、文字或特定的符号等方式，将经营商品种类等信息传达给消费者。各行业商号的招幌皆有约定俗成的规矩，不过各商号在制作招幌时，"往往在材质、创意、设置方式上争奇斗巧，自出新意，以达到树立品牌、推介商品、吸引顾客的最佳功效"[③]。因其绘制图案多样性、艺术性等而具有装饰性，烘托了商业气氛。幌子一般分为实物幌子、模型幌子、容器幌子等6种，餐饮业可分为13类，有40种幌子之多，分类细致。但商号因营业种类和

---

　　① 侯英久：《阿城世一堂》，载政协阿城县委员会文史资料研究委员会编《阿城文史资料》第3辑，1987年，第115页。
　　② 查竹生：《论商业招牌》，《商业研究》1986年第8期。
　　③ 王树村编著：《中国店铺招幌》，外文出版社2005年版，第1页。

第六章　东北地区商号的地域特色与社会价值

档次不同，幌子的形制也不同。如磐石的福升魁在门脸两旁高挑两块长方犬牙布幌，上幌写"福升魁记"，下幌写"绸缎布局"[1]。讷河的鸿源利商号挂着两个幌子，一个是布幌，表示是卖布匹的；另一个是玻璃幌，表示经营京货庄、卖针头线扣等小物件。阿城的世一堂药店在门前的铁架上悬挂两串木制膏药幌，两头是半块膏药，其中间穿有三个整块膏药的标志，还垂吊着七尺多长的布幌，中间是红底白字，上书六方寸的大字"世一堂百货店"，其边沿处围镶着白布狼牙，随风飘动，格外显眼。但同行业的幌子形制全部统一，如杂货商号门前都挂着长条布幌，用红布制成；药铺是门两侧挂木制膏药幌；浴池的幌子白天挂木制红灯，下垂红布，夜晚红灯升在高高的旗杆上，远望可见其正在营业；果香铺的幌子常为糕点八件，长条板上书"精式八件、八宝南堂"，元宵节前则换成摆放盘装金字塔形元宵，下垂红布；金店门前用木制两米高的四柱四角梯形架；理发店的幌子是门前一根木杆上涂有红白相同的斜线，杆头镶一块横木板，写上字号，下挂两块一尺白布，写"理发"二字。不同行业的商号不仅幌子形式不一样，而且"商号档次高低也由幌子的多少来定夺"[2]。如饭馆以箩圈制成，下粘纸穗悬于门前。四幌者为包办酒席的大饭馆，二幌者为中等餐馆，一幌者为小吃部。红穗者为汉族馆，蓝穗者为回族馆。还有一些没有字号的商号以幌标名，如豆芽坊挂一个有梁的小筐，下面拴一个红布条为幌；小旅店在房侧或房上立竿，竿头倒扣一个梨包（装梨的花篓），俗称"小店挂梨包"；花房子的幌上为花环，下系红穗；扎彩铺则用秫秸扎制的马车轱辘、糊纸、油画为幌。这些小铺店虽无字号，但长期以幌为名标识其经营项目，顾客也习以为常。幌子形式独特，颜色鲜艳，顾客很容易发现和鉴别，便于招揽顾客。因而其不仅具有装饰美观的作用，还有宣传经营项目、展示品种、招徕顾客的作用。

---

[1] 《福升魁的兴衰》，载政协磐石市委员会《磐石文史资料》第16辑《石城旧业》，2012年，第25页。

[2] 于学斌编著：《东北老招幌》，上海书店出版社2002年版，第23页。

近代东北地区商号的发展与时局应对

楹联是商号挂于门两边的对联。商号根据自己的经营特点和经营品种悬挂自己的对联，寓意丰富多样，有的为招财进宝，有的为赞誉商品，有的倡导优质服务等。如同记的楹联是"货真价实，童叟无欺"；哈尔滨世一堂的楹联是"地道药材货真价实""公平交易童叟无欺"；中和福茶庄店内左右两侧朱漆廊柱上雕刻着"西湖龙井茶、洞庭碧螺春、黄山花云露、老竹岭大方"的金色楹联。还有的商号门前两侧楹联为"福高德载，源远流长""公年有德，和气致祥""公平贸易能生利，礼仪交关定得财""买卖兴隆远四海，信誉真诚震九州"等。内金生店内正面上方中央铸造一尊金鼎水泥浮雕，两边各设一只威武的雄狮，浮雕上书有"商标金鼎为记"字样，下方立柱上雕有对联一副"金鞋琼合占鳌头""生财有道谋权利"，内堂里挂着松木漆黑铸金的四句名言匾额，"货真价实，言无二价，保质保修，童叟无欺"[①]等，可见其气派宏伟，凸显了商号的厚重。不同行业的商号所挂楹联也不同，如面食店挂"民以食为天，食以面为先"；茶店挂"客至茶烟起，品得悟道归"；化妆品店挂"姿媚靓丽润护肤，美白祛斑效更鲜"；名烟名酒挂"上桌十里香，开坛千里醉"等。[②]而且商号的楹联也多请当时大书法家书写，以此来提升商号的知名度。如萃华金店正门西侧悬挂当时沈阳著名学者、书法家李西书赠木刻楹联"萃列奇珍夸鼍市，华添藻饰夺龙纹"；中和福茶庄悬挂着郑板桥手迹"一庭春雨飘儿菜，满架秋风扁豆花"的楹联。楹联不仅使顾客立即了解到商号所经营的商品，而且也是其服务质量的宣传媒介。

传统商号因"大栅栏"及其内部装饰的与众不同而独具特色，声名远扬。这不仅为美观而设计，也是商号的宣传媒介，更体现了商号的名气和声誉，影响着商号在当时人们心目中的口碑与地位。近代以来，新式商号虽然介入了西方文化，但是传统装饰从未被抛弃，在商

[①] 《中华老字号》编委会编著：《中华老字号》第 2 册，中国轻工业出版社 1996 年版，第 246 页。

[②] 戈立齐：《今昔商号名称释析》，信息来源：松原文化网，发布时间：2011 年 2 月 22 日。

第六章 东北地区商号的地域特色与社会价值

号发展过程中得到传承与发展,于是出现了传统"大栅栏"与西式楼房的结合、中式摆设与西方橱窗陈列并存现象,这种中西结合或新旧并存的建筑风格也是中国东北商号的特色文化之一。

有的商号遵循着传统的经营风格。如齐齐哈尔瑞庆和门面一直保持着开业时的庙式正门楼,挂着一对大红布白字的布幌,上写"瑞庆和百货商店",保留雨搭式的明门市,营业室半明半暗,木制柜台、敞门售货,瑞庆和自信地表示:"别人的洋门脸做生意,是做表面生意,我瑞庆和遵守传统经商是做实在生意。"① 当时四乡农民和市内居民也认准了这个老门市。虽然有新兴的百货商场洪昌盛和公和厚等洋门脸商号的竞争,但瑞庆和的商品销售和盈利仍占鳌头。

有的商号紧跟时代步伐,盖起了西式洋楼,外部建筑和内部装饰都有很大改观,商俗文化有了很大发展。如沈阳中街的吉顺丝房1914年投资5.2万奉洋②,在中街路北建起二层楼的吉顺丝房,很快成为其他商号仿效的对象,如老天合在中街路南盖起一座三层高的营业大楼。吉顺丝房又建起一座有电梯、电扇、暖气五层高的营业大楼,成为中街百货业的"龙头"。裕昌源火磨1904年建成的红楼是长春历史上"第一个四层红砖楼,层数最多,高度最高,第一个带有地下室的楼,第一个框架结构的楼,第一部用电梯、输送机上下运送粮食的楼,第一个引进大型成套机械设备的楼"③。哈尔滨同记楼顶的塔式霓虹灯闪亮耸立,楼体层次鲜明,雕刻雅致,落地橱窗宽大透明。这些新式的装饰风格增添了商号的时代文化气息,体现了商号商俗文化发展的与时俱进。有的商号实现了"中西合璧",在商俗文化方面进一步继承和发展。如阿城的东兴居于1921年建成了一幢三百多平方米的二层楼房,其内部装饰继承了传统商号商俗。正门上方是水泥雕花栏框,中间刻有"东兴居"三个醒目大字,正门两侧是水泥廊柱,廊柱上刻着一副

---

① 许荫侯:《忆富商号瑞庆和》,载齐齐哈尔市政协文史资料委员会编《齐齐哈尔工商史料》,1996年,第66页。
② 民国时期在东北地区流通的一种货币,"九一八"事变后停用。
③ 杜立平、崔升云:《亚洲第一火磨的红与黑》,《东北之窗》(上半月)2010年第11期。

近代东北地区商号的发展与时局应对

"应时溜炒""包办酒席"的对联。正门上端是木制绘花围栏的二楼凉台,在正门两侧凉台下檐上悬挂双幌,有时也挂四个幌,以示美酒佳肴齐全。① 商号商俗文化的进步还体现在内部格局和商品陈列方面。传统商号采取柜台售货的销售方式,柜台多是靠近店门而远离货架,顾客站在柜台外,店员与顾客之间有"一柜之隔",顾客挑选商品时必须由店员一样样地拿上柜台,直到顾客挑选满意为止。随着商品销售量的不断增加,这种销售方式不但使顾客感到不便,而且店员也很吃力。新式商号在商品陈列方面取消了前柜柜台,将货架前后打通,使用玻璃架、橱窗、"样盘"等方式陈列商品,顾客可以进入店堂内随意挑选,提高了成交率。而且有的商号橱窗设计新颖别致,吸引了顾客前来选购。天益堂药店正门上有一块"天益堂"的黑字横匾,门脸上方刻着"龙蟠橘井,虎守杏林,鹿鸣蓬岛,鹤舞芝田"十六个楷书大字,下面有四个大玻璃橱窗,其中三个橱窗内陈设着山参、鹿茸、虎骨、花蛇等珍贵药材,另一个橱窗内陈设着一只跳涧踞势的东北斑猛虎,其造型逼真。门脸里写有"本号采办川广地道生熟药材丸散膏丹,各地成药一概俱全"。门脸两旁是膏药幌子,下面还有中医坐堂先生的姓名牌子。另在大厅正门旁有两块木刻赤金的牌子,上书"货真价实,童叟无欺"。在中药饮片柜台内两边有一副对联:"天心在抱求良药,益世为怀救病人。"其新颖独特、具有厚重文化的装饰显示了商号的魅力。同记商号认同"人看容颜,店看门面"的道理,注重装潢门面,从店铺的内外装修入手,将同记门市原有的格子门窗全部拆毁,换上大玻璃门窗,两扇大门下面有精致雕花,上面是明亮的大玻璃。为了突出"搜罗全球百货,采办国内产品"的经营主题,同记还高薪聘请专业美术家负责广告设计和橱窗布置。其二楼正面橱窗陈列各式百货,上面横挂着商店经营宗旨的标语,下面有小火车环绕百货徐徐开动,周而复始,象征万千货物由火车环球运来,构思奇特,富有新意,吸引了很多顾客前来参观和购买商品。经

---

① 卢丕承:《我所了解的东兴居饭店》,载政协阿城县委员会文史资料研究委员会编《阿城文史资料》第5辑,1989年,第74页。

理武百祥还效法外商将商品一一陈列，商号内部的货架、拦柜陈列着百货，琳琅满目，精致新颖。这种中西文化交融的建筑与装饰，不仅了增添了商号的时代魅力，而且体现了东北地区商号商俗文化的传承与发展。

结　　语

　　中国东北地区商号发展较晚，生存状态较为原始。东北地区在清朝入主中原后被视为"祖宗肇迹兴王之所"，实施了"禁关令"，因而东北地区一直保持着原始游牧民族的生活。直到营口开埠后，中国东北地区才在外有列强经济的刺激，内有商业政策、商埠开放、关内移民政策的推动下，开始促动商号的萌发。商号首先出现在东北地区盛产粮食作物加工的行业，如制粉业、制油业和烧锅业等，长春地区有天兴福、裕昌源、双和栈、益发合等制粉商号，哈尔滨地区有双合盛、成泰益[①]等制粉商号，大连地区有东和长、恒升和等制油商号，哈尔滨双城县万顺兴、吉林省榆树县顺成涌等烧锅商号。民国时期，东北地区商号发展规模达到了高潮，在各地区各行业涌现出大量的商号。据《东三省经济调查录》（截至1919年8月）记载，奉天地区大小商号约三千余家，其中丝房商号一百余家，当铺五十余家，米粮行六十余家等；营口地区大小商号约有一千五百余家，其中油坊、粮业各几十家，山货行、当铺、杂货行各十余家等；安东地区大小商号约千余家，其中丝厂茧栈二十余家，油坊十五家，杂货四十余家等；长春地区大小商号一千二百余家，其中粮栈商号三十余家，银钱号三十余家等；哈尔滨地区大小商号约四千余家，其中粮栈代理店九十五家，钱庄二百三十家，油坊三十九家，粮栈店六十家等；黑河地区大小商号约六十余家，经营行业有火磨、油坊、当铺、金

---

① "南满洲铁道株式会社兴业部商工课"：《满洲商工概览》，"满洲日报社"1928年版，第49—52页。

店等。①

  随着日本帝国主义对东北地区的侵略不断加深，东北地区商号发展受到极大程度的遏制和破坏。特别是日伪政权颁布实施的"七·二五"限价令，给中国东北地区各行业商号带来致命打击，但也有商号能够在列强的侵略夹缝中生存发展下来，如长春的益发合、哈尔滨的同记、大连的天兴福等。难能可贵的是有的商号除维持自身经营外，还直接或间接地参与了东北地区抗日活动，虽力量微薄，但体现了其一片爱国之心和民族正义感。日本投降后，商号并未因日本侵略者被赶走而重获生机，而是在国民党暴政"接收"下继续衰败。直至东北各地区解放后，在中国共产党的政治和经济政策推动下，东北地区商号才有了重新振兴的机会。依靠政府力量不仅扩大了经营规模，还在国家建设、社会安定和人民生活等方面发挥了行业优势，做出了贡献，体现了部分商号的民族性和积极为国家、人民服务的政治觉悟和职业美德。东北地区商号因其地域性而形成了区域商业特色和文化内涵，商号不仅为东北地区经济发展做出了贡献，而且彰显了东北地区的商业文化，厚植了东北地区历史底蕴，成为近代社会人们生产生活不可或缺的社会文化产物。

---

  ① 中国银行总管理处编印：《东三省经济调查录》第 1 册，1919 年版，第 39、83、85、210、231、276 页。

参考文献

中文档案、资料汇编

《近代中国商会史料汇编》，全国图书馆文献缩微复制中心 2012 年版。

东北财经委员会调查统计处编印：《东北经济参考资料》，1949 年。

黑龙江省档案馆藏：《黑龙江省长公署档》。

吉林省档案馆藏：《吉林省长公署档》。

辽宁省档案馆编：《满铁调查报告》，广西师范大学出版社 2014 年版。

辽宁省档案馆藏：《奉天省长公署档》。

地方志书、文史资料

长顺修，李桂林纂，李澍田点校：《吉林通志》，吉林文史出版社 1986 年版。

长春市政协文史和学习委员会编，曹保明著：《长春文史资料》第 60 辑《长春老字号》，2001 年。

关志伟主编：《古城商韵》，吉林人民出版社 2011 年版。

侯锡爵、罗明述：《桓仁县志》，1920 年石印本。

吉林市政协文史资料研究委员会：《吉林市文史资料》第 8 辑《吉林货币金融史料》，1988 年。

齐齐哈尔市政协文史资料委员会：《齐齐哈尔工商史料》，1996 年。

孙荃芳修，宋景文纂：《珠河县志》，1929 年铅印本。

廷瑞修，张辅相纂：《海城县志》，海城大同书局 1924 年版。

王树楠、吴廷燮、金毓黻等纂：《奉天通志》，东北文史丛书编辑委员会1983年版。

邢麟章、王瀛杰修，李耨纂：《东丰县志》，1931年铅印本。

杨晋源修，王庆云纂：《营口县志》，营口县公署1933年印本。

曾有翼纂修，贵筠编辑：《沈阳县志》，1917年。

张监唐修：《锦西县志》，辽宁作新印刷局1928年钞本。

张樾纂修：《肇州县志略》，1930年钞本。

政协阜新市委员会文史资料委员会编：《阜新文史资料》第8辑，1993年。

政协黑龙江省哈尔滨市委员会文史资料研究委员会编：《哈尔滨文史资料》，1983年。

政协黑龙江省委员会文史资料委员会编：《黑龙江文史资料》第26辑《武百祥与同记》，黑龙江人民出版社1989年版。

政协黑龙江省五常县委员会文史资料研究委员会编：《五常文史资料》第6辑，1992年。

政协吉林省白城市委员会文史资料委员会编：《白城文史资料》第1辑，1999年。

政协吉林省吉林市委员会文史资料研究委员会编：《吉林市文史资料》第9辑，1990年。

政协吉林省委员会文史资料研究委员会编：《吉林文史资料》第15辑，1987年。

政协锦西市葫芦岛区委员会文史资料委员会编：《葫芦岛文史资料》第5辑《工商经济》，1994年。

政协辽宁省本溪市委员会文史资料研究委员会编：《本溪文史资料》第4辑，1989年。

政协辽宁省委员会文史资料研究委员会编：《辽宁文史资料》第26辑《辽宁工商》，辽宁人民出版社1962年版。

政协辽宁省营口市委员会文史资料研究委员会编：《营口文史资料》第4辑，1986年。

朱衣点总纂：《桦川县志》，重庆图书馆1928年版。

中文著作

［日］伊原泽周编注：《战后东北接收交涉纪实——以张嘉璈日记为中心》，中国人民大学出版社 2015 年版。

"哈尔滨满铁事务所"编：《北满概观》，汤尔和译，商务印书馆 1937 年版。

"日本工业化学会满洲支部"编：《东三省物产资源与化学工业》，沈学源译，商务印书馆 1936 年版。

陈绍南主编：《哈尔滨经济资料文集（1896—1946）》，哈尔滨市档案馆 1991 年版。

程舒伟、杜君等主编：《解放战争与东北》，黑龙江人民出版社 1994 年版。

东北财经委员会调查统计处编印：《伪满时期东北经济统计（1931—1945 年）》，吉林省图书馆馆藏，1949 年。

东北沦陷十四年史总编室：《东北沦陷十四年史研究》，辽宁人民出版社 1991 年版。

东北物资调节委员会研究组：《东北经济小丛书》第 20 辑《贸易》，京华印书局 1948 年版。

东北物资调节委员会研究组编印：《金融》，1948 年。

董香东编纂：《长春要览》，东三省时报社 1928 年版。

《呔商之路》编写组编：《呔商之路》，中国社会科学出版社 2010 年版。

高乐才：《近代中国东北移民研究》，商务印书馆 2010 年版。

龚云：《毛泽东与人民》，中国社会科学出版社 2015 年版。

哈尔滨市档案局（馆）编：《1946.4.28 哈尔滨解放》，中国文史出版社 2017 年版。

何西亚：《东北视察记》，上海现代书局 1932 年版。

何新吾：《东北现状》，东北研究社 1933 年版。

侯树彤：《东三省金融概论》，太平洋国际学会 1931 年版。

矫正中：《吉林百年工商人物》，吉林文史出版社 2004 年版。

金冲及：《二十世纪中国史纲》，社会科学文献出版社2009年版。

《旧中国的资本主义生产关系》编写组：《旧中国的资本主义生产关系》，人民出版社1976年版。

孔经纬：《东北经济史》，四川人民出版社1986年版。

孔令仁、李德征主编：《中国老字号》第6卷，高等教育出版社1998年版。

李茂杰、孙继英：《苦难与斗争十四年》中，中国大百科全书出版社1995年版。

连濬：《东三省经济实况概要》，华侨实业社1931年版。

梁文玺编著：《黑龙江抗日战争时期地下交通》，哈尔滨工业大学出版社1992年版。

辽宁党史编委会编印：《东北抗日斗争史论集》第1—2集，1986年。

辽宁省档案馆编：《"九·一八"事变档案史料精编》，辽宁人民出版社1991年版。

陆毅、王景：《中国共产党东北地方组织的活动概述（1919.5—1945.10）》，黑龙江人民出版社1994年版。

罗占元、冯树成主编，中共辽宁省委党史研究室、辽宁省中共党史人物研究会编：《辽宁党史人物传》12，辽宁人民出版社2007年版。

农商部总务厅统计科编：《中华民国四年第四次农商统计表》，中华书局1918年版。

秦亢宗：《抗战中的民国商人》，团结出版社2015年版。

沈阳商会表编纂委员会编：《沈阳商会志（1862—1995）》，白山出版社1998年版。

石荣暲编：《吉敦铁路沿线调查录》，吉敦铁路工程局1927年版。

佟灿章：《东三省金融币制论》，京华书局1915年版。

佟冬主编：《沙俄与东北》，吉林文史出版社1985年版。

佟冬主编：《中国东北史》第5卷，吉林文史出版社2006年版。

屠哲隐：《东三省之工业》，南京书店1932年版。

王魁喜等：《近代东北史》，黑龙江人民出版社1984年版。

王明伟：《东北抗战史》，长春出版社2016年版。

吴慧主编:《中国商业通史》第5卷,中国财政经济出版社2008年版。

徐世昌等编纂,李澍田等点校:《东三省政略》,吉林文史出版社1989年版。

徐文才、王占德主编:《中国共产党在辽宁》,辽宁人民出版社1991年版。

徐曦:《东三省纪略》,商务印书馆1917年版。

严中平:《中国近代经济史(1840—1894)》,经济管理出版社2007年版。

杨大金:《现代中国实业志》,商务印书馆1938年版。

杨乃坤、曹延泅:《近代东北经济问题研究1916—1945》,辽宁大学出版社2005年版。

杨占国主编:《走近武百祥》,乐亭县武百祥研究会2010年版。

殷仙峰:《哈尔滨指南》,东陲商报馆1922年版。

营口总商会编印:《营口总商会会务汇刊》,1934年。

余同元、王来刚:《关东鲁商》,齐鲁书社2009年版。

中共东北军党史组编:《东北军与民众抗日救亡运动》,中共党史出版社1995年版。

中共哈尔滨市委统战部、中共哈尔滨市委党史研究室编:《哈尔滨资本主义工商业的社会主义改造》,黑龙江人民出版社1990年版。

中共辽宁省委组织部、中共辽宁省委党史研究室、辽宁省档案馆:《中国共产党辽宁省组织史资料(1923—1987)》,1995年。

中共中央党史研究室组织编写:《中流砥柱:中国共产党与全民族抗日战争》,中共党史出版社2005年版。

中共中央文献研究室、中央档案馆编:《建党以来重要文献选编(1921—1949)》第8册,中央文献出版社2011年版。

《中国人民解放军历史资料丛书》编审委员会编:《东北抗日联军文献》,白山出版社2011年版。

中国银行总管理处编印:《东三省经济调查录》,1919年。

中央档案馆、辽宁省档案馆、吉林省档案馆、黑龙江省档案馆:《东北地区革命历史文件汇集（甲7）》，1988年。

中央档案馆、辽宁省档案馆、吉林省档案馆、黑龙江省档案馆：《东北地区革命历史文件汇集1929—1944年》，中央档案馆1991年版。

周志骅编：《东三省概论》，商务印书馆1931年版。

庄严主编：《铁证如山：吉林省新发掘日本侵华档案研究》，吉林出版集团有限责任公司2014年版。

日文著作：

［日］长永义正：《关东州的工业情况》，"大连商工会议所"1939年版。

［日］渡部奉纲：《长春事情》，"南满洲铁道株式会社"1932年版。

［日］高野恒男：《满洲商工经济》，"满洲商工公会"1945年版。

［日］河村清：《北满的产业》，"满洲事情案内所"1942年版。

［日］鹤田恒雄：《奉天事情》，文古堂书店1922年版。

［日］门间坚一：《满洲商工事情》，"南满洲铁道株式会社地方部商工课"1933年版。

［日］米田祐太郎：《中国商店的商业习惯》，"教材社"1940年版。

［日］石田七郎：《中满经济关系的考察》，"满洲文化协会"1932年版。

［日］守田利远：《满洲地志》，"丸善会社"1906年版。

［日］天野元之助：《满洲经济的发展》，"满洲日报社"1932年版。

［日］尾藤正义：《大新京经济概观》，"新京商工会议所"1937年版。

［日］小川一郎：《以哈尔滨为中心的各国工商业的动向》，"哈尔滨铁路局北满经济调查所"1922年版。

［日］小须田常三郎：《满洲商工事情概要》，"南满洲铁道株式会社地方部商工课"1932年版。

［日］野中时雄编：《关于满洲的外商势力》，"南满洲铁道株式会社"1929年版。

［日］宇山兵士编：《大哈尔滨》，"哈尔滨特别市公署"1933年版。

［日］中村义人：《哈尔滨事情》，"满洲国务院总务厅情报处"1936

年版。

［日］佐佐木孝三郎：《满洲华商名录》，"奉天兴信所"1932年版。

"奉天市公署总务处"编：《大奉天市事情总览》，大同印书馆1936年版。

"关东厅临时土地调查课"编纂：《关东州事情》，"满蒙文化协会"1923年版。

"关东州民政署"：《满洲产业调查资料（商业、制造业）》，"金港堂书籍株式会社"1906年版。

"国务院总务厅情报处"编：《省政汇览》安东省篇，1936年。

"辽东兵站监部"编纂：《满洲要览》，"奉天自卫社"1907年版。

"满铁地方部商工课"编：《满洲主要都市商工便览》，"南满洲铁道株式会社"1935年版。

"满铁实业部临时产业调查局"：《关于小麦制粉工业的调查书》，"满洲图书株式会社"1937年版。

"满洲经济事情案内所"编：《新京货物集散组织》，"满蒙文化协会"1933年版。

"满洲事情案内所"编：《满商招牌考》，"满洲日日新闻社"1940年版。

"满洲事情案内所"编：《满洲商业事情》，"满洲事情案内所"1936年版。

"南满洲铁道株式会社调查课"编印：《南满洲经济调查资料》，1909年。

"南满洲铁道株式会社哈尔滨事务所调查课"编印：《齐齐哈尔背后地调查报告》，1927年。

"南满洲铁道株式会社社长室调查课"：《满蒙全书》，"满洲日日新闻社"1922年版。

"南满洲铁道株式会社兴业部商工课"编：《关于安东商工业的现状》，"满洲日日新闻社"1927年版。

"南满洲铁道株式会社兴业部商工课"编：《满洲商工概览》，"满洲日报社"1928年版。

"南满洲铁道株式会社资料科"：《南满洲铁道附属地日本的管辖权》，"南满洲铁道株式会社"1939年版。

"南满洲铁道株式会社总裁室地方部残务整理委员会"：《满铁附属地经营沿革全史》中卷，"南满洲铁道株式会社"1939年版。

"日满商工社"编纂：《满洲商工年鉴》，"大连商工会议所"1942年版。

"新京商工公会"：《新京商工名录》，"满洲图书株式会社"1943年版。

报刊资料

《东方杂志》，1904年3月11日创刊，商务印书馆出版。

《盛京时报》，1985年影印本。

《泰东日报》，1908年10月3日创刊，大连图书馆藏。

论文资料

[美]科大卫：《公司法与近代商号的出现》，陈春声译，《中国经济史研究》2002年第3期。

程美秀：《清代山东商人在东北经商述略》，《北方论丛》1995年第6期。

杜立平、崔升云：《"亚洲第一火磨"的红与黑》，《东北之窗（上半月）》2010年第11期。

范青山：《近代长春民族资本企业研究——简析玉茗斋、玉茗魁和玉茗顺商号发展历程》，《经济视角》2011年第24期。

高乐才：《近代中国东北移民历史动因探源》，《东北师范大学学报》2005年第2期。

高秀清：《九一八后日本对东北经济侵略论析》，《社会科学战线》1993年第5期。

巩琢璐：《生生果园：从救国实业到革命堡垒》，《共产党员（上）》2015年第1期。

黄卫东：《实业救国的民主战士杜重远》，《党史纵横》2012年第7期。

孔经纬：《长春益发合》，《社会科学战线》1978年第3期。

孔经纬：《清代民国伪满时期东北社会经济的演变》，《史学集刊》1982年第4期。

冷绣锦：《大连近代华商油坊业的初步考察》，《辽宁大学学报》（哲学社会科学版）2010年第2期。

李庆堂、张奎燕：《日伪统治时期哈尔滨市民族商业的衰落》，《求是学刊》1989年第8期。

刘淑珍：《简述晚清吉林经济发展与钱庄票号》，《长白学圃》1988年第4期。

刘振超：《以实业报国和抗日救国的同昌行经理刘凯平》，《"九一八"研究》2014年第1期。

齐春晓：《民国时期东北北部民族工商业发展特点概述》，《北方文物》1998年第1期。

齐大芝：《近代中国商号内部结构的等级系统问题初探》，《北京社会科学》1994年第2期。

曲晓范：《1893年长春商人抗捐罢市事件述评》，《长春师范学院学报》2001年第4期。

舒晓丹：《一九三一年——一九四五年期间哈尔滨抗日活动纪略》，《黑龙江档案》1995年第4期。

孙福海、王金令：《晚清营口民族商业资本与油坊业、银炉业关系研究（上）》，《辽宁师专学报》2000年第5期。

王钢：《中国共产党在长春组织的抗日斗争》，伪满皇宫博物院专题资料汇编《溥仪研究》2013年第4期。

王明勋：《关于长春裕昌源历史的调查》，《吉林大学学报》（社会科学版）1979年第6期。

杨凤霞、李慧娟：《日伪的经济统治和特殊会社制度》，《长春师范学院学报》（人文社会科学版）2007年第7期。

杨学新：《试论冀商及其经营管理特色——以冀东"老呔帮"为例》，《历史教学》2008年第3期。

衣保中：《试论清末东北民族资本主义的发展》，《吉林大学社会科学学报》1993年第3期。

于铁、张文刚：《志诚银行抗日史料研究》，《金融时报》2015年7月20日第12版。

袁丁：《佳木斯福顺泰百货商场的始末》，《史志通讯》1983年第1期。

张正：《20世纪初哈埠民族工商业的开拓者之——记双合盛创始人张廷阁》，《黑龙江史志》2004年第5期。

赵云鹏：《清末至民国时期辽宁民族工业初探》，《社会科学辑刊》1984年第5期。

周玲珍：《武百祥的经营思想》，《北方论丛》1995年第2期。